# 행복한 부자의 시간의 기술

전도근 · 김성용 · 강은미 공저

## 머리말

    프랑스의 사상가 몽테뉴는 "사람은 시간을 빌려 주는 것을 쉽게 생각한다. 만일 사람들이 돈을 아끼듯이 시간을 아낄 줄 알면 그 사람은 남을 위해 보다 큰일을 하며 크게 성공할 것이다."라고 말했다.

    성공하고 싶다면 시간부터 관리하라는 말이다. 실제로 주변에서 성공한 사람들은 모두 시간을 생산적으로 지배한 사람들이었다. 바꿔 이야기하면 시간을 지배하지 못하고선 성공할 수 없다는 것을 말한다.

    "우리는 왜 시간을 소중하게 생각하고 시간관리를 하면서 살아야 하는가?"라는 것을 스스로 질문해 보면, 무슨 일이든 하기 위해서 반드시 필요한 것이 바로 시간이기 때문이다. 사랑하는 사람과 데이트를 한다든가, 사랑하는 가족과 외식이나 여행을 가기 위해서, 원하는 목표를 달성하기 위해서, 영화나 독서를 하기 위해선 시간이 필요하다.

시간은 모두에게 평등하게 주어진다. 신분과 재산유무에 관계없이 누구에게나 시간은 같은 속도로 흘러간다. 하지만 시간에 쫓겨 초조해 하는 사람이 있고, 반면에 시간이 남아도는 듯 유유자적하는 사람도 있다.

사람은 누구나 자기가 원하는 목표인 성공을 이루고 싶어 한다. 여기서 말하는 성공은 꼭 금전적인 부자만을 말하는 것이 아니라, 공부를 많이 한 사람, 많이 나누어 줄 수 있는 사람, 권력을 가진 사람 등 매우 다양하다. 하루 24시간, 일 년 열두 달이라는 정해진 시간을 가지고 시간관리를 어떻게 하느냐에 따라서 성공하는 삶으로 마감할 수도 있지만, 무의미하게 인생을 보내고 후회하는 인생을 살 수도 있다.

결국 성공은 가만히 있는데 찾아오는 것이 아니라 철저한 시간관리를 통한 자기관리를 해야 찾아온다. 그러나 시간관리가 성공을 가져온다고는 누구나 알고 있지만, 정작 시간관리를 실천하기는 쉽지가 않다.

이 책은 생산적인 시간관리를 통해서 시간을 효율적으로 쓰고자 하는 사람들을 위해 쓰였다. 저자는 직장을 다니면서 10년 동안 45개의 자격증을 취득하였으며, 52권의 책을 집필하였다. 매년 4~5개의 자격증을 취득하기 위하여 학원도 오래 다녔으며, 매년 10번 정도의 시험을 보았다. 또한 매년 4~5권 정도의 책을 꾸준히 집필하기 위하여 하루에 20페이지 정도의 글을 써 왔다. 그 와중에 석사

학위를 마치고 박사학위를 취득하였다. 그러면서도 매년 1달 이상 외국 여행을 다녀 40개국을 넘게 다녔다. 또한 30여 개의 커뮤니티를 운영하고 있으며, 2000회에 가까운 외부 강연을 다녔다. 나름대로 철저한 시간관리를 하지 않으면 살 수 없었다. 따라서 이 책은 주어진 시간에 얼마나 많은 일을 효율적으로 해낼 수 있는가 하는 저자의 시간관리 방법에 대한 소개서이기도 하다.

이 책은 저자의 시간관리 경험을 바탕으로 시간관리의 전문가로 성공한 스티븐 코비, 브라이언 트레이시, 토니 제어리를 비롯하여, 국내에서도 시간관리를 잘해서 성공한 사람들의 시간관리 방법을 분석하여 쉽게 적용해서 성공할 수 있는 시간관리 방법을 제안하였다.

이 책은 나와 같이 가족과 더 많은 시간을 보내고 싶은 사람, 자기계발에 시간을 쓰고 싶은 사람, 부족한 시간을 이용하여 여행을 다니고 싶은 사람, 매일 일에 쫓기는 사람, 시간이 항상 부족하다고 생각하는 사람, 시간이 많으면서도 어떻게 시간을 사용해야 하는지를 모르는 모든 사람들을 위해서 나의 시간관리 노하우를 적은 책이다.

부디 이 책으로 인하여 시간이 부족한 사람들에게는 풍족하게 시간을 쓸 수 있는 시간관리 능력이 생기고, 시간이 남아도는 사람들에게는 시간을 효율적으로 쓸 수 있는 기회가 되기를 바란다.

일산의 서재에서
**전도근** 드림

# contents

머리말 · 2

## 제1장 성공하는 사람에게는 시간관리 비법이 있다

1. 시간은 인생을 변화시키는 마술사 · 12
2. 일반적인 시간관리와 생산적인 시간관리 · 15
3. 인생의 성공은 1시간에 달려 있다 · 17
4. 시간관리가 주는 보물 · 19
5. 장애물을 제거하면 시간관리가 보인다 · 28
6. 지나보면 아는 1초의 위대함 · 33
7. 자투리 시간을 줄이면 시간관리의 달인 · 36
8. 시간의 소중함을 알면 인생이 달라진다 · 39

## 제2장 시간관리는 성공의 시작이다

1. 최고가 아니면 최초가 돼라 · 44
2. 성공은 갑자기 오는 것이 아니라 준비가 있어야 한다 · 47

3. 투잡족은 시간관리의 대가이다 · 49
4. 경력관리는 시간과의 싸움이다 · 52
5. 아침형 인간 & 저녁형 인간 · 55
6. 성공하려면 빨라야 한다 · 57
7. 정확한 목표가 시간을 단축해 준다 · 60
8. 성공한 사람들은 바쁘다는 이야기를 하지 않는다 · 63
9. 사소한 것에 목숨 걸지 마라 · 66
10. 잠재능력이라는 거인을 깨우자 · 69

## 제3장 시간도둑을 잡아라

1. 시간도둑만 잡으면 시간관리는 해결된다 · 74
2. 전화는 사무도구로만 활용한다 · 76
3. 방문객을 합리적으로 처리하라 · 83
4. 회의를 줄여라 · 90
5. 지저분한 업무 환경을 정리하라 · 97
6. 뒤로 미루는 습관을 버려라 · 104
7. 나태함을 버려라 · 112

## 제4장 인간관계는 시간관리로 이루어진다

1. 사회생활은 인간관계로부터 시작한다 · 118

2. 인맥은 성공에 오르는 계단 · 119
3. 성공하려면 인맥지수보다 공존지수를 높여라 · 121
4. 좋은 인맥은 인생을 바꿔준다 · 123
5. 인맥관리는 일찍 할수록 힘이 된다 · 127
6. 진정한 인맥은 시간을 투자한 만큼 쌓인다 · 129
7. 사람 만나는 시간을 아까워하지 마라 · 131
8. 인간관계는 시간과 비례하고 거리에 반비례한다 · 134
9. 인맥관리는 명함관리에서부터 시작한다 · 137

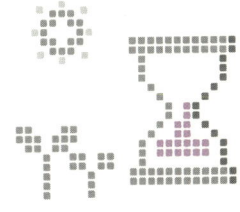

# 제5장 디지털 기기는 시간을 벌어 주는 요술 램프

1. 시간을 절약하려면 컴퓨터를 활용하라 · 140
2. 인터넷으로 하는 시간 절약 노하우 · 142
3. 이메일로 하는 시간 절약 노하우 · 159
4. 컴퓨터로 하는 시간 절약 노하우 · 170
5. 소프트웨어로 하는 시간 절약 노하우 · 179
6. 업무시간을 줄여주는 디지털 기기 활용 노하우 · 185

## 제6장 시간관리 달인의 시간을 벌어 주는 일처리 노하우

1. 비전이 있어야 시간관리가 행복하다 · 194
2. 자신의 시간 사용 습관 정확히 알기 · 197
3. 바이오리듬을 고려하여 일을 배분하라 · 204
4. 데이사이클(Day cycle)을 고려하여 일을 하라 · 206
5. 미래에 다가올 일을 대비해서 일하라 · 209
6. 자투리 시간을 활용하라 · 211
7. 일의 우선순위를 정하라 · 219
8. 모든 일은 전략적으로 하라 · 225
9. 일의 습관을 바꿔라 · 229
10. 일에 대한 생각을 바꿔라 · 235
11. 멀티 플레이어가 되어야 한다 · 239

## 제7장 성공한 사람들이 들려주는 시간관리 노하우

1. 성공하려면 시간을 정복하라 · 245
2. 성공하려면 스피드밖에 없다 · 247
3. 성공하려면 최선을 다해 시간을 관리하라 · 248

4. 성공하려면 꼼꼼하게 시간을 관리하라 · 250
5. 성공하려면 중요한 것부터 하라 · 252
6. 성공에는 시간관리가 가장 중요하다 · 254

# 제8장 타임마스터를 통한 시간관리 전략

1. 타임마스터의 특징 · 259
2. 타임마스터 전체 구성 · 261
3. 계획하기(Plan) · 262
4. 실행하기(Action) · 285
5. 평가하기(Check) · 285
6. 반영하기(Trace) · 292

참고문헌 · 294

제 1 장

## 성공하는 사람에게는
## 시간관리 비법이 있다

1. 시간은 인생을 변화시키는 마술사
2. 일반적인 시간관리와 생산적인 시간관리
3. 인생의 성공은 1시간에 달려 있다
4. 시간관리가 주는 보물
5. 장애물을 제거하면 시간관리가 보인다
6. 지나보면 아는 1초의 위대함
7. 자투리 시간을 줄이면 시간관리의 달인
8. 시간의 소중함을 알면 인생이 달라진다

# 1. 시간은 인생을 변화시키는 마술사

사람들에게 "시간이란 무엇인가?"를 물어본다면 누구나 매일 쓰고 있는 것이라고 어렴풋이 표현할 수는 있지만 정확하게 설명하는 데에는 익숙하지 못하다. 시간의 사전적 의미는 '시각(時刻)과 시각 사이의 간격 또는 그 단위'라고 되어 있지만 너무 추상적이라 피부에 와 닿기에는 한계가 있다.

시간관리를 잘하기 위해서는 정확한 시간에 대한 정의가 필요하다. 시간은 정의하는 방법에 따라 물리적 시간, 심리적 시간, 상대적 시간으로 나눌 수 있다. 똑같은 시간이지만 시간을 어떻게 보는가에 따라 엄청난 차이가 있다.

물리적 시간은 과학적으로 검증한 상태의 변화를 말한다. 물리적으로 시간에 대해서 최초로 검증한 것은 1967년으로, 국제 도량형 총회가 세슘 원자가 91억 9,263만 1,770번 진동하는 데 필요한 시간을 1초라고 정의했다. 이러한 1초가 60개가 모여 1분이 되고, 1분 60개가 모여 1시간이 되고, 1시간이 24개가 모여 하루가 되고, 하루가 7개가 모여 1주일이 되고, 주가 4~5개가 모여 1달이 되고, 1달이 12개가 모여 1년이 되는 것이다.

뉴턴에 의하면 물리적 시간은 일정한 속도로 흐르며, 한번 가면 다시 돌아오지 않는 것이며, 저장이 불가능하다고 하였다. 따라서 물리적 의미의 시간은 누구에게나 공평하게 주어지는 시간을 말한다. 즉 물리적 시간은 가난하거나 부자이거나, 많이 배우거나 못 배운 사람에게도 모두 공평하게 주어진 시간이다. 다만 자기에게 주어진 수명의 차이에 따라 80년이 주어진 사람도 있고, 100년이 주어진 사람도 있기에 수명에 따라서 차이가 있을 뿐이다.

그러나 심리적 시간은 마음을 어떻게 갖느냐에 따라 시간의 빠르고 늦음을 인식하는 차이를 말한다. 즉 심리적 시간은 같은 시간임에도 불구하고 사람에 따라 '시간이 빠르게 간다' 또는 '시간이 느리게 간다' 등으로 느끼는 시간을 말한다. 결국 심리적 시간은 같은 시간이 주어져도 사용하는 사람의 마음에 따라 시간이 길게도 느껴지고 짧게도 느껴지는 것이다.

A와 B는 같은 직장을 다니는 동갑내기 직장인이다. A와 B는 직장에서 같은 업무를 하고, 퇴근 후에 친구도 만나고, 수다도 떨고, 주말에는 영화도 보고 좋아하는 레저 스포츠를 한다. 누가 보아도 비슷하게 살고 있는데 A는 시간이 너무 빠르게 가고 있다고 생각하는 반면, B는 시간이 너무 느리게 간다고 생각한다. 이처럼 A와 B는 같은 시간이지만 어떻게 시간을 사용하고, 어떻게 생각하느냐에 따라 느끼는 것이 다르다. 결국 심리적 의미의 시간은 물리적으로는 똑같이 주어지는 시간임에도 불구하고 사람마다 시간의 길이를

다르게 느끼게 하는 역할을 한다.

반면에 상대적 시간은 똑같이 주어지는 시간임에도 불구하고 사람에 따라 '시간이 가치가 있다' 혹은 '시간이 가치가 없다' 등으로 상대방과의 비교를 통해 느끼는 시간의 가치를 말한다.

앞서 언급한 A와 B를 또 예를 들자면, A는 직장을 다니면서 퇴근 후에 남는 시간을 어떻게 사용할지 몰라 주체를 못한다. 그래서 친구도 만나고, 수다도 떨고, 영화를 보러 다니면서 지내기 때문에 시간의 중요한 가치를 모르고 살고 있다. 어떤 때는 너무 무미건조하게 보내는 시간이 가치가 없다고 생각한다. 반면에 B는 똑같이 직장을 다니면서도 퇴근 후에는 영어학원을 다니고, 인맥을 관리하기 위하여 업무적으로 사람들과 교류를 하고 지내고 자기계발을 하며 시간을 보내기 때문에 가치가 있다고 생각한다. 즉, 상대적 시간은 자기가 보낸 물리적 시간을 가치있게 생각하면 가치있는 시간이 되고 가치가 없다고 생각하면 가치없는 시간이 되는 것을 말한다.

결국 A는 시간을 무의미하게 소비하였기 때문에 과장 진급에서 누락되었으나, B는 자기계발을 위해 시간을 의미있게 사용했기 때문에 과장으로 진급하였다. 결국 A와 B는 똑같은 시간을 보냈지만, A는 시간을 가치없게 보낸 것에 대하여 후회를 하며 살고 있으며, B는 가치있는 시간을 보내 원하는 목표를 달성하며 살고 있다. 결국 상대적 의미의 시간은 물리적으로는 똑같이 주어지는 시간임에도 불구하고 사람마다 시간을 어떻게 보내느냐에 따라 시간의 가치를 다르게 느끼게 하는 역할을 한다.

이처럼 물리적 시간은 똑같이 주어지지만 사람에 따라 빠르게 간다고 생각하기도 하고, 느리게 간다고 생각하기도 하며, 나아가 가치가 있는 시간이라고 생각하기도 하고 가치가 없는 시간이라고도 생각한다. 저자는 이러한 측면에서 시간은 마술사라고 하고 싶다. 세상에 태어나 주어진 시간은 비슷한데 시간에 대해어 어떠한 생각과 태도를 갖느냐에 따라 인생의 결과를 달라지게 하기 때문이다.

## 2. 일반적인 시간관리와 생산적인 시간관리

**물리적인 시간은 누구에게나** 똑같이 주어지는 시간이므로 똑같은 양의 시간을 사용할 수밖에 없지만, 심리적인 시간과 상대적인 시간은 사람에 따라 조절하며 살 수 있다는 것을 알 수 있었다. 즉 시간관리를 못하는 사람은 심리적으로 시간이 느리게 가며, 상대적으로는 시간이 가치가 없다고 생각하며 산다. 반면에 시간관리를 잘하는 사람은 심리적으로 시간이 빠르게 가며, 상대적으로는 시간이 가치있다고 생각하며 산다.

일반적인 시간관리는 물리적으로 주어진 시간을 절약하면서 사는 것을 말한다. 따라서 기존에 해오던 생활습관 중에서 잠을 줄이거나, 가족 간의 시간을 줄이고, 취미생활에 사용했던 시간들을 줄이고, 하고 싶은 일을 참으며 시간을 아끼는 것이라고 할 수 있다.

그러나 생산적인 시간관리라는 것은 단순히 물리적인 시간만을 줄이는 것이 아니라 심리적인 시간과 상대적인 시간을 늘리는 것이라고 할 수 있다. 생산적인 시간관리란 자신에 대한 시간사용 습관을 분석하고 그를 바탕으로 시간을 절약할 수 있는 방법을 선택하여 실천하는 데서부터 출발한다.

생산적인 시간관리 방법은 우선 우리가 하고 있는 일을 어떻게 하면 효율적으로 처리할 수 있는가를 분석하여 최소한의 시간을 투자하여 최대의 성과를 내는 방법을 찾는 것이다. 이렇게 일의 효율을 높이기 위해서 일의 처리 순서와 일을 빨리 할 수 있도록 도와주는 전략을 배우고, 그에 따라 실천적으로 할 수 있는 시간관리법을 실행하고 평가하면서 시간관리 습관으로 굳어지도록 하는 것이다.

일반적인 시간관리와 생산적인 시간관리와의 또 다른 차이는 일반적인 시간관리는 시간관리를 통하여 시간을 절약하는 데만 관심을 갖는다면 생산적인 시간관리는 시간관리를 통하여 얻은 시간을 어떻게 사용하면 더 많은 만족과 결과를 얻을 수 있는가에 대하여 관심을 갖는다는 것이다.

결국 생산적인 시간관리란 성공을 목표로 기존의 해오던 일들을 재분석하여 쓸모없는 곳에 낭비하는 시간을 찾아내 그 시간들을 생산적인 곳에 투여 하여 효율성을 극대화하는 시간관리 방법이라고 할 수 있다.

## 3. 인생의 성공은 1시간에 달려 있다

**역사의 시작과 함께** 많은 학자들은 "어떻게 하면 인생을 즐겁게 사는가?"라는 것을 규명하기 위하여 연구를 하였다. 인생을 즐겁게 산다는 것은 원하는 목표를 달성하는 것이다. 원하는 목표는 사람에 따라 돈을 많이 버는 것에서부터 공부를 많이 하는 것, 많이 가지는 것, 취미생활을 즐기는 것, 가족과 많은 시간을 보내는 것 등 수없이 많을 것이다. 혹자는 이런 것을 성공이라고 표현하기도 할 것이다.

원하는 목표를 달성하기 위해서는 꼭 필요한 요소가 있다. 그것은 바로 시간이다. 시간이 있어야 돈도 벌고, 공부도 하고, 취미생활을 하고 가족과 시간을 보낼 수 있기 때문이다. 그러나 문제는 시간은 누구에게나 공평하게 똑같이 주어진다는 것이다. 그러나 똑같이 주어지는 시간도 어떻게 사용하느냐에 따라 정반대의 결과를 가져올 수 있다.

시간관리 전문가인 마이클 포티노는 수년간 수백 명을 대상으로 시간 사용형태를 조사 연구한 결과, 인간은 일생의 반 이상을 의미 없는 행동으로 소비한다고 하였다.

그의 연구 결과에 따르면, 미국인들이 평균 70세를 산다고 가정할 때, 하루에 수면시간을 8시간으로 가정하면 평생 자는 데 보내는 시간은 23년을, 매일 목욕탕과 화장실에서 보내는 시간을 2시간씩 잡으면 평생 6년을, 매일 먹는 데 보내는 시간을 하루에 3시간을 사용하면 8년을, 줄 서는 데 기다리는 시간 5년, 집안 청소하는 데 보내는 시간 4년, 미팅이나 회의에 보내는 시간 3년, 자리에 없는 사람 전화 바꿔주기 2년, 물건 찾는 데 보내는 시간 1년, 우편물을 여는데 보내는 시간 8개월, 빨간 신호등에서 대기하는 데 보내는 시간이 6개월 걸린다고 한다. 이상의 모든 시간들을 합치면 무려 52년이 되고, 결국 일을 위해 사용할 수 있는 시간은 18년밖에 안 된다는 것이다. 또한 하루 24시간 중 자기가 활용할 수 있는 시간은 9시간 남짓 된다는 것이다.

결국 마이클 포티노에 의하면 사람들은 하루 24시간 중에서 9시간을 가지고 직장에서 일도 하고, 친구도 만나고, 가족과 함께 하고, 취미생활을 하고, 자기계발에 사용한다. 따라서 8시간을 직장에서 보내는 시간이라고 가정한다면 나머지 1시간만이 자기가 하고 싶은 일을 할 수 있는 시간이라는 뜻이다.

하루 24시간 중에서 1시간만을 가지고 자기가 하고 싶은 일을 하는 사람들은 매일 일이나 시간에 쫓기며 살지만, 마이클 포티노가 지적한 것처럼 일생의 반 이상을 차지하는 의미없는 행동에 대한 분석을 정확히 하고 그에 따라 줄일 수 있는 시간들을 모아 시간관리를 어떻게 하느냐에 따라서 24시간 전부를 자기가 하고 싶은 일을 하면서 살 수도 있다.

결국 사람들은 시간관리를 잘 하면 여유있게 원하는 목표를 달성하며 살 수 있지만, 시간관리를 못하면 시간에 쫓기며 살아야 하고, 원하는 목표도 달성할 수 없다. 따라서 시간관리는 원하는 목표를 달성하는 것, 즉 성공하기 위한 필수조건인 것이다. 바꾸어 말하면 시간관리는 성공이라는 문으로 들어가는 중요한 통로이며 수단인 것이다.

## 4. 시간관리가 주는 보물

● 시간관리는 생활의 여유를 준다.

우리는 한 달 혹은 하루를 마감하는 과정에서 미처 마치지 못한 일들이 쌓여 있다는 사실을 알면서부터 삶에 대해 중압감을 갖게 되고 쫓기게 된다. 이처럼 삶에 대하여 중압감을 갖게 되는 이유는 힘든 일 자체 때문이 아니라 중요한 일을 하지 못했다는 불편한 사실 때문이다. 결국은 시간이 부족하여 일에 쫓기게 되면 삶에 대하여 중압감을 갖게 되거나 편하지 못한 삶을 살게 된다.

C대리는 새롭게 인사부에서 총무부로 옮긴지 1달이 되었다. C대리는 인사부에서 편하게 근무를 하였는데, 총무부로 오면서 새로운 업무에 적응도 하지 못했는데 일이 쏟아지기 시작하였다. 한 번에 한 가지씩 일을 처리하던 C대리는 쌓여 있는 일을 보고는 어떤 일부터 해야 될지 고민을 하면서 차츰 일에 질리기 시작하였다. 그래도 일은 해야 하기에 책상 앞에 앉아 일을 진행해보려고 노력해도 아무 일도 되지 않았을 뿐만 아니라 마음의 여유도 생기지 않았고, 오히려 머리만 복잡해져갔다. 결국 C대리는 시간관리 책을 사서 읽고 자신에 맞는 시간관리 요령을 터득하였다.

C대리가 터득한 시간관리 요령은 중요한 일에 대하여 우선순위를 정하고, 비슷한 일들은 한꺼번에 모아서 일처리를 진행하는 것이었다. 그 결과 C대리의 쌓여 있던 일은 점점 줄어들었고, 상대적인 시간이 남아 직장에서도 여유를 가지게 되었다.

만약 당신도 매일 시간이 부족하여 일에 쫓겨 정신적인 여유가 없는 사람이라면, 시간관리를 해보기 바란다. 시간관리는 쓸모없는 시간을 쓸모있는 시간으로 만들어 주는 효과를 가지고 있다. 시간관리를 통하여 하루에 2시간씩만 벌어 밀린 일을 처리하는 데 사용하면 하루에 2시간씩 여유있는 생활을 가져다 줄 것이다. 그 시간에 당신이 하고 싶었던 취미생활, 자기계발, 독서, 학위취득, 가족과 함께 하는 데 사용한다면 당신은 한층 여유있는 생활을 할 수 있다.

● 시간관리는 수익을 증가시켜 준다.

우리는 모두 하루에 최소한 여덟 시간씩 일한다. 그러나 하루에 여덟 시간씩 일하면서 어떤 사람은 2천만 원의 연봉을 받고, 어떤 사람은 1억 원의 연봉을 받는다. 이들의 차이는 어디에서 오는 걸까? 물론 학력이나 능력 혹은 전문 자격의 차이일 수도 있다. 그러나 같은 업종, 같은 경력의 사람에게 이런 차이가 있다면 그것은 시간관리를 '잘 하느냐' 또는 '못 하느냐'의 차이 때문이다. 단순히 더 많은 시간을 일한다고 수익이 올라가는 것이 아니며, 더 많은 수익을 올리기 위해서는 시간관리를 통해 얻은 시간을 생산성이 더 높은 일에 투자해야 하는 것이다.

J는 비교적 근무시간이 자유로운 보험회사에 라이프플래너로 근무하고 있다. J는 매일 출근하여 하루에 4명의 고객을 2시간씩 배정하여 만나고 있다. 그러나 항상 고객을 만나다 보면 대화가 길어져 퇴근시간을 훨씬 넘기게 됐고, 피곤한 몸을 이끌고 집에 간 적이 한두 번이 아니었다. 또한 여러 사람을 만나다 보니 무슨 말을 했는

지 뒤죽박죽되어 다음날 출근해서 업무를 정리하는 시간을 별도로 들여야 했다. J는 수익이 더욱 증가하길 바랬지만, J가 하루에 만날 수 있는 고객은 4명을 넘길 수 없었다. 결국 J는 시간관리 방법에 문제가 있다는 것을 알고 시간관리 요령을 배우기 시작하였다.

J는 시간을 줄일 수 있는 커뮤니케이션 방법이나 인간관계 방법을 터득하여 하루에 5명의 잠재고객을 만날 수 있었다. 따라서 똑같은 시간을 가지고 시간관리 방법을 통해 시간을 남겨 생산적인 일에 투자를 하다 보니 수익이 25% 증가하게 되었다.

만약 당신이 시간관리를 통해서 하루에 2시간씩 자투리 시간을 벌었다고 가정할 때 생산적인 일에 투여한다면 그것은 경제적으로 수입을 증가시켜 준다. 시간관리를 통해서 하루에 2시간씩 1년 365일 동안 벌 수 있다면 1년이면 730시간을 모을 수 있다. 730시간은 하루 8시간씩 일하는 사람에게는 90일 가량의 업무 일수와 같다.

1년에 3달을 더 일할 수 있다는 것은, 25%의 생산량 증가나 수입을 증가시킬 수 있는 것이다. 이는 기존의 직장에서 받는 보수 이외에 다른 경제 활동에 남은 시간을 활용한다면 수입이 25% 정도 증가한다는 것을 의미한다.

● 시간관리는 자신감을 갖게 해준다.

급변하는 사회를 사는 현대인들은 변화에 적응을 하지 못하면 다른 사람에 비하여 자기는 뒤떨어졌다거나 자기에게는 능력이 없다고 생각하는 만성적인 열등감에 휩싸이기 쉽다. 열등감에 빠진 사람은 자기 자신을 무능하고 무가치한 존재로 여기며, 무의식 속에서 자포자기하여 아무 일도 할 수 없게 만들기도 한다. 즉 자신감을 상실하게 한다.

A는 40대 중반의 과장이다. 처음 입사한 회사에서 지금까지 최선을 다해 생활을 하고 있으나 더 이상 부장으로 진급하는 것이 어려워짐에 따라 점차 염증을 느끼고 있었다. 그러나 회사를 그만 두고 싶지만 경제적인 이유로 어쩔 수 없이 계속 다니고 있다. 일이 주어지면 마지못해 일을 처리해 가다 보니 일의 결실이 없었으며, 회사에서는 눈치만 늘어 갔다.

A과장은 결국 자신의 능력이 부족하다고 생각하여 자신감을 상실해 갔다. A과장은 이렇게 살다가는 아무것도 할 수 없다는 불안감에 휩싸였지만, 냉정하게 자신을 분석해보니 자신이 시간관리를 잘못한 것이라는 결론을 내렸다. 결국 A과장은 시간관리 방법을 터득하여 자신의 자투리 시간을 모아서 퇴근 후에 자기계발을 하는 데 투자하기 시작했다. 그 결과 자연적으로 퇴직 후에도 무엇이든 할 수 있다는 자신감을 얻을 수 있었다.

이처럼 당신이 나태하고 무기력한 삶을 살다가 생산적인 시간관리 방법을 알게 된다면 생활습관이 달라질 것이다. 왜냐하면 시간관리를 통해 시간을 효율적으로 관리하게 되면 점차 남는 시간을 통해 자기계발과 함께 부족한 부분에 시간을 투여하게 되고, 그러다 보면 일에 대해 성취감을 가지게 될 것이기 때문이다. 결국 성취감의 연속은 점차 자신이 마음먹은 것은 무엇이든 할 수 있다는 자신감으로 연결된다. 이러한 자신감은 사회생활 속에서 자신의 삶을 더욱 활기차게 만들어 줄 뿐만 아니라 행복한 삶을 살 수 있게 해주는 원동력이 된다.

TIP 자신감

쥬디스 브릴스는 "자부심은 자신에 대한 존경, 평가, 관심이고 자신감은 자신에 대한 존경, 평가, 관심을 창조하는 힘이다."라고 정의하고 "실패와 성공은 우리가 얼마나 자신을 믿느냐, 즉 자신감이 있느냐에 달려 있다."라고 말하였다.

● 시간관리는 스트레스에서 해방시켜 준다.

스트레스의 원인은 외적 원인과 내적 원인으로 나눌 수 있는데, 대부분 자기 자신에 의한 내적 원인에 기인한다. 외적 원인은 소음, 강력한 빛·열, 한정된 공간과 같은 물리적 환경과 인간관계, 조직 사회의 규정, 친인척의 죽음, 직업상실, 승진, 통근에 대한 걱정 등이다. 내적 원인은 카페인, 불충분한 잠, 과중한 업무, 비관적인 생각, 자신감 상실, 부정적인 생각, 비현실적인 기대, 과장되고 경직된 사고, 완벽주의자, 일벌레 등이 있다.

스트레스를 이루는 원인을 보면 일과 관련된 원인들이 많다. 이는 현대인들이 그만큼 일로 받는 스트레스가 많다는 것을 증명한다. 스트레스의 원인들을 다시 스트레스를 주는 강도에 따라서 구분해 볼 수 있는데 스트레스의 강도가 높은 것으로는 친인척의 죽음이나 일에 쫓김, 직업상실에 대한 두려움 같은 것을 들 수 있다. 그 중 일에 쫓기는 스트레스는 강도가 높을 뿐만 아니라 일에 대한 강박관념까지 주는 심한 스트레스라고 할 수 있다.

K교수는 소위 잘나가는 교수다. 불과 3년 전만 해도 초임교수였기 때문에 무언가 일이 생겼으면 하고 바라던 교수다. 그러나 2년 전에 저술한 책이 베스트셀러 대열에 끼면서 여기저기서 연구진이나 자문위원, 강사로 찾는 사람들이 많아졌다. 처음에는 불러 주는 곳이 많아 유명세가 싫지 않았다. 그러나 올해에 와서는 더 많은 곳에서 K교수를 원하였고 K교수는 남의 부탁을 잘 거절하지 못하는 성격이라 일이 쌓이기 시작하였다.

K교수는 성격도 꼼꼼해서 일을 한번 맡으면 완벽해야 한다는 강박관념을 가지고 있었다. 일이 쌓이면서 일이 거칠어지는 것을 느낀 K교수는 강박관념이 심해지고 결국에는 일에 대한 생각만 하게 되면 두려워지고, 일을 회피하게 되었다. 자꾸 일을 접고 쉬고 싶다는 생각이 들었다. 그러면서 K교수는 일에 대한 고민이 생기게 되어 결국에는 머리가 빠지게 되고 소화능력도 떨어져 건강을 해치게 되었다.

결국 K교수는 시간관리를 하기로 결심하고 자신에게 가장 중요한 일만 하기로 하고, 자투리 시간을 모아서 일을 처리하기로 하였다. 그 결과 기존의 일에서 하지 않아도 될 일은 하지 않게 되었고, 급하지 않은 일은 뒤로 미루어서 하게 됨에 따라 전에 비해 같은 시간이지만 더 많은 일을 처리하게 되었고, 자연적으로 스트레스도 사라지게 되었다.

스트레스는 처음에는 정신적인 문제로부터 시작하지만 나중에는 신체적으로도 건강을 해치는 결과를 초래하게 된다. 따라서 시간관리를 통해서 자신의 일을 잘 수행하게 되면 우선 일에 대한 스트레스로부터 해방될 수 있으며, 나아가 시간관리를 통해서 시간을 벌 수 있다면 일에 쫓기지 않을 수 있게 되고, 일이 주는 스트레스에서 해방될 수 있다.

● 시간관리는 일을 체계화시켜 준다.

A와 B는 같은 직장에 다니는 입사 동기로 같은 업무를 담당하고 있다. A와 B는 아침에 출근하면 똑같은 양의 업무가 주어졌다. 그러나 A는 항상 주어진 일을 일찍 끝내고, 일찍 퇴근하여 자기계발에 시간을 보내고, B는 항상 퇴근할 때까지도 주어진 일을 다 끝내지 못하여 안절부절 못하고 퇴근 시간 후에도 남아서 야근을 해야 겨우 일을 끝냈다. 둘의 일하는 패턴을 분석해 보니 A는 어떤 일이든 주어지면 그 일을 바로 하지 않고 일의 성격이나 중요도를 분석

하고 그에 따라 체계적으로 진행하였다. 그러나 B는 어떤 일이든 주어지면 아무 생각없이 하다 보니 조그만 일은 쉽게 수행하지만 복잡한 일에 대해서는 좌충우돌하면서 헤매다 정해진 시간까지 업무를 종결하지 못하거나 혼돈에 빠지는 경우가 많았다.

주변을 보면 A같은 사람보다는 B처럼 일을 주어진 시간에 처리하지 못해서 야근을 하는 사람이 많다. A같은 사람은 자신에게 어떤 일이 주어지면 맡은 일을 분석하고 체계화하여 "어떻게 하면 일을 잘할 수 있을까?" 또는 "어떻게 하면 빨리 일을 마칠 수 있을까?"를 고민하고 일을 시작한다. 그러나 B같은 사람을 잘 보면 일의 우선순위를 잘못 선정하였거나, 중요하지 않은 일에 에너지를 소비한다.

결국 일을 정해진 시간 내에 해결하지 못하게 되면 회사의 중요한 납품기일이나 마감시간을 제대로 맞추지 못해 회사에도 큰 피해를 입히기 쉽고 정작 본인에게도 문제가 생기기 쉽다.

따라서 업무처리에서도 시간관리를 할 수 있게 되면 자신의 업무를 체계화할 수 있다. 업무를 체계화한다는 것은 자신의 업무를 분석하여 일의 우선순위를 선정하여 급하게 해결해야 할 일과 나중에 해도 될 일을 구분하여 중요한 일을 먼저하고 나중에 중요하지 않은 일을 하는 것을 말한다. 같은 양의 업무를 수행하더라도 일을 체계적으로 진행하면 무작정하는 것보다 배는 빠르게 해결할 수 있다. 이러한 시간관리가 습관이 되면 자신의 일을 잘하는 사람으로 알려지게 될 것이다.

# 5. 장애물을 제거하면 시간관리가 보인다

벤자민 프랭클린은 시간에 대하여 이렇게 말했다. "그대는 인생을 사랑하는가? 그렇다면 시간을 낭비하지 말라. 왜냐하면 시간은 인생을 구성한 재료니까. 똑같이 출발하였는데, 세월이 지난 뒤에 보면 어떤 사람은 뛰어나고 어떤 사람은 낙오자가 되어 있다. 이 두 사람의 거리는 좀처럼 접근할 수 없는 것이 되어 버렸다. 이것은 하루하루 주어진 시간을 잘 이용했느냐 이용하지 않고 허송세월을 보냈느냐에 달려 있다."

벤자민 프랭클린은 시간을 잘 활용하는 사람과 잘 못 활용하는 사람 간에는 큰 차이가 생기는데 그것이 성공하느냐 성공하지 못하고 낙오자가 되느냐를 결정짓는 중요한 기준이라고 하였다. 굳이 시간관리를 통하여 거창한 성공을 꿈꾸지 않더라도 미래를 위해서, 우리의 인생을 아름답게 하기 위해서는 시간관리를 해야 한다는 것이다.

그러나 시간관리를 하지 않고 잘 살던 사람들은 "시간관리는 너무 삶을 잔인하게 사는 것이 아니냐?" 또는 "시간관리가 나에게는 필요없다."라고 생각할 수도 있다. 그러나 나폴레옹은 미래에 마주칠 재난은 우리가 소홀히 보낸 어느 시간에 대한 보복이라고, 시간을 소홀히 보내지 말라고 경고를 하였다.

우리가 갓난아기 때는 말을 하지 못했지만 교육과 연습을 통해 말을 익혔듯이 시간관리도 조금의 노력을 투자한다면 시간관리의 달인이 될 수 있을 것이다. 그러나 시간관리를 잘 하려면 시간관리를 해야 하는 필요성을 느껴야 하고 그에 따라 시간관리를 어렵게 하는 장애 요인을 제거하는 것이 중요하다. 시간관리를 어렵게 하는 장애 요인을 제거하는 방법을 보면 다음과 같다.

● 나는 시간관리가 필요 없다.

시간관리 없이도 이 세상을 살면서 특별하게 필요한 게 없이 잘 살아 왔던 사람들에게는 시간관리 자체가 의미가 없을 수 있다. 의미를 떠나서 자신에게 주어진 시간을 스스로 계획하고 관리하는 것도 귀찮게 느낄 수 있다. 이런 사람들은 그냥 회사나 사회에서 주어지는 일을 무작정 하게 되고 그러다 보니 습관이 되어 시간관리는 복잡한 것이라는 인식을 가지게 된 경우가 많다.

시간관리를 전혀 하지 않던 사람에게 시간관리는 습관으로 자리 잡기 전까지 매우 힘든 과정일 수 있다. 그러나 지금까지 우리의 역사 속에서 성공한 사람들이나 행복하게 산 사람들을 보면 시간관리를 하지 않고 성공하거나 행복한 삶을 산 사람들은 하나도 없다는 것을 명심해야 한다.

따라서 시간관리가 필요 없다고 생각하는 사람들은 시간관리를 해야 가족과 함께 하는 시간도 늘어나고, 여행도 가고, 책도 읽고, 성공을 위한 자기 관리도 할 수 있다는 것을 명심해야 한다.

● 나는 시간관리를 하기에는 의지가 약하다.

사람에 따라서는 어떤 일이든 하고는 싶지만 지속적으로 실천하는 능력이 부족한 경우가 있다. 시간관리도 습관이 되기까지는 지속적으로 해야 하는 것이기 때문에 의지가 약하면 습관이 되기 어렵다.

특히 단기간에 성과를 내고 싶은 사람들일수록 의지가 약한 것에 대하여 문제를 삼을 수 있다. 그러나 의지가 약한 사람들도, 미래의 성공에 대하여 어느 정도 상상할 수 있는 사람이라면 시간관리를 시작할 것이다.

따라서 의지가 약한 사람들은 생산적인 시간관리를 통해서 얻을 수 있는 목표나 성공한 모습을 상상하게 되면 자신의 의지가 강해지고 자신감을 갖게 될 것이다.

● 나는 시간관리의 중요성을 모른다.

우리는 매일 시간 속에서 살지만 매시간마다 중요성을 인식하면서 사는 사람은 많지 않다. 시간의 빠름을 아쉬워하기는 해도 현재 시간의 중요성을 느끼려면 어떤 계기가 있어야 한다. 시간관리를 잘 못해서 자신의 일이 실패하게 되었거나, 시간이 많이 지난 다음 허송세월하게 된 것이 후회가 되어야 시간의 중요성을 알게 된다.

나이 드신 분들이 자주 이런 말을 한다. 시간의 속도는 나이에 비례한다고. 그래서 10세에는 10km의 속도로 가고, 20세는 20km, 30세는 30km, 40세는 40km, 50세는 50km…….

결국 나이를 먹을수록 시간은 가속도가 붙은 것처럼 지나간다는 것이다.

물리적인 시간은 똑같이 10년인데 그 10년에 대한 시간감각은 왜 이렇게 다를까? 물리적인 시간과 독립하여 시간에 대한 의식 또는 감각은 주변에서 주어는 일의 양에 따라 달라지기 때문이다. 쉬운 예로 초등학교 6년과 사회생활에서의 6년은 같은 6년이라도 시간의 속도감에서 큰 차이를 보인다. 어렸을 때는 주어지는 일이나 지위와 역할이 없지만 나이가 들수록 일도 많아질 뿐만 아니라 지위와 역할이 많아지기 때문이다.

대부분의 청소년들은 시간관리라는 개념에 대해 중요하게 생각하지 못하고 있다. 시간을 어떻게 효율적으로 관리하느냐에 따라 인생의 성패가 좌우된다고 것은 알아도, 학교나 학원, 학부모에 의해 그것에 대해 생각해 볼 기회가 원천 봉쇄되기 때문이기도 하다. 이러한 습성은 성인이 되어서 시간관리의 중요성을 인식하지 못하게 하는 원인이기도 하다.

따라서 시간관리의 중요성을 모르는 사람이 시간관리의 중요성을 알려면 시간관리를 잘해서 성공한 사람들과 시간관리를 잘못해서 실패한 사람들의 사례를 보고 시간관리의 중요성을 깨달아야 한다.

● 나는 시간관리 방법을 모른다.

똑같은 일을 가지고도 어떤 사람은 손쉽게 빨리 일을 끝내는 반면에, 어떤 사람은 열심히 하면서도 늦게 일을 끝내 다른 사람들에 비하여 시간에 쫓겨 허덕이는 경우를 볼 수 있다. 후자의 경우가 바로 시간관리 방법을 잘 모르기 때문에 일에 효율성도 오르지 않고 나중에는 업무에 대한 스트레스를 받게 되는 쪽이다.

시간관리를 모르는 이유는 시간관리가 중요한 것임에도 불구하고 체계적인 시간관리 교육을 받아본 적이 없기 때문이다. 학교 교육과정 중에서도 바쁜 현대인이 되기 위한 준비 작업으로 시간관리에 대한 교육이 필요하나 중학교 2학년 기술·가정 교과에 '시간관리' 단원이 포함되어 있는 게 전부고 현재 모든 교과 과정에서 '시간관리'와 관련한 내용은 거의 다뤄지지 않고 있다.

따라서 시간관리 방법을 모르는 사람들은 이 책에서 제안하는 시간관리 방법들 중에서 자신에게 맞는 부분들을 수용해서 따라하면 좋은 시간관리 습관이 형성될 것이다.

● 나는 시간관리 하기에는 너무 늦었다.

실패한 사람들이나 나이가 드신 분들 중에는 시간관리의 중요성이나 필요성은 인식하지만 너무 늦었다고 생각해 실천에 옮기지 않는 경우도 많다. 실패한 사람은 이미 실패를 경험했기 때문에 전의를 상실하여 시간관리를 두려워 하기도 한다. 또한 나이 드신 분들은 시간을 관리하기보다는 정리하는 때라고 생각하여 아예 시간관리에 대한 고려는 전혀 하지 않고 노후 생활에 충실히 소일하는 분들도 있다.

시간관리를 하지 않고 사는 사람은 지금은 후회가 없을 수 있지만 조금 더 시간이 지나서 후회를 할 수도 있다. 따라서 자신의 노후에 닥칠 노후생활이나, 건강이나, 노후 준비에 대해 후회를 하지 않으려면 하루라도 빨리 시간관리를 통해 여유있을 때 모든 것을 준비해야 한다.

시간관리가 늦었다고 생각하는 사람은 '늦었다고 생각할 때가 가장 빠른 때'라는 말을 상기하고 지금 바로 실천하면 된다는 생각을 가지면 된다.

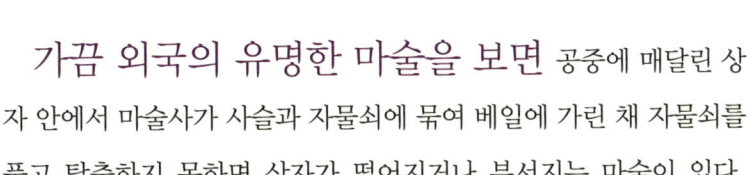

## 6. 지나보면 아는 1초의 위대함

**가끔 외국의 유명한 마술을 보면** 공중에 매달린 상자 안에서 마술사가 사슬과 자물쇠에 묶여 베일에 가린 채 자물쇠를 풀고 탈출하지 못하면 상자가 떨어지거나 부서지는 마술이 있다.

정말 조마조마한 모습이지만 마술사들은 어김없이 정해진 시간 내에 상자 안에서 사슬과 자물쇠를 풀고 탈출하는 데 성공한다. 만약 그 마술사에게 1초가 부족하여 자물쇠와 사슬을 풀지 못했다면 어떨까 가정해보자. 정말 끔찍한 일이 발생할 것이다. 우리의 삶 속에서도 단 1초가 부족하여 시험장에서 제대로 답을 쓰지 못하여 불합격하거나, 1초만 더 일찍 왔으면 만날 수 있었던 일이나, 1초만 더 있었으면 성공할 수 있었던 일이 많았을 것이다. 1초가 부족하여 우리가 정성들여 준비해왔던 일이 성사되지 않았던 적도 있을 것이다. 이처럼 1초는 매우 짧고 보잘 것 없지만 어떤 때는 인생의 기로에 서게 하는 역할을 하기도 한다.

EBS교육방송의 프로그램인 지식채널e에서 방영된 '1초'를 보면 1초가 얼마나 소중한 시간임을 느낄 수 있다.

1초 동안 일어날 수 있는 일들 중에는
- 재채기 때 터져 나오는 침이 공기저항이 없을 때 100m를 날아가는 시간
- 투수를 떠난 공이 배트에 맞고 다시 투수에게 날아가는 시간
- 인간의 주먹이 1톤의 충격량을 만들어 내는 시간
- 총구를 떠난 총알이 900m를 날아가 표적을 관통하는 시간
- 대지를 적시는 비 420톤이 내리는 시간
- 빗방울을 피하기 위해 달팽이가 1cm를 이동하는 시간

- 두꺼비의 혀가 지렁이를 낚아채는 시간
- 지구가 태양으로부터 받는 486억Kw의 에너지를 얻는 시간
- 2.4명의 아기가 탄생하는 시간
- 1.3대의 승용차와 4.2대의 텔레비전이 만들어지는 시간
- 5,700리터의 탄산음료와 51톤의 시멘트가 소모되는 시간
- 22명의 여행자들이 국경을 넘는 시간
- 우주에서 79개의 별이 사라지는 시간
- 우주의 시간 150억 년을 1년으로 축소할 때 1초는 인류가 역사를 만들어간 시간

1초는 참으로 짧지만 너무 많은 일들이 일어나기에 충분한 시간이다. 이처럼 우리의 삶에서 아주 작다고 느껴지는 1초는 의미없는 것이 아니라 아주 의미가 큰 것이다. 1초가 모여서 하루가 되고, 1년이 되고, 평생이 되는 것이다. 따라서 아주 작은 1초도 유용하게 써서 시간관리하는 습관을 기른다면 우리는 평생을 유용하게 시간관리를 하며 사는 것이 된다. 마치 아주 작은 1초라는 시간이 모여서 우리의 삶이 되듯 시간관리의 시작은 1초의 위대함을 깨닫는 데서 시작한다.

## 7. 자투리 시간을 줄이면 시간관리의 달인

　**시간이란 한번 지나면** 다시는 돌아오지 않는 것이므로 항상 신중히 생각하여 행동해야 한다. 우리는 시간의 중요성에 대한 말들을 주변에서도 흔히 접할 수 있다. 그 대표적인 예로, "시간은 금이다", "하루 5분이면 인생이 바뀐다", "하루하루를 우리의 마지막 날인 듯이 보내야 한다", "세월은 화살과 같이 지나간다" 등 하루하루를 의미있게 보내라는 뜻이 대부분이다.

　이처럼 시간이 소중한 것은 분명 시간이 우리 인생 중에서 가장 가치 있는 자산 중의 하나이기 때문이다. 이렇게 소중한 자산을 최대로 활용하기 위해 우리는 미친 듯이 달려들어 '빨리 빨리'를 외쳐댈 수밖에 없다. 심지어 시간을 절약하려면 두세 가지의 일을 한꺼번에 하라는 금언까지 있다. 그러나 아직도 많은 사람들은 한 번에 한 가지에만 최선을 다하라고도 한다. 그러나 안타까운 것은 시간은 한 가지에만 최선을 다할 시간적 여유를 주지 않는다는 것이다.

　혼자서 온 세상과 인연을 끊고 느림의 미학을 즐기는 생활을 할 수는 있다. 그러나 세상은 너무 빠르게 움직이고 변화하고 있다. 세상이 아무리 빨리 변해도 홀로 여유있고 느긋한 이상적인 세상을 보낼 수 있다. 그러나 다시 생활로 돌아온다면 엄청난 문화적 충격을 감수해야 할 것이다. 또한 세상의 속도를 비웃으며 살아 갈 수는 있다. 그러나 문제는 자신이 뒤처지고 있다는 현실을 받아 들여야 한다는 것이다. 느린 삶의 향유로 인하여 충족한 행복감을 느낄 수는 있을지 몰라도, 결코 세상을 지배하는 속도를 무시할 수는 없다.

세상이 복잡해지면 질수록, 개인의 역할이나 지위가 많아지면 질수록 본인의 의사와는 상관없이 스케줄이 생기고 일이 생기게 된다. 멀티 플레이어는 여러 가지 분야의 지식을 가져야 하거나 다양한 업무를 할 줄 아는 사람으로 시간의 달인이라 할 수 있다. 따라서 시간관리를 잘하려면 그 많은 일들을 한꺼번에 진행하는 멀티 플레이어가 되어야 한다.

시간관리를 잘못하여 시간이 부족한 상태에서 성공한 사람이 된다는 것은 도전은 하지 않고 마음만 성공하기를 원하는 것과 같다. 지금까지 성공한 사람들을 보면 결국은 시간관리에서 성공한 사람들이 대부분이다. 그들은 시간의 중요성을 깨닫고 많은 시간을 자신의 발전에 투여함으로써 성공하였고, 나아가 효율적인 시간관리를 깨닫게 되면서 성공은 굳어지게 될 것이다. 시간관리에서 성공한 사람들은 자신에게 주어진 시간들을 면밀히 분석하여 쓸모없는 곳에 시간을 낭비하지 않으며, 기존의 시간 사용습관에 대하여서도 최소한의 시간에 최대한의 효과를 보기 위하여 최대한 노력한다. 또한 아무리 바빠도 자기계발을 위하여 자투리 시간을 모아서 활용함으로써 자신의 성공을 만들어가는 멀티 플레이어가 되었다.

일본 사람들을 보라. 그들은 바쁜 출퇴근길에서도 자신이 세운 목적을 달성하기 위하여 기차나 전철 안에서도 자투리 시간을 소홀히 하지 않고 자기계발을 위한 독서를 하는 것이다.

성공하고자 하는 사람들은 평소에도 열심히 사는 사람들이다. 학생들은 학교를 다니면서 자투리 시간을 모아 공부를 하고, 직장인들은 직장이 끝나는 시간부터 잠을 줄여 노력하며 자신의 성공을 위하여 도전을 해나간다.

자기계발을 위한 시간을 내는 것에 대하여 사람들은 바쁘다는 핑계로 무시한다. 그러나 역설적으로 이야기하면 바쁘다고 이야기할 수 있다는 것은 그만큼 여유가 있는 것이다. 진정으로 바쁜 사람은 바쁘다는 생각을 할 수 없을 만큼 바쁘기 때문이다. 하루를 돌이켜 보며 내가 활용할 수 있는 얼마나 자투리 시간이 많은가 생각해 보라. 우리 생활 속에서 자투리 시간만 모아서 잘 관리해도 웬만한 성공은 쉽게 거둘 수 있다. 그러나 꼭 시간이 많다고 성공을 보장하는 것이 아니다. 주어진 시간을 어떻게 하면 짜임새 있게 잘 사용하느냐가 성공의 관건이 된다.

# 8. 시간의 소중함을 알면 인생이 달라진다

우리는 하루 중에서 잠자는 시간을 빼면 반 이상의 시간을 자신이 근무하는 직장에서 보내고 있다. 그렇다면 그처럼 많은 시간을 보내는 직장에서 어떻게 일을 하고, 어떻게 시간을 보내면 후회 없는 직장생활을 할 수 있는지 좀 더 효율을 높일 수 있는 방법을 찾는다면 시간을 돈으로 계산해서 사용해 보라.

우리는 모두 하루에 최소한 여덟 시간씩 일한다. 그러나 어떤 사람은 부유하게 살고 어떤 사람은 가난하게 산다. 어떤 사람은 하루에 열네 시간씩 일하면서 3천만 원의 연봉을 받고 어떤 사람은 하루에 여덟 시간만 일하면서도 1억 원의 연봉을 받는다. 이들의 차이는 어디에서 오는 걸까? 물론 학력이나 능력 혹은 전문 자격의 차이일 수도 있다. 그러나 같은 업종, 같은 경력의 사람에게 이런 차이가 있다면 이는 시간을 보는 개념이 완전히 다르기 때문이다. 단순히 더 많은 시간을 일한다고 수익이 올라가는 것이 아니다. 더 많은 수익을 올리기 위해서는 생산성이 더 높은 일에 집중해야 함을 아는 사람들만이 시간을 다르게 본다. 이들이 바로 고액 연봉자, 성공하는 사람이다. 그것은 시간을 효율적으로 사용할 수 있는 능력의 차이라고 할 수 있다.

스펜서 존슨의 「선물」이라는 책을 보면 이런 구절이 있다.

10년의 소중함을 알고 싶으면

미래에 대하여 전혀 준비하지 않아 어렵게 사는 사람들에게 물어보라!

1년의 소중함을 알고 싶으면

시험에 떨어진 재수생들에게 물어보라!

1달의 소중함을 알고 싶으면

미숙아를 낳아 인큐베이터 아이를 넣은 어머니에게 물어보라!

1주일의 소중함을 알고 싶으면

방금 사랑하는 배우자를 떠나보낸 주말 부부에게 물어보라!

1일의 소중함을 알고 싶으면

어제 자녀가 죽은 부모에게 물어보라!

1시간의 소중함을 알고 싶으면

약속장소에서 애절하게 사랑하는 연인을 기다리는 사람에게 물어보라!

1분의 소중함을 알고 싶으면

하루에 한 대 오는 버스를 놓친 사람에게 물어보라!

1초의 소중함을 알고 싶으면

2등한 마라톤 선수에게 물어보라!

1000분의 1초의 소중함을 알고 싶으면

### 2등한 100미터 달리기 선수에게 물어보라!

　매일 아침 당신에게 86,400원을 입금해주는 은행이 있다. 그리고 그 계좌는 당일이 지나면 잔액이 사라진다. 매일 저녁 당신이 그 계좌에서 쓰지 못하고 남는 잔액은 모두 지워져버린다. 매일 아침 은행은 당신에게 새로운 돈을 넣어준다. 매일 밤 그날의 남은 돈은 남김없이 사라진다. 어제로 돌아갈 수도 없으며, 내일로 연장시킬 수도 없다. 오로지 오늘 현재의 잔고를 갖고 우리는 살아갈 뿐이다. 건강과 행복과 성공을 위하여 최대한 사용할 수 있을 만큼 뽑아 써야 하는 것이다.

　시간의 소중함은 모르지만 돈의 소중함을 아는 사람들은 많다. 시간은 무한해 보이고 돈은 유한해 보이기 때문이다. 그래서 스펜서 존슨은 시간을 돈으로 바꾸어 시간은 소중한 것이라는 것을 강조하고 있다. 그러나 시간을 잘 쓰는 사람에게는 하루 동안의 시간사용으로 86,400원의 수입을 가져올 수도 있고, 시간관리를 아주 잘 하는 사람은 몇 배의 금전으로 돌아 올 수도 있다. 그러나 시간관리를 잘못하면 86,400원의 효과는 커녕 단돈 1원의 수익도 벌지 못하고 시간을 보낼 수도 있다.

　결국 이 세상의 성공하는 사람과 실패하는 사람과의 차이는 시간에 대한 생산성의 차이에 있는 것이다. 작년보다 금년, 어제보다 오늘, 1시간 전보다 어떻게 하면 시간에 대한 생산성을 높일 수 있는지를 생각하고 모든 지식과 지혜를 총동원하여 방법을 생각하고 찾아내는 사람이 부자가 되고, 성공하는 사람이 되는 것이다.

  결국 시간관리를 하게 되면 시간관리의 소중함을 알게 되고 그로 인하여 시간을 돈처럼 중요하게 사용하는 습관을 갖게 된다.

제 2 장

## 시간관리는
# 성공의 시작이다

1. 최고가 아니면 최초가 돼라
2. 성공은 갑자기 오는 것이 아니라 준비가 있어야 한다
3. 투잡족은 시간관리의 대가이다
4. 경력관리는 시간과의 싸움이다
5. 아침형 인간 & 저녁형 인간
6. 성공하려면 빨라야 한다
7. 정확한 목표가 시간을 단축해 준다
8. 성공한 사람들은 바쁘다는 이야기를 하지 않는다
9. 사소한 것에 목숨 걸지 마라
10. 잠재능력이라는 거인을 깨우자

# 1. 최고가 아니면 최초가 돼라

'최고'와 '최초'는 모두 유난히 빛나 보인다. 어느 분야나 '최고'를 향해 달려가는 사람들은 상당수 존재한다. 따라서 그 분야에서 최고가 되기 위해서는 남들보다 빨리 다다르기 위하여 최선의 경쟁을 하기 마련이다. '최고'가 되기 위해선 타고난 재능도 중요하지만 그와 함께 '최고'가 되고자 하는 피나는 노력도 필수적이다.

최정상에 오르기까지는 수많은 고통이 따르겠지만 그러한 고통과 시련은 최정상에 올랐을 때의 영광이 보답을 해준다. '최고'가 되기 위한 과정이 고난의 과정이라 할지라도 '최고'가 주는 달콤함과 안락함에 비한다면 별게 아닐 수 있다.

'최초'는 말 그대로 이전까지 아무도 하지 못한 그 무엇을 이룬 '퍼스트'인 셈이다. 그러나 '최초'는 창의력도 중요하지만 무엇보다 운이 따라야 한다. 2등은 등급 상으로는 바로 1등 밑의 레벨이지만 2등은 최고가 아니라는 이유로 1등의 그림자에 가려서 보이지 않게 마련이다. 역사 속에는 이런 일들이 비일비재하다.

1876년 2월 14일 벨은 조수인 왓슨과 함께 사람 목소리를 전할 수 있는 기계를 발명하는 데 성공한다. 그러나 벨과 거의 비슷한 시기에 전화기를 발명한 또 다른 천재 과학자가 있다. 이젠 누구도 그 이름조차 기억하지 못하는 엘리셔 그레이다. 그도 1876년 2월 14일 오후, 자신이 개발한 전화기를 등록하기 위해 특허국을 방문했다.

　그레이엄 벨이 전화 특허를 신청한 것도 바로 그날 오전이다. 불과 1~2시간 차이였다. 하지만 그레이는 전화의 실용적 가능성에 대해서 그리 심각하게 생각하지 않았고, 발명 특허권 보호 신청을 낸 뒤 한가하게도 자신의 재정적인 후원자와 곧 있을 박람회 문제를 협의하기 위해 필라델피아로 떠났다.

　그레이는 벨이 사용한 가죽막보다 더욱 효율적이었던 금속 진동막을 이용해서 음성을 전달했기 때문에 기능면에서는 그레이의 특허품이 벨의 특허품에 비해서 우수했다. 그러나 불과 몇 시간 차이로 그레이가 아닌 벨이 전화기 특허를 받게 된 것이다. 결국 엘리셔 그레이는 벨보다 더 많은 노력과 시간을 들여 더 좋은 제품을 발명했지만 결국 시간에 졌기 때문에 최초가 되지 못했으며 역사 속에서 누구도 그를 알아주는 사람이 없게 된 것이다.

　1957년 10월 4일 소련은 대기에 관한 여러 자료를 기록하고 전송할 수 있는 장치를 실은 직경 57cm, 무게 82.8kg의 금속구, 즉 최초의 인공위성 스푸트니크 1호를 지구 궤도에 쏘아 올렸다. 소련이 인류 역사 최초의 인공위성 스푸트니크 발사를 하면서, 세계에서 최강국이라고 생각했던 미국의 자존심이 바닥에 떨어졌던 역사적 사건이었다. 미국은 자만심으로 아차하는 순간에 최초의 인공위성을 쏘아 올리는 기회를 놓치고 말았던 것이다.

스푸트니크 발사 이후 냉전 시대의 주도권을 잡기 위한 경쟁의 일환으로 미국과 소련은 2,000개에 가까운 우주 비행체를 지구 궤도에 진입시키는 경쟁을 거듭하였다. 급기야 1969년 미국은 인간을 최초로 달에 보내는 데 성공했다. 최초의 자리를 차지하기 위한 우주 경쟁을 치열하게 벌린 것이었다.

스푸트니크의 영향은 단순히 우주 경쟁을 유발하는 것으로 그치지 않았다. 미국인들은 자신들이 소련을 이기기 위해서는 교육제도를 혁신할 필요가 있다는 것을 느꼈으며, 이후 미국은 국민들의 교육력 향상을 위해 최선을 다했다. 그 결과 오늘날 미국은 세계 최고 강대국으로 성장할 수 있는 배경을 갖게 된 것이다.

이처럼 '최고'가 되려면 많은 노력을 기울이지 않으면 안 된다. 반면에 '최초'가 되는 일은 의외로 쉬울 수 있다. 그러나 '최초'가 되기 위해서는 치밀한 목표를 세워야 하고, 그에 따른 시간관리가 필수적이라고 할 수 있다.

## 2. 성공은 갑자기 오는 것이 아니라 준비가 있어야 한다

리더로 성공하는 것은 어린 과일 나무를 심는 것과 유사한 부분이 많이 있다. 어린 과일 나무에서 과일이 열리려면 오랜 기간 나무를 정성스럽게 보살피지 않으면 안 된다. 거름도 주어야 하고 농약도 쳐주어야 하고, 가지도 적당히 잘라주어야 한다. 우리가 꿈꾸는 성공이나 리더가 되는 일도 마찬가지다. 오랜 기간 공을 들여 관리하고 돌봐줘야만 목표를 실현할 수 있는 것이다.

리더가 되고자 하는 사람이 마치 뻥튀기 기계로 자신을 금방 리더로 만들 듯 단시간에 리더가 될 수 있다는 착각을 하거나, 로또 복권을 사는 것처럼 운이 좋아 하루만에 대박을 터트리는 것이라고 생각한다면 결코 훌륭한 리더로서 성공하지 못할 것이다. 리더가 되기 위해서는 여러 가지 자질과 요소가 필요하지만 무엇보다 중요한 것은 장기간에 걸쳐서 하루하루 조금씩 업적과 능력을 갖추어 나가야 한다는 것이다. 하루 하루 정성을 다하여 자신을 개발하고 역량을 키우는 일을 게을리 한다면 성공은 찾아오지 않는다.

물론 사람에 따라서는 태어날 때부터 남들보다 뛰어난 지능이나 능력을 가지고 태어났다는 것을 자신이 성공한 이유로 댈 수도 있다. 그러나 그가 실제로 천재일지라도 노력하지 않고 자만하는 천재는 열심히 노력하는 사람을 이길 수 없다.

일부 사람이 다른 사람들보다 더 큰 행운을 갖고 태어나는 것이 정말 사실일지라도, 자신을 더욱 발전시키려는 의지가 없어서는 얼마 성장하지 못한다. 리더십에는 여러 가지 요소가 담겨 있기 때문에 천부적인 능력으로 쉽게 얻어지는 것이 아니다.

리더십에는 비전, 스피치, 인간관계, 시간관리, 마케팅, 도전정신, 도덕성, 경력, 경험, 건강, 인간관계, 긍정적 사고 등의 요소가 있어야 하며 이것 이외에도 아주 많은 요소들이 포함되어 있다. 리더십을 구성하는 요소들은 구체적인 것도 있지만 손에 잡히지 않는 추상적인 것들도 많다. 따라서 성공하는 리더가 되기 위해서 수많은 성공을 이루는 요소를 모두 습득하기에는 많은 시간들이 필요하다.

그러나 다행인 것은 리더십을 구성하는 요소들은 거의 대부분은 학습될 수 있거나 향상될 수 있는 부분들이라는 것이다. 단지 그 과정이 하룻밤에 이루어지는 것은 아니라 오랜 시간을 두고 노력해야 한다는 것이다. 저자도 리더십의 여러 측면에 대해서 명확하게 인식하게 된 것은 40대 중반이 넘어서였다.

성공에 대한 도전은 우리가 언제부터 시작하는지는 문제가 되지 않는다. 즉, 나이와 상관이 없다는 것이다. 왜냐하면 리더십의 끝은 없기 때문이다. 시대와 지식의 변화에 따라 리더십은 바뀌고 있다. 따라서 현재 최상의 리더십을 가지고 있더라도 노력한다면 우리는 분명 더 나아질 수 있다.

세계 최강의 국가인 미국 대통령의 리더십은 세계를 변화시킨다. 미국의 대통령이 가지고 있는 리더십은 이미 선출 당시 국민들로부터 검증받은 것이다. 따라서 세계적으로도 미국 대통령은 뛰어난 리더십을 인정받고 있다. 세계 최고의 리더십을 보유한 미국의 역대 대통령 중 대부분은 재직기간 동안 자신이 발휘할 수 있는 리더십의 정점에 도달한 반면, 어떤 대통령은 임기 중 성장을 계속하여 임기를 마치고 평범한 시민으로 돌아온 후에 더 존경받는 리더가 되기도 한다. 사람들은 그들의 성장하는 리더십을 통해서 강한 인상을 받고 있다.

리더의 특징은 더 높은 곳으로 갈수록, 어렵고 시간이 더 걸린다는 것이다. 더 높은 곳으로 갈수록, 만나야 하는 사람도 많아지고 해야 할 일도 많아지기 때문이다.

## 3. 투잡족은 시간관리의 대가이다

요즘 노후대책과 불안한 경제 상황에 대한 타개

책의 일환으로 두 가지 이상의 직업을 겸하는 투잡족이 늘고 있다. 바쁜 직장생활 중에도 자신의 또 다른 꿈을 이루기 위해, 자신의 재능을 키우기 위해, 혹은 자신의 미래를 위해 퇴근 후 시간을 절약하여 두 번째, 세 번째 일을 시작하는 '투잡족'이 늘고 있다는 것이다.

불황으로 실업에 대한 불안감이 커지고 주 5일 근무제의 확대로 여유시간이 많아지면서 두 개 이상의 본업을 가지는 것에 대한 관심이 점점 더 커지고 있다. 한 가지 일에만 목매다는 것이 아니라 돈도 벌고 취미도 살릴 수 있는 또 다른 직업을 가져 부수입을 얻을 뿐 아니라 자기계발을 이루는 것을 말한다. 여건만 허락한다면 두 개 이상의 직업을 가지고 싶다는 직장인이 대부분을 이룰 정도다.

채용정보업체 잡코리아(jobkorea.co.kr)가 직장인 4,035명을 대상으로 조사한 결과에 따르면 본업 외에 부업을 갖고 있는 직장인은 전체 응답자의 10.5%에 이르렀다. 부업을 통해 얻는 월평균 수입으로는 '50만~99만 원(31.2%)', '100만~199만 원(26.2%)' 등이며 한 달에 '500만 원 이상'의 수입을 올리는 경우도 6.4%에 달했다.

투잡족이 가장 많은 분야는 '인터넷 쇼핑몰'이다. 별도의 점포도 필요 없고 온라인 상으로 관리가 가능해 본래 직업에 영향을 주지 않기 때문이다. 저자가 잘 아는 맹렬 여성 H씨는 인터넷 쇼핑몰로 운명을 바꾸어 놓았다.

저자가 왜 H씨를 맹렬 여성이라고 지칭하였는가 하면 그녀는 20대 후반이지만 사회의 정확한 트렌드를 읽으며 투잡, 쓰리잡을 실현해 나가기 때문이다. H씨는 낮에는 방송출연 및 리포터로 활동을 하고 있다. 남들이 보면 나름대로 바쁘다고 할 수 있는 상황인데도 H씨는 시간이 많이 남는다는 것이다. 그래서 그녀는 인터넷을 틈틈이 익혀 평소에 자신이 관심을 가지고 있던 액세서리와 연결하여 무엇을 하면 좋을까를 고민하였다. 고민 끝에 그녀는 많은 시간 들이지 않고 돈도 벌 수 있는 사업으로 인터넷 쇼핑몰 사이트를 운영하기로 결정하였다.

업종은 이미 본인이 가장 잘 알고 쉽게 할 수 있는 것이 액세서리 관련 일이었기 때문에 남대문에 가서 우선 좋은 물건을 골라 사진을 찍어 자신의 인터넷 쇼핑몰에 올려 주문을 받았다. 그는 자신의 사이트를 알리기 위하여 책을 썼다.

책의 내용은 인터넷에서 어떻게 하면 돈을 벌 수 있는가라는 주제였는데 그 책이 투잡족을 꿈꾸는 젊은이들에게 많이 팔렸고 그것이 그의 사이트를 투잡족 홈페이지의 원조로 만드는 역할을 하였다. 그래서 그는 한 달에 순이익을 상당히 올리고 있다. 그는 매출이 증가함에 따라 직원 하나를 상주시키고 사이트를 운영하고 있다.

그는 인터넷 쇼핑몰로서도 유명해졌고, 책으로서도 유명해져 대학이나 평생교육원에서 창업전략 강의나 인터넷 쇼핑몰 구축하는 방법에 대하여 전국적으로 강의 요청이 쇄도하고 있어 24시간이 부족할 정도로 살고 있다. 마치 연예인처럼 강의를 하러 가는 차안에서 새우 잠을 자면서도 그는 피곤한 줄도 모른다.

낮에는 방송 관련 일을 하고, 한쪽으로는 인터넷 쇼핑몰을 운영하고, 틈나는 대로 전국을 다니면서 강의를 하는 H씨는 투잡을 넘어서 쓰리잡을 하고 있는 성공한 여성이다. 투잡족을 꿈꾸는 사람들에게 H씨는 부러움을 사기에 충분한 자격이 있다고 생각한다. H씨는 "내가 원래 하고 싶어 하던 본업에도 충실할 수 있고 인터넷 쇼핑몰을 통해서 나름대로 수입도 올리고 있어 매일 매일이 행복하다"고 말하고 있다.

투잡족이 되려면 정해진 시간을 가지고 두 배로 살 수 있는 시간 관리 능력을 갖추어야 한다. 하루 24시간은 누구에게나 공평하게 주어지지만, 이를 쪼개고 또 쪼개어 시간관리를 잘하지 못한다면 투잡족의 성취감을 맛보는 건 결코 쉽지 않다. 결국 성공한 투잡족은 시간관리의 전문가라고 할 수 있다.

## 4. 경력관리는 시간과의 싸움이다

커리어를 높이는 이유는 두 가지로부터 시작한다. 하나는 지금 직장에서 능력을 인정받아 오랫동안 다닐 수 있는 것,

또 하나는 새로운 직장이나 일을 구하기 위해서이다. 전자처럼 단순히 살아남는 것에 만족하기 위하여 커리어를 높이려는 사람들은 위기의식이 없기 때문에 수동적이 되기 쉽다. 수동적으로 자기를 개발하는 일이 과연 자신의 성장과 발전을 도모할 수 있을까? 필사적인 생각을 가지고 능동적으로 자기계발을 열심히 해도 일자리를 구하는 것이 만만치 않은 세상이 되었다. 이러한 상황 아래 소극적으로 자기를 계발한 사람이 필사적인 생각을 가지고 능동적으로 자기계발을 한 사람을 이길 수 있겠는가?

앞으로 개인의 정년이 단축되어 가는 시점에서 성장을 위한 전직은 더 이상 회사에 대한 배신행위가 아니라, 경력을 관리하는 한 방법인 동시에 기회일 수 있다. 그러기 위해서는 지금 직장이 안정되었다고 해서 만족하지 말고 퇴사 후를 생각해서 전략적인 경력관리를 해야만 한다. 이제 회사에서 잘리는 것을 두려워하는 것은 어리석은 짓이다. 이미 회사에 들어간 순간 우리는 이미 퇴사가 결정된 것이나 다름없다. 다만 그것이 짧으냐 기냐의 차이일 뿐이다. 진정한 커리어를 높이려는 사람은 현재의 직장에 최선을 다하지만 만족하지 않고 더 나은 나를 위하여 주도면밀한 경력 계발을 진행하는 사람을 말한다.

지금 직장인들은 지속적이고도 주도면밀한 시간관리를 통한 경력 계발 없이는 평생고용을 기대할 수 없는 상황을 맞고 있다. 개인은 스스로 최상의 능력과 경력을 쌓아야 하고, 기업은 그 중에서 자기 조직에 가장 적합한 사람만을 골라 계속 고용상태에 이르게 될 것이다. 따라서 언제 올지 모르는 퇴직을 위해서 미리 자기계발을 준비하면 할수록 퇴사 후의 삶에는 자신감이 넘치게 된다.

퇴사 후에 많은 시간을 가지고 자기계발을 하려고 꿈을 꾸는 사람들은 정작 퇴사하게 되면 자신의 신세가 '땅바닥에 내팽개쳐진 개구리' 처럼 충격이 커서 오히려 많은 시간을 효율적으로 관리할 수 없고 초조해진다.

실제로 직장을 다니고 있을 때는 자기계발을 위한 어학학원이나 자격증을 취득할 수 있지만 직장을 다니지 않은 상태에서는 시간이 더 많음에도 불구하고 자기계발을 위하여 집중하기가 어렵다. 자신감도 떨어져 자신이 하는 자기계발에 대하여 불신하게 되고, 급기야는 포기에 이르게 된다. 시간을 기다려야 하는 자기계발보다는 당장 눈앞에 보이는 경제적인 문제를 해결해야 하는 탓에 먼 미래를 볼 수 없기 때문이다.

이제 우리는 눈을 크게 뜨고 우리의 미래사회를 읽어야 한다. 평생직장의 시대가 아닌 평생직업의 시대에는 전직하겠다는 각오로 주도면밀하게 시간관리를 통한 경력 계발을 하지 않으면 우리는 퇴직의 후유증을 심하게 앓아야 한다. 여러분은 어떤 길을 선택하겠는가? 철저한 시간관리를 통해 자기계발을 시작할 것인지? 아니면 자신감을 상실하고 당장 먹고 살 일이 막막하고 시간관리도 안 되는 상태에서 자기계발을 할 것인지?

# 5. 아침형 인간 & 저녁형 인간

"아침형 인간"이라는 책이 베스트셀러가 되어 장안에서 아침형 인간이라는 단어가 화제에 올랐었다. 아침형 인간은 원래 사이쇼 히로시의 『인생을 두 배로 사는 아침형 인간』에서 나온 말이다. 아침형 인간은 오후에 활동을 하는 사람들보다는 아침 일찍 일어나서 활동을 하는 사람이 사회생활에서 전진적이고도 성공적인 삶을 살아가는 확률이 높다는 뜻에서 많이 사용되는 신조어다.

사이쇼 히로시는 그의 책에서 성공은 아침에 좌우되며, 남보다 일찍 일어나 먼저 하루를 시작하는 사람들이 성공한다는 사실은 거의 대부분의 사람들이 경험적으로 체득하고, 동의하는 지극히 단순한 진리라고 보았다. 그리고 기업 고위임원의 대부분은 아침형 인간들이며, 강하게 장수하는 사람일수록 기상시간이 빠르고 규칙적이라고 하였다. 이러한 신드롬으로 인하여 아침형 인간과 관련된 책들이 발간되는가 하면 아침형 인간을 목표로 하는 사람들이 만든 인터넷 카페도 많이 생기고 있다.

그러나 아침형 인간은 우리나라처럼 밤 문화가 많은 나라에서는 도움이 되지 않는다는 의견들이 분분해졌다. 아침형 인간이 되려고 아침 일찍 일어났다가 저녁이 되면 피곤해서 아무 일도 못하고 잠만 잤다는 사람이 나타났다. 그러면서 '저녁형 인간'이라는 말이 대안으로 제시되었다.

저녁형 인간은 최근 유행하는 아침형 인간의 반대말로 영어로는 'night person' 정도로 표현한다. 새벽 5시경부터 활동하는 아침형 인간과는 달리 저녁 5시부터 본격적인 하루를 시작하는 인간의 유형이다. 비슷한 말로 부엉이족, 올빼미족이라고도 한다. 저녁형 인간의 요지는 산업의 발전은 우리에게 저녁 시간을 활용할 수 있게 해 주었고 그에 따라 서서히 저녁에 주로 활동하는 사람이 늘어나고 있다는 것이다. 이들은 '아침형 인간'에 대한 획일화된 강요는 과거 태양의 빛과 온기에 절대적으로 의존하던 시대의 것이며, 시공간이 자유로운 '디지털시대'에 역행하는 것이라고 말한다. 그리고 창조력과 상상력이 가치를 낳는 디지털시대에는 밤이 더욱 중요해진다고 강조한다.

어쨌든 정보화 시대에 적응하려면 전보다 더 많은 것을 습득해야 하고, 많은 정보를 분류하고, 선별하여 자신에게 맞는 것을 찾아내어 습득하고, 다양한 문화생활도 즐기기 위해서 시간관리가 꼭 필요하다는 것이다. 다만 시간관리를 꼭 해야 하는데 아침형 인간이 좋은가? 저녁형 인간이 좋은가의 차이는 더 효율적이고 능률적인 시간관리를 위해 새벽이 좋은가 아니면 밤이 좋은가의 관점을 따지는 것이라 할 수 있다.

# 6. 성공하려면 빨라야 한다

　미래학자 앨빈 토플러는 지구촌은 이제 강자와 약자 대신 빠른 자와 느린 자로 구분될 것이라고 했으며 포드사의 도널드 패터슨 회장은 성공하는 기업과 낙오하는 기업을 구분하는 가장 중요한 척도는 시간에 대한 패러다임이라고 말했다. 20세기 기업의 패러다임이 '좋은 물건을 싸게'였다면 21세기는 '새로운 것을 빨리'로 바뀌게 되었다.

　지금은 누구도 거부할 수 없는 'Speed' 시대가 되어 버린 것이다. 차와 사람, 컴퓨터, 기업 등 무엇이든 빨리 움직이고 빨리 받아들이고 더 빨리 움직여야만 대접받는 시대가 되었다. 한국인의 전통적인 느림과 여유의 미덕은 사라지고 빠름과 재촉이 지배하는 시대 속에서 변화는 끊임없이 이뤄지고 있다.

　하다못해 사람의 즐거움 중의 하나인 음식분야에서도 패스트푸드(fast food)가 우리의 식탁에 자리를 잡아가고 있다. 패스트푸드는 생산량과 속도를 우선시하는 현대사회를 상징하는 것 중의 하나가 되어 버렸고 우리의 삶의 구조에서 시간을 아껴서 살라는 교훈을 주고 있는 것이다.

한때 통신수단이 편지밖에 없던 시절이 있었다. 이때는 애써 고른 편지지에, 한 문장을 쓸 때마다 나름대로 아름다운 언어로 감동적인 글을 쓰기 위하여 밤새 공들여 편지를 쓰고 마음에 안 들어서 찢고 다시 썼던 적이 있다.

그러다 전화기가 나오며 편지는 줄어들게 되었다. 그리고 인터넷 환경의 급속한 발달로 이메일이 생겨 편지의 자리를 대신하게 되었다. 이메일을 안 쓰면 마치 무언가 세상의 변화에 역행하는 사람처럼 보여 서투른 솜씨로 메일을 보내기 시작하였다. 이제 평범한 이메일을 거부하는 사람들을 위해 프로그램 안에 예쁜 편지지도 고를 수 있게 되었으며, 음악도 같이 나오고 동영상도 같이 보낼 수 있게 되었다.

그리고 우리 국민 모두가 이메일이 주는 속도의 즐거움과 편함에 잠시 도취되어 있는 사이에 핸드폰이 전 국민의 필수품으로 자리를 잡으면서 어느새 문자메시지가 소식을 전하는 대명사처럼 되어 버렸다. 자라나는 신세대는 핸드폰을 통한 문자에 바로 익숙해지면서 굳이 메일이 주는 효율성에 빠질 필요가 없었다. 점차 메일 인구가 늘었던 속도보다 핸드폰을 이용한 메일의 이용 인구가 폭발적으로 늘고 있다. 요즘의 젊은 세대들은 문자메시지를 통하여 모든 의사를 전달하고, 사랑을 나누고, 지식을 나눈다. 처음에는 문자만 가능했는데 이제는 애니메이션에 배경음악까지 모든 것이 다 있다. 이제 얼마 있지 않으면 핸드폰으로 동영상 전화가 가능하게 된다. 그러면 또 얼마나 다른 문화들이 빠르게 변화를 할 것인가?

오늘 내가 필요하다고 생각하면 내일 바로 상품화 되는 시대가 왔다. 때로는 내가 필요하다고 생각했는데 이미 나와 있는 경우도 많다. 세상은 이처럼 생각할 기회마저도 주지 않고 빠르게 변하고 있는 것이다.

정말 어느 책의 제목처럼 머뭇거릴 시간이 우리에게는 없다. 무슨 일이든 생각나면 바로 실행에 옮겨야 한다는 것을 의미하는 것이다. 이러한 세상에서 성공하려면 남들보다는 빨라야 그 시장에서 블루오션의 기회를 누릴 수 있다. 결국 시간은 남들보다 생각이나 행동이 늦으면 우리는 처절한 경쟁 시장인 레드오션에 빠질 수밖에 없게 된다는 것을 경고하는 것이다.

### TIP 시간의 상대성

상대성 원리를 일반인들도 알기 쉽게 설명해달라는 기자들의 요구에 아인슈타인은 이렇게 말했다. "미녀와 함께 있을 때 한 시간이 1분 같다. 반면 뜨거운 난로 위라면 1분이 한 시간처럼 느껴질 것이다."

우리의 삶 속에서 시간은 모두에게 정해진 수명만큼 공평하게 주어졌다. 그러나 어떤 사람은 죽을 때 시간이 너무 부족해서 아쉽다는 말을 남기고 죽는 사람이 있는 반면에 시간이 너무 많아서 참으로 지루했다는 말을 남기고 죽는 사람이 있다.

왜 사람은 똑같은 시간을 가지고 부족하기도 하고 지루하기도 한 것일까? 그건 시간을 보는 시각이 다르기 때문일 것이다. 시간이 부족한 사람은 시간이 지나가는 것이 너무 아쉬울 정도로 행복한 삶을 살거나 바쁘게 산 사람을 의미할 것이다. 반면에 시간이 너무 많아서 지루하게 살았다고 하는 사람은 사는 것이 불행하였거나 일이 없어서 지루하였다는 것을 의미한다.

결국 우리가 시간에 대하여 어떻게 생각하느냐에 따라서 시간은 우리에게 생각하는 대로 다가오는 것이다.

## 7. 정확한 목표가 시간을 단축해 준다

우리가 이렇게 성장하게 된 저력에 대하여 외국 사람들은 '빨리 빨리의 신화'가 있었기 때문이라고 한다. 조선 시대만 해도 여유로운 생활이 모든 것의 중심이라고 생각했던 사람들이 이처럼 빠른 것을 선호하게 된 것은 한편으로는 단기간에 이루어낸 경제성장과 다른 한편으로는 속도를 강조하는 현대문명과 관련이 있는 것으로 생각된다.

농업중심의 사회에서 공업중심의 사회가 되는 데 다른 나라들은 백 년이 넘게 걸렸지만, 우리는 불과 40여 년밖에 안 걸렸다. 우리 나라는 빠른 경제 성장에 주력했고, 이것이 우리나라 사람들을 '빨리 빨리'에 익숙해지도록 했다. 여기에다가 속도와 효율성을 강조하는 현대문명이 빨리 빨리를 부추겼고 일상화하는 데 기여했다.

이러한 변화는 패스트푸드의 확산, 고속도로에서의 과속주행, 빠른 컴퓨터의 경쟁적 구입, 곳곳에 들어서 있는 속성 학원, 읽는 데 시간이 오래 걸리는 책보다는 쉽고 금방 읽을 수 있는 책, 오랜 시간을 들여 얻을 수 있는 것보다 적은 시간을 들여 빨리 얻을 수 있는 것을 더 선호하게 된 데서도 단적으로 드러난다.

그래서 우리는 어떤 일을 해도 빨리 끝낼 수 있는 것에만 집착하는 경우가 많다. 그러나 문제는 짧은 시간에 끝낼 수 있는 것 중에 희소성의 가치가 있는 것은 아무것도 없다는 점이다. 짧은 시간에 최대한의 효과를 볼 수 있는 것은 나만 관심을 가지고 있는 것이 아니라 모든 사람이 선택하는 것이기 때문이다.

사회적으로 위대한 성공을 한 사람들의 삶이 우리에게 교훈을 줄 수 있는 것은 그들은 오랜 시간을 들여서 목표를 달성하였기 때문이다. 시간이 많이 걸리는 목표일수록 평범한 사람들이 접근하기 어려운 목표일 수 있다. 그렇기 때문에 희소성의 가치가 있는 성공한 사람이 될 수 있다.

반면 될 수 있으면 빨리 성공의 세계로 가야 하는 사람들은 조급함을 느낄 수밖에 없다. 그래서 최단 시간에 성공하는 빠른 방법만을 찾는다. 이 세상에 빠른 방법으로 성공할 수 있는 방법은 복권이나 로또밖에 없다. 그 이외에는 목표를 세우고 그에 따른 강력한 추진의지를 가지고 실천하여야 성공한다.

옛말에도 "급할수록 돌아가라"는 말이 있다. 이 말은 한마디로 급하다고 생각해서 서두르면 집중도 안되고 능률도 오르지 않아 좋은 결과를 얻을 수 없다는 것을 의미하는 말이다. 따라서 희소성의 가치가 높은 성공을 원할수록 많은 시간을 가지고 준비와 실천을 하여야 한다. 그러면 시간이 흐를수록 습관이 되어 목표에 도달하는 시간은 짧아진다.

저자도 처음에는 원대한 목표가 없었기 때문에 철저한 준비를 바탕으로 시작한 것이 아니라 우연한 기회에 호기심으로 도전을 시작하였다. 준비 없이 시작한 도전인지라 처음에는 자격증 하나를 취득하는 데 소요된 시간이 많았지만 점차 목표를 갖게 되면서 도전에 대한 치밀한 준비를 하게 되었고 자격증을 취득하는 데 들어가는 시간도 줄어들 수 있었다.

따라서 성공하고 싶다고 우연하게 일을 시작하면 시행착오를 자주 겪게 되어 원하는 목표를 달성하는 데 시간이 많이 걸린다. 따라서 성공하기를 원하면 처음부터 확실한 목표를 설정하고 그 목표를 최단기간 달성하려는 시간관리가 있어야 한다.

# 8. 성공한 사람들은 바쁘다는 이야기를 하지 않는다

**현대인들은 언제나** 정신없이 하루를 시작하고, 또 정신없이 하루를 마감하면서 너무 바쁘게 살아가는 것 같다. 아침에 눈을 뜨고 출근해서 정신없이 사람들과 부대끼다 보면 점심시간이 되고, 점심을 먹고 나면 어느새 퇴근시간이 되고, 집에 와 잠자리에 누워 생각해 보니 오늘도 많은 일을 놓치고 말았다. 그렇게 난 매일 같은 하루하루를 맞이한다.

사람들은 늘 묻지도 않는데 "바쁘다. 바쁘다"를 외쳐댄다. 사람들은 만나자마자 묻는 첫마디가 "바쁘시지요?"라고 한다. 세상이 정말 바쁘긴 한 것 같다.

그러나 주변을 보면 하루 24시간은 누구나 똑같이 주어졌는데 사용하는 사람에 따라 엄청나게 다른 결과를 가져오고 있다. 똑같은 24시간을 가지고 있음에도 어떤 이는 자기가 원하는 목표를 이루어 성공한 사람으로 행복한 세상을 여유롭게 사는 반면, 어떤 이는 자신의 목표를 이루지 못하여 항상 무언가에 쫓기며 한 세상을 사는 경우가 있다.

왜 이런 현상이 생기는 걸까? 똑같은 시간을 가지고 있으면서도 누구는 성공하고 누구는 실패하는 삶을 사는 이유는 무엇인가?

성공하지 못한 삶을 사는 사람들은 항상 바쁘다는 말을 입에 달고 살면서, 사실은 시간을 능률적으로 사용하지 못하고 있는 것은 아닌가? 또 자신의 꿈은 어디엔가 잃어버린 채, 마지못해 하루하루를 살고 있지는 않은지 한 번쯤 생각해 볼 필요가 있다.

우화가 있다. 세상에서 가장 바쁜 사람은 바쁘게 일하는 사람이 아니라 '노는 사람'이라는 것이다. 노는 사람은 점심은 누구랑 먹고, 어떻게 하면 재미있게 놀까를 생각하기 때문에 시간이 부족하다는 것이다. 실제로도 제일 시간이 많을 것 같은 노는 사람들에게 연락해보면 항상 일이 많고 바쁘다. 만날 사람도 많고, 볼 것도 많고, 먹을 것도 많다. 그래서 매일 바쁘다는 것이다.

저자는 사회적으로 성공한 분들의 삶을 오랫동안 지켜보면서 찾은 공통점은 그들은 '바쁘다'는 말을 하지 않는다는 것이었다. 남들보다 몇 배나 많은 일들을 하면서도 전혀 바쁘다는 말을 하지 않았다. 그 분들은 너무 바쁘기 때문에 바쁘다는 말을 할 시간이 없었기 때문이다. 그렇다고 성공한 분들이 오직 일이나 자기계발에만 모든 시간을 사용한 것은 아니다. 그렇게 바쁜 와중에도 자신들이 좋아하는 일은 다 하고 있었다.

저자가 아는 유명인 작가인 B는 하루를 25시간으로 산다. 1년에 10권 이상의 책을 내기 위해 밤을 새우는 일이 다반사지만 B는 영화를 보는 것이 취미다. 그래서 그는 아무리 바빠도 개봉영화가 들어오면 조조나 가장 늦은 시간의 자투리를 이용하여 영화를 보고 영화평에 대한 이야기를 해준다. 그러면서 자신이 영화를 보는 데 사용한 시간을 보충하기 위하여 잠을 덜 잔다. 바쁘다는 이유로 자기가 하고 싶은 것을 못하는 것은 핑계라고 B는 말한다. 자신이 좋으면 아무리 바빠도 자기가 하고 싶은 일은 해나간다는 것이다. 바쁘다는 말보다 마음에 여유가 없다는 것으로 표현하는 것이 좋다고 했다.

이렇게 보면 바쁘다는 말을 많이 하는 사람일수록 실제로는 바쁘지 않다는 것이다. 바쁘다고 하는 시간들을 모아 놓으면 의외로 많은 여유 시간이 생길지도 모른다.

'나도 열심히 바쁘게 사는데 왜 나는 성공하지 못하는가?' 라고 하는 사람이 있다면 주변을 보자. 주변 사람들도 나만큼, 혹은 나보다 더 바쁘게 살아가고 있는 것을 알아야 한다. 24시간이라는 시간의 양은 똑같지만 그 시간을 사용하는 방법에 따라 인생은 천차만별 바뀐다는 생각을 가지고 자신의 시간을 냉정하게 분석할 필요가 있다.

이렇게 늘 정신없이 보내는 일상을 어떻게 하면 잘 보낼 수 있을까? 또 누구에게나 똑같이 주어진 짧은 하루, 일주일, 한 달, 일 년의 시간을 보다 알차고 효율적으로 사용할 수 있는 방법은 없을까? 이런 질문을 반복해서 자문하면 아무 생각 없이 시간을 보내는 사람들보다 성공에 이르는 확률이 높아진다. 최소한 성공은 못하더라도 시간을 효율적으로 사용할 수 있기 때문에 시간적인 여유가 생길 것이다.

당신은 시간관리에 문제가 있는가? 하지만 당신만 그런 것은 아니다. 이 세상에는 우리 같은 사람들이 무척 많다. 이제는 시간관리를 잘해 보자. 시간을 정복하는 자가 인생에서 승리한다.

# 9. 사소한 것에 목숨 걸지 마라

로버트 J 맥케인은 "평범한 사람들이 성공을 이루지 못하는 이유는 두 번째로 중요한 일에 먼저 시간을 사용하기 때문"이라고 했다. 결국 평범한 사람들은 가장 중요한 일과 사소한 일에 대한 구분을 못하여 중요한 일을 발견하지 못하고 사소한 일에 열중했기 때문에 성공하지 못하는 것이다.

『사소한 것에 목숨 걸지 마라』라는 책이 베스트셀러가 되었던 적도 있다. 사소한 일에 몰두하게 되면 본류를 그르치게 된다는 점에서 사소한 일에 목숨 걸지 말라는 것이다. 사소한 일에 몰두하게 되어 단지 성공으로 가는 길이 조금 오래 걸린다면 문제가 아니지만 여러 가지 어려운 일들이 생긴다. 때로는 사소한 일에 많은 시간을 낭비해 중요한 일을 하지 못하게 되기도 한다. 때로는 사소한 일로 서로 오해하여 관계가 심각한 상태로 가기도 한다. 심지어는 사소한 일에 빠져 본류를 보지 못하여 우리의 인생 전체를 망치게 되는 경우가 발생한다.

　사소한 일에 너무 신경을 쓰다 인생 전체를 망친 비극적인 예가 우리 주변에는 널려 있다. 더욱이 우리를 이끌 리더가 사소한 일에 신경을 쓰고 있다면 리더를 따르는 사람들은 어떤 생각이 들까? 예를 들어 리더가 점보 비행기의 조종사라고 가정하자. 조종사는 성공이라는 목적지까지 따르는 사람들을 안전하게 인도하는 것이 목적이다. 그러나 조종사가 조종하는 동안 걸려온 전화에 정신을 못 차려 운전이 불안해지거나, 목적지에 도착하여 자신이 얻을 결과만을 생각하여 경로를 이탈하고 있다면 사람들은 불안에 떨고 리더를 잘못 만났다고 후회를 할 것이다.

　이처럼 위 사례를 통해 알 수 있듯이 중요한 일을 남기고 사소한 일은 빨리 포기하는 것이 좋다. 리더는 사소한 일을 더욱 빨리 포기할 수 있는 능력이 있어야 리더를 따르는 사람들에게 피해가 가지 않는다. 리더는 여러 가지 능력을 소유하고 있으므로 사소한 일과 불가능한 일을 빨리 판단할 수 있다. 사소한 일뿐만 아니라 불가능할 일은 결론을 빨리 내려서 빨리 포기할수록 손해를 보지 않는다.

　한 젊은 바이올린 연주자에게 그녀의 성공의 비밀이 무엇인지 물어보았다. 그녀는 사소한 것을 무시한다고 대답했다. 그녀는 "제가 학교에 다닐 때, 저에게 요구되는 것들이 많이 있었습니다. 아침 식사 후에 방에 들어가면, 침대를 정리하고 방을 정돈해야 했고, 마루를 청소해야 했어요. 제가 주의를 기울여야 하는 것은 무엇이든 해야 했어요. 그 다음에 저는 제 바이올린 연습을 할 수 있었지요. 저는 제가 해야만 한다고 생각하는 것을 제대로 할 수가 없다는 것을 알게 되었지요. 그래서 저는 반대로 하기로 했지요. 제 연습 시간이 끝날 때까지 저는 모든 것을 고의적으로 무시했어요. 저는 그게 제 성공의 이유라고 믿어요."

일반인들에게는 사소한 일과 중요한 일을 구분하는 것은 쉬운 일이 아니다. 일반인들은 사소한 일과 중요한 일을 구분하지 못하는 대신 일의 우선순위를 정해서 일을 진행해 나가야 한다. 일의 우선순위는 일의 중요성과 상황에 따라 달라질 수 있다.

1912년 4월 12일 어느 날 밤, 타이타닉호가 빙산과 충돌을 해서 침몰을 하였다. 그래서 수많은 사람들이 목숨을 잃었다. 이 재난에서 나온 가장 호기심을 끄는 이야기 중에 하나는 특등실에 묵었던 여성 승객에 대한 이야기다.

그녀는 배가 침몰하여 3분 후에 침몰한다는 소식을 듣고 선원들의 만류에도 불구하고 자신의 특등실로 돌아갔다. 그녀는 자신의 특등실 안에서 그녀가 평소에 애지중지 하였던 자신의 장신구나 보물들을 무시하고, 화장대 위에 있던 세 개의 오렌지를 가지고 구명

보트로 돌아왔다. 조난 시에 식사대용으로 사용하기 위해서였다.

　5분 전만 해도 거들떠보지도 않았던 오렌지를 자신의 모든 장신구나 보물과 바꾼 것이다. 이전까지는 생각해보지도 않았던 어리석은 생각이었을 것이다. 그러나 위급한 상황은 갑자기 모든 가치를 바꾸어 그녀의 우선순위를 변하게 했다.

　우리도 생활 속에서 너무 작은 것을 보지 말고 큰 것을 보면서 사소한 일이나 실현하는 데 어려움이 있는 것은 빠르게 포기하는 습관을 길러보자.

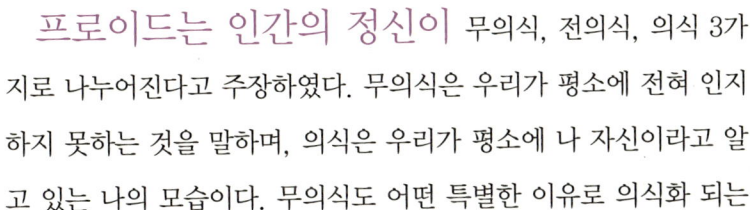

## 10. 잠재능력이라는 거인을 깨우자

　**프로이드는 인간의 정신이** 무의식, 전의식, 의식 3가지로 나누어진다고 주장하였다. 무의식은 우리가 평소에 전혀 인지하지 못하는 것을 말하며, 의식은 우리가 평소에 나 자신이라고 알고 있는 나의 모습이다. 무의식도 어떤 특별한 이유로 의식화 되는 경우가 있다고 하였다.

　프로이드는 인간의 정신은 마치 빙산처럼 의식은 10%도 안 되지만, 잠재의식은 90% 이상을 차지함에도 불구하고 의식이 정신의 전부인 것처럼 취급하고 있다고 말했다. 의식은 주로 생각하고 판단하고 명령을 내리는 기능을 가지고 있는데 반하여, 잠재의식은 신체의 조직이나 기관 등을 관장하는 자율신경을 담당하는 외에도 정보를 기억, 저장하는 기능, 직감이나 감정, 확신과 영감, 암시와 추리, 상상과 조직력 등의 기능을 제공한다.

　잠재의식의 사전적 의미로는 의식이 접근할 수 없는 정신의 영역, 또는 우리들에게 자각되지 않은 채 활동하고 있는 정신세계를 말한다. 그런데 주목할 것은 프로이드가 잠재의식을 빙산과 비유한 것처럼 잠재의식의 위력은 거의 무한대이기 때문에, 많이 활용할수록 능력도 증가되고, 새로운 능력을 개발해 나갈 수 있다는 것이다.

　요즘 의식의 판단하고 명령 내리는 기능과, 잠재된 힘의 근원으로서 잠재의식의 기능을 강화하는 연구가 한창 진행 중에 있다. 최면의 암시기법으로 시력이 좋아졌다는 의학 논문과 키가 커졌다는 연구 결과가 권위있는 의학 학술지에 기재되기도 한다. 어렵게 학술논문을 뒤적일 것도 없이, 정신을 집중해서 초인적인 능력을 발휘했다는 사실은 주위에서도 흔히 찾아 볼 수 있는 사례다.

　한 때 두 얼굴의 사나이라는 외화가 인기리에 방영된 적이 있다. 두 얼굴의 사나이는 평범한 인간일 때는 의식이 지배하지만, 위급한 상황이 되면 잠재의식이 나타나 괴력의 사나이로 변신하는 것이다. 꼭 두 얼굴의 사나이가 아니더라도 평상시에는 불가능한 일이지만 위급한 상황에서는 기적 같은 힘이 솟아나 일을 쉽게 해결하거나 놀라운 능력을 발휘하게 되는 경우가 있다. 반대로 사형수에게 금방 죽는다는 것을 암시하면 결국 잠재의식이 사형수를 죽이게 된다는 것도 있다. 이처럼 잠재의식은 사용하는 곳에 따라 사람의 능력을 배가하기도 하고 죽게도 하는 놀라운 힘을 가지고 있다.

따라서 10%의 의식만을 가지고 사는 속에서 90%의 잠재의식을 깨워내 목표를 실현하는 데 사용한다면 성공지수는 점차 높아질 것이다. 또한 굳이 의식적인 마음의 힘을 빌리지 않고도 얼마든지 육체의 건강을 얻고 행복한 삶을 살아 갈 수 있다. 잠재능력은 마치 황무지와 같아서 개간을 하지 않으면 영원히 황무지가 되나 개발하면 기름진 옥토로 바꾸어 원하는 결실을 얻을 수 있다. 또한 잠재능력은 무한대이기 때문에 이를 우리 인생의 모든 방면에 활용한다면 우리는 평범한 사람들보다 월등하게 능력있는 삶을 살 수 있을 것이다. 나아가 잠재의식을 의식의 지배 아래 두고 마음대로 통제할 수 있는 습관을 길러 나간다면 초월적인 존재로 살 수 있을 것이다.

이처럼 잠재의식 속에 있는 잠재능력을 높이려면 항상 자신감에 찬 모습으로 언제나 어깨를 쫙 펴고, 당당한 자세와 힘찬 걸음걸이로, 자기 자신을 철저하게 믿는 신념을 가져야 한다. 자신을 믿고 자신에 찬 신뢰감은 자신의 목표 설정과 절대적인 확신을 줄 뿐만 아니라 성공과도 연결시켜 주며, 성공에 대한 욕구를 더욱 자극하여 자신이 몰라보게 발전하게 된다.

그렇다면 잠재능력을 현실의 능력으로 바꾸는 방법은 무엇일까? 잠재능력을 높이고 활용하기 위해서는 첫째, 잠재능력에 성공의 의지를 불어 넣어주어야 한다. 잠재의식은 현실과 상상을 구분하지 못하기 때문에 끊임없는 상상력으로 성공한 자신의 모습을 그리며 성공을 해야겠다는 강한 결심을 마음속에 새겨야 한다. 그 이미지가 구체적일수록, 자주 반복될수록 좋다. 아침에 일어나 거울을 보고 거울 속에 있는 나에게 "난 할 수 있어", "넌 꼭 성공하고 말 거야" 등 자기가 추구하고자 하는 목표를 그려보라. 하루를 활기차게 시작하면서 강한 성공의 기운으로 인상이 밝아지게 됨을 느끼게 될 것이다. 둘째, 잠재의식은 부정형을 인식하지 못한다. 만약 마음속으로 "실패할지도 모르는데……"라고 생각한다면 잠재의식은 '실패'라는 말만을 받아들이게 되어, 결국 잠재의식이 무기력해지면서 실패하게 만든다. 따라서 "난 잘 될 거야", "난 운이 좋아" 등 긍정적인 상상만 해야 한다. 셋째, 잠재의식은 나와 타인을 구분하지 못한다. 따라서 사람에 대한 부정적인 생각은 자신도 부정적으로 만들게 된다. 예를 들면 "A는 너무 능력이 없어"라는 생각이 잠재의식에 입력되면 나도 능력이 없는 사람이 되고 만다. 그렇기 때문에 다른 사람에 대해서도 항상 긍정적인 생각으로 발전을 기원하면 나의 잠재능력도 그만큼 증가하게 된다.

여러분 안에 잠들고 있는 잠재능력이라는 거인을 깨워보라. 그 거인은 깨어나기만 한다면 여러분들을 시간관리뿐만 아니라 인생의 성공에 이르게 해줄 것이다.

제 **3** 장

# 시간도둑을 잡아라

1. 시간도둑만 잡으면 시간관리는 해결된다
2. 전화는 사무도구로만 활용한다
3. 방문객을 합리적으로 처리하라
4. 회의를 줄여라
5. 지저분한 업무 환경을 정리하라
6. 뒤로 미루는 습관을 버려라
7. 나태함을 버려라

# 1. 시간도둑만 잡으면 시간관리는 해결된다

**시간관리의 전문가** 하이럼 스미스는 원하지 않는데 우리의 시간을 뺏어가거나 낭비하게 하는 요인을 시간도둑이라고 하였다. 하이럼 스미스는 시간도둑을 외적인 요인과 내적인 요인으로 구분하여 다음과 같이 제시하였다.

| 외적인 요인 | 내적인 요인 |
| --- | --- |
| 방해에 의한 중단, 불분명한 직무 정의, 불필요한 회의, 과도한 업무, 커뮤니케이션 부족, 우선순위의 변경과 충돌, 무계획적인 상사, 관료주의, 조직 내 사기 저하, 훈련되지 않은 직원, 동료/직원의 부탁, 권위 부족, 직장 내 유희 등 | 위임실패, 무기력한 태도, 개인적 혼란, 건망증, 남의 말을 못 알아듣는 것, 우유부단함, 사교/접대, 피로, 실천력 부족, 완수하지 않은 일의 방치, 정리되지 않은 서류, 뒤로 미루기, 외부활동, 어지러운 작업 공간, 불분명한 목표, 엉성한 계획, 괜한 걱정, 과도한 의욕 등 |

브라이언 트레이시는 시간도둑을 수년간 조사한 결과, 일을 어렵게 하는 시간도둑으로는 7가지가 있다고 하였다.

그는 시간도둑으로 전화, 방문객, 미팅, 화재와 같은 전혀 예상치 못했던 사건, 뒤로 미루기, 인간관계, 사람과의 사귐, 우유부단 등을 꼽았으며, 이것들이 다음과 같이 일을 방해하거나 낭비하게 하는 요인이 된다고 하였다.

첫째, 전화는 전화벨이 울리는 순간부터 업무를 방해하고 전화하는 도중에 사고의 리듬이 깨지면서 일을 방해하게 된다. 둘째, 방문객은 직장동료나 외부의 방문객에 의하여 사고의 고리를 끊고 일을 멈추는 방해를 한다. 셋째, 회사 내의 다양한 미팅은 일을 방해하고 업무의 흐름을 끊는다. 넷째, 화재와 같은 전혀 예상치 못했던 사건은 사람을 예기치 못한 혼란으로 빠뜨려 업무에 집중할 수 없게 한다. 다섯째, 시간관리를 잘못하는 사람들 대부분의 특징은 어떤 일이든 나중에 해야겠다고 뒤로 미루는 습관이 많다는 것이다. 이러한 습관은 결국 일을 못하게 하는 요인이 된다. 여섯째, 사람과의 사귐은 우리 일상의 시간 중 75%를 차지하며 대부분 가벼운 만남과 잡담으로 인하여 시간을 낭비하는 요소가 된다. 일곱째, 우유부단은 내 시간도 낭비하고 남들의 시간도 낭비하게 하는 요인이 된다.

시간도둑의 요인들은 개인에 따라서, 개인의 생활방식에 따라 다를 수 있다. 어떤 사람에게는 시간도둑인 것이 어떤 사람에게는 중요하기 때문이다. 예를 들어 인간관계를 인생의 중요한 가치관으로 가지고 있는 사람은 인간관계에 소요되는 시간은 시간도둑이 아니라 인생에서 최고 중요하고 시급하게 해야 할 일 것이다. 그러나 가장 중요하다는 생각이 드는 인간관계를 하더라도 효율적으로 하면 더 많은 인간관계를 할 수 있어 생산적인 시간관리를 할 수 있게 된다.

저자는 생산적인 시간관리를 하기 어렵게 만드는 시간도둑으로 전화, 방문객, 회의, 뒤로 미루는 습관, 나태함, 인간관계, 컴퓨터와 인터넷 등을 선정하고 이들을 잡는 방법을 소개하고자 한다. 여기서 인간관계는 우리의 생활 중에서 75%를 차지하는 비중이 높은 부분이므로 별도의 장에서 설명하고자 한다. 아울러 컴퓨터와 인터넷도 생활 속에서 차지하는 비중이 점점 높아져 50%까지 육박하고 있어 별도의 장에서 설명하고자 한다.

나열된 항목 중에서 가장 고질적으로 문제가 되는 자신의 시간도둑들을 찾아서 제거해보자. 이를 통해 확보된 시간을 자신의 목표를 향해서 체계적으로 사용해나가면 목표에 좀 더 쉽게 도달할 수 있을 것이다.

## 2. 전화는 사무 도구로만 활용한다

전화는 우리 생활의 필수품으로 시간을 절약할 수

있고 용무를 간단히 끝낼 수 있는 문명의 이기이지만, 반대로 시간을 낭비하는 요인이 되기도 한다. 특히 일에 집중하고 있을 때 걸려오는 전화는 나의 업무 흐름을 깨게 되고 전화를 받고 다시 업무에 전념하려고 하면 시간이 걸리기 때문에 시간 낭비를 가져온다. 일에 따라 주로 고객관련 부서에 근무하는 사람들은 걸려오는 전화 때문에 하루 종일 아무 일도 못하고 전화 응대만 하는 경우도 있다.

업무에 관련되어 걸려온 전화야 어쩔 수 없겠지만 대부분 전화의 내용은 사적인 교제를 위한 전화인 경우가 많고 잡담이나 신변에 대한 이야기가 주를 이룬다. 이제 전화는 교제를 위한 도구라는 생각에서 업무를 위한 도구라고 인식을 바꾸어야 시간을 낭비하지 않게 된다. 따라서 수없이 주고받는 전화에 대하여 다음과 같은 요령을 가지고 한다면 쓸모없는 전화에 시간을 소모하지 않아도 될 것이다.

● 전화가 걸려온 경우

어떤 전화든 업무 도중에 걸려온 전화는 업무의 중단을 가져온다. 전화를 받다 보면 자신의 업무를 까맣게 잊고 전화하는 데 신경을 모두 몰두하다 보니 전화를 끊고 나면 어디서부터 일을 해야 하는지 잊게 되는 경우가 많다. 따라서 전화가 걸려오면 업무의 진행 정도를 기억하거나 메모지에 적어 놓고 전화를 받는다.

전화를 받는 동안에도 상대방이 전화를 한 이유를 정확히 파악하면 빨리 용건을 마칠 수 있는데 그렇지 못하면 일방적으로 상대방의 이야기를 들어주어야 할 경우가 생긴다. 상대방의 의중을 정확히 파악한다면 빨리 끝내야 할 전화인지, 길게 통화를 해야 할지 알게 된다. 또한 업무적 성격의 전화라면 항상 메모지를 준비하거나 녹음기를 준비하여 기록이나 녹음을 해 놓으면 업무를 효율적으로 진행할 수 있다.

전화가 걸려온 경우 다음과 같이 대화를 한다면 시간을 낭비하지 않아도 될 뿐만 아니라 일을 잘하는 사람으로 인정받게 될 것이다.

○ 전화는 되도록 빨리 받는다.
- 세 번 이상 벨소리가 울린 후에 받을 때에는 "늦어서 죄송합니다." 하고 전화를 받는 것이 좋다.
- 담당자가 바쁠 경우 옆 사람이 받고, 같은 부서에 걸려 온 전화를 받을 사람이 없을 때에는 자기 자리에서 멀더라도 달려가 받는다.
- 전화를 받게 되면 우선 자신의 이름을 댄다.
  예) "안녕하십니까? ○○기업 ○○팀 (직책) 홍길동입니다."
- 상대를 확인한다.
- 상대방이 전화를 하게 된 동기가 무엇인지를 파악한다.
- 간단한 인사 또는 일전의 감사의 뜻을 전한다.
  예) "항상 신세만 지고 있습니다.", "수고 많으시지요."
- 용건을 간단하게 순서대로 이야기한다.

- 용건이 복잡할 경우에는 메모해 두었다가 전한다.

  만약 통화 도중 적어야 할 경우 메모 준비가 안 되어 있으면, "죄송합니다. 메모를 해야겠으니 잠깐 기다려 주십시오."라고 양해를 얻은 다음, 준비가 되면 "네, 말씀하십시오."라 하고 메모한다.
- 메모가 끝나면 받아 적은 쪽에서 "다시 메모한 것을 읽어 볼 테니 확인해 주십시오."라 하고 용건을 바르게 적었는지 확인한다.
- 얘기가 끝나면 중요한 점을 정리해서 상대가 이해했는지 반드시 확인하고 전화를 종료한다.

○ 전화를 받을 사람이 통화중이거나 자리를 비웠을 경우.
- 찾는 사람이 전화를 받을 형편이 아님을 정중하게 밝힐 필요가 있다.

  예) "지금 통화중이니 잠깐 기다려 주십시오."

  "○○○의 통화가 길어질 것 같으니 통화가 끝나는 대로 전화를 다시 걸어 드리면 어떨까요?"
- 급한 용건일 경우 메모를 써 보내어 통화중인 전화를 일시 보류하고 긴급 전화를 받도록 한다.
- 전화 받을 사람이 자리를 비웠을 경우에는 '○○○는 지금 자리에 없습니다.' 라고 말한 다음 '용건을 일러주시겠습니까?' 라든가, '들어오는 대로 전화를 걸도록 하겠습니다.' 라고 말하는 것을 잊지 말아야 한다.

● 전화할 경우

전화를 하는 경우에도 마찬가지다. 전화를 하는 경우에도 계획을 세워서 전화를 하는 것이 시간을 줄이는 방법이다. 무계획적으로 하다 보면 신변잡기의 잡담이 대부분을 차지하게 되고 자신의 시간을 낭비할 뿐만 아니라 상대방도 전화로 인하여 시간을 낭비하게 하는 요인이 된다. 따라서 전화를 걸 때는 전화를 꼭 해야 하는 사안인지, 하지 않아도 될 일인지를 구분해야 하며, 전화를 꼭 해야 할 때에는 누구에게 어떤 순서로 대화를 해야 하겠다는 통화 내용을 계획해야 한다.

전화를 걸 때도 다음과 같이 대화를 한다면 시간을 낭비하지 않아도 될 뿐만 아니라 일을 잘하는 사람으로 인정받게 될 것이다.

○ 전화는 시도 때도 없이 걸 것이 아니라 하루 종일 전화를 해야 할 것들을 정리해서 한꺼번에 하면 전화를 거는 일 때문에 업무에 지장을 받지 않게 된다.

○ 전화를 하기 전에는 용건, 대화할 내용, 순서를 미리 정하여 정한 대로 통화를 하게 되면 빨리 전화를 끝낼 수 있다.

○ 통화시 필요한 서류나, 자료는 미리 정돈하고 통화를 시작한다.

○ 업무적 성격의 전화라면 항상 메모지를 준비하거나 녹음기를 준비하여 기록이나 녹음을 해 놓으면 업무를 효율적으로 진행할 수 있다.

○ 통화가 시작되면 자기의 소속과 이름을 먼저 밝힌다.

예) "안녕하십니까? ○○기업 (직책) ○○○입니다."
"죄송합니다만 김 부장님 계시면 부탁드립니다."

○ 찾는 사람이 없는 때에는 전화 받는 사람에게 연락을 부탁한다.

예) "바쁘신데 대단히 죄송합니다. ○○기업 영업팀 ○○○가 계약관계로 전화했었다고 전해주시면 고맙겠습니다."라고 한 다음 "수고하십시오."라 하고 전화를 끊는다.

○ 용건의 명제를 먼저 간결하게 말하면 상대방이 용건을 빨리 이해할 수 있다.

예) "오늘 미팅에 대한 일입니다만" 또는 "○○기업과의 상담에 대해 말씀드리고 싶습니다."

○ 전화가 잘 안 들리는 때에는 서슴지 말고 미안하다는 인사말과 함께 사정을 이야기해야 한다.

예) "전화가 잘 안 들립니다만" 하고 상대방에게 말하는 것이 바람직하다.

○ 업무 전화를 건 쪽에서 먼저 끊는다. 그러나 전화를 걸었을 때, 상대방이 아주 윗사람이거나 경의를 표해야 할 사람일 때에는 상대방이 끊은 것을 확인하고 수화기를 놓는 것이 역시 좋은 방법이다.

● 전화통화 계획세우기

요즘 통신기기의 발달과 함께 전화로 많은 일들이 진행된다. 특히 핸드폰의 전 국민 보급화에 따라 수시로 전화가 걸려와 오히려 일을 하는 데 방해가 되는 경우가 많다. 전화가 온다고 무작정 모든 일을 정지하고 전화만 받게 되면 손해가 이만저만이 아니다. 따라서 일하는 도중에 전화가 오면 최소한의 통화만 하고 다시 일에 집중해야 일을 잘 진행할 수 있다. 통화를 빨리 끝내고 싶으면 앉아서 하지 말고 서서 통화해보라. 그럼 통화를 빨리 끝낼 수 있다.

중요하지 않은 일이라면 일을 하지 않을 때 한데 모아서 짬짬이 시간을 내어 전화를 해보자. 식사하러 가는 도중, 식사를 기다리는 도중, 화장실에 가는 도중, 화장실에 있는 동안 남에게 피해를 주지 않는 범위에서, 운전하는 동안 핸즈프리를 이용하여 전화를 해보자. 일부러 일하는 시간을 버리고 전화를 하지 않아도 된다.

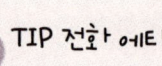

### TIP 전화 에티켓

- 전화 통화 중 전화 상대와 이야기하다가 자기 주변 사람의 얘기를 듣고 함께 웃거나 하지 않는다.
- 전화 통화 중 상대의 얼굴이 보이지 않는 점을 이용해서 혀를 내밀거나 하지 않는다.
- 전화 통화 중 연필과 자를 가지고 책상 끝을 두드리거나 담배를 입에 물고 있거나 껌을 씹지 않는다.
- 긴급할 때 외에는 직장에서는 사적인 전화를 삼가도록 한다.
- 항상 통신 보안에도 신경 써 기밀사항은 통화하지 않는다.
- 바른 말을 사용하고 혼동되기 쉬운 말은 피한다.
- 상대의 해석에 따라 오해가 생길 말은 피해서 쓰도록 한다.

- 숫자, 일시, 장소, 이름 등 중요한 사항에 관해서는 특히 주의를 기울이는 것이 필요하다.
- 전문용어, 틀리기 쉬운 숙어를 사용할 때는 주의한다. 오해를 초래할 우려가 있다.
- 유행어, 숙어와 낯선 외국어는 피한다.
- 자신의 상사라 하더라도 관외에 대해서는 경칭을 붙이지 않으며 상대방에 대해 필요 이상의 수식어, 경어를 사용하는 것은 피해야 한다.
- 상대방의 지위나 신분을 알고서야 정중해지는 태도는 큰 실수이다.

## 3. 방문객을 합리적으로 처리하라

　인간을 사회적 동물이라고 부르는 것은 인간과 인간 사이의 만남을 기본으로 하기 때문이다. 우리는 사회에 진출하게 되면서부터 더 많은 만남을 가지게 된다. 직장생활에서도 매일 많은 사람들이 찾아와서 만나게 되고 대화를 나누며 일에 대한 의논과 업무를 추진하여 성과를 거두게 된다. 하루도 사람과의 만남이 없는 날이 없다. 결국 하루의 회사 일과 중에는 회사 내의 방문객이나 외부에서 오는 방문객으로 인하여 시간을 뺏기거나, 업무에 방해가 되는 시간이 많이 차지하고 있다.

그러나 외부 방문객 중 고객이라면 진심으로 기쁜 마음으로 방문할 수 있도록 맞이해야 한다. 따라서 고객에 대한 접대방법을 익혀 자신에게는 업무에 방해를 받지 않게 일하는 능력을 갖추고, 회사를 방문한 손님에게는 좋은 인상을 심어 주어 매출증대로 인하여 자신이나 회사에 기여하여야 하겠다.

그러나 쓸모없는 방문객들과의 내부 직장 동료들의 방문 시간은 최소한으로 줄여야 시간관리를 제대로 할 수 있다.

- ● 본인을 찾아 온 경우
  - 내방객의 방문에 대하여 미리 알고 있는 경우에는 필요한 자료나 대화내용을 미리 준비해둔다.
  - 다과나 자료 등을 준비하여 손님 맞을 준비를 해둔다.
  - 찾아온 내방객을 반가운 표정으로 인사하며 친절하게 맞는다. "안녕하세요? 어서 오십시오", "무엇을 도와드릴까요?"
  - 업무로 찾아온 경우에는 명함을 교환한다.
  - 면담할 수 있는 장소로 이동하기 위하여 내방객의 2~3보 오른쪽에서 앞서 걸으면서 안내장소로 이동한다.
  - 장소에 도착하면 원하는 음료를 물어 손님이 고르도록 하고 음

료를 대접한다.
- 편한 분위기에서 용건에 들어간다. 면담 중에는 시간을 너무 오래 끌지 않도록 한다.
- 면담을 끝맺는다. 면담한 내용을 정리해서 중요한 안건에 대해서는 정리해 다시 확인하면서 동의를 구해 서로 오해하지 않도록 한다.
- 작별 인사를 한다.
- 손님을 배웅한다.
  : 원칙적으로 문 있는 곳까지 전송한다.
  : 사람에 따라서는 엘리베이터나 현관까지 전송한다.
  : 내방객이 두고 가는 물건이 없도록 신경 쓴다.

● 사무실에 같이 근무하는 동료를 찾아온 경우
- 같은 사무실에 있는 담당자를 찾아온 경우 담당자가 있으면 바로 안내하여 연결하여 준다.
- 담당자가 없는 경우 다른 사람을 소개해도 되는가를 묻고, 필요 없으면 명함이나 인적사항을 간단히 묻고 다음 약속을 잡는다.
"000씨는 지금 자리에 없습니다만 다른 분이라도 괜찮겠습니까?", "꼭 000씨와 상담을 원하신다면 명함이나 인적사항을 남겨주시면 전해드리겠습니다. 괜찮겠습니까?"
- 담당자가 금방 돌아올 경우 손님에게 정중히 사정이야기를 하고 기다리도록 한다. 이때 손님을 기다리게 할 경우 불안감과

초조감을 느끼지 않도록 배려한다.

"곧 OOO씨가 오시면 연락해 드리겠습니다. 잠깐만 기다려 주십시오."

● 본인이 외부로 방문한 경우

방문은 상대방과의 서먹서먹한 분위기를 조금 누그러뜨리고, 서로의 인간관계를 깊게 하는 데 큰 역할을 한다. 방문은 상대방과 친밀감을 느낄 수 있는 가장 자연스러운 계기가 될 수 있다. 그러나 원하지 않는데 방문하는 것은 오히려 상대방에게 불쾌감을 줄 수 있다. 방문해서도 시간관리를 하지 않으면 불쾌한 일이 발생할 수 있다.

가) 가정방문
- 시간 약속을 하지 않고 방문하는 것은 매우 특별한 경우에 속하므로 상대방에게 방문에 대한 허락을 얻고 약속시간을 정한다.
- 상대방의 형편에 따라 미리 약속을 정한다. 찾아가는 사람의 입장보다 상대방이 편한 시간에 맞추는 것이 예의다.
- 약속을 한 경우에는 정해진 시간에 필히 도착하여야 하며 만약 늦어지면 전화로 양해를 구한다.
- 친한 친구이거나 병문안이나 조문 외에는 일반적으로 오전 방문은 실례가 된다.
- 가정 방문 시 여주인이 혼자 있는 경우는 되도록 문 밖에서 방문목적을 해결하는 것이 좋다.

- 첫 방문한 경우 15~20분 정도의 대화시간이 가장 적당하나 꼭 그만큼의 시간이 아니더라도 되도록 짧은 시간 내에 용건을 마치고 일어서는 것이 좋다.
- 여러 사람과 방문한 경우 주인을 혼자서 독점하듯이 긴 시간 이야기하는 것은 예의에 어긋난다.
- 방문 중 주인의 다른 손님이 찾아왔을 때는 당황하지 말고 차후의 방문의사나 명함을 남기고 나서도록 한다.
- 떠날 때는 일어서서 정중하고 짧게 작별인사를 하는 것이 예의이다. 너무 길게 작별인사를 늘어놓아 주인이 오래 서있는 일이 없도록 주의한다. 또, "후한 대접에 감사합니다. 다음에 다시 한번 인사드리도록 하겠습니다." 등의 인사말을 잊지 않도록 한다.

나) 회사방문
- 방문 전에 전화를 걸어 방문 일시와 장소를 약속한다. 가급적 상대방의 사정에 맞추어 주도록 노력한다.
- 출발에 앞서 필요한 명함이나 자료를 챙긴다. 이때 방문코자 하는 회사의 경쟁사 제품이 있을 때는 지참하지 않거나 다른 회사의 제품으로 바꿔 가지고 가야 한다.
- 상대방을 만나기 전에 개인적으로 필요한 용무는 미리 보도록 하고 복장과 용모를 다시 한 번 확인한다.
- 약속시간 5~10분 전까지 도착하도록 한다. 늦을 경우에는 반

드시 사전에 연락한다.
- 도착 후 안내가 있는 경우에는 상대방이 아무리 친해도 지나치지 말고 안내에게 본인의 소속기관, 성명, 방문 대상자, 용건 등을 간략하게 알려서 안내받도록 한다.
- 방문은 정장차림으로 하며 외투를 입었을 경우에는 외투를 벗고 안내에게 간다.
- 자리에 앉아서 기다릴 때는 되도록 의자에서 바른 자세를 유지하도록 한다.
- 30분 이상이 지나도록 상대방이 나오지 않을 때는 다음 방문 약속을 한 뒤 돌아가거나 다른 방문처를 먼저 들러 적당한 시간에 다시 방문하는 것이 좋다.
- 상담 중에는 시종 예의바른 자세로 신뢰감을 느낄 수 있게 행동하도록 한다.

### TIP 방문객에게 방해를 받고 싶지 않을 때

직장생활을 하다 보면 특별한 목적이 없이 찾아오는 방문객이 많다. 예를 들어 회사 내에서 상급자나 또는 동료들이 특별한 목적 없이 남의 사무실을 기웃거리는 경우가 있다. 때로는 외부에서 잡상인들이 찾아와서 상품을 판매할 목적으로 대화를 요구하기도 한다.

이러한 방문객이 사무실로 찾아온 경우에는 밖으로 안내하여 사무실 밖에서 대화를 나누도록 해야 짧게 끝낼 수 있다. 일단 자신의 사무실로 찾아와서 앉게 되면 처음에는 업무에 대한 이야기를 하다가 나중에는 잡담으로 흘러 시간을 낭비하는 경우가 많다. 따라서 내방객을 사무실 밖의 응접실이나 차 마시는 곳으로 안내하여 차 한 잔을 마시고 간단하게 대화를 나눈 후 돌려보내면 바로 사무실로 돌아와 일에 몰두할 수 있다. 이때도 앉아서 대화를 나누는 것보다는 서서 대화를 나누는 것이 훨씬 효과적이다.

외부 방문객이 거의 없이 회사의 직원들에 의하여 방문이 이루어지는 경우에 일에 방해받지 않으려면 자신이 일에 집중하고 있기에 방해하지 말라는 표식을 남기면 효과적이다. 일에 전념할 수 있도록 칸막이 위에 "방해하지 마세요."라는 표식을 남겨 놓으면 목적없는 방문객들을 줄일 수 있으며, 나아가 생산적인 시간관리를 할 수 있는 방법이기도 하다. 방해하지 말라는 표식이 때로는 인간관계에서 너무 삭막한 것 같아도 시간이 지나면 "저 친구는 일을 할 때 열중해야 하는구나."라고 인정하게 되고 나중에는 일에 집중적인 사람으로 알려지게 된다.

## 4. 회의를 줄여라

피터 드러커는 회사에서 잦은 회의문화는 가장 지양해야 할 요소라고 하였다. 취업사이트 '사람인'에서 직장인 190명을 대상으로 여론조사를 해보니 52.6%가 잦은 회의가 업무에 방해를 주거나 업무의 집중력을 떨어뜨리는 것으로 밝혔다. 또 다른 연구를 보면 업종이나 기업에 따라 차이는 있지만 하루 중 회의 시간이 차지하는 비율은 일반사원이 5%, 간부사원이 10%, 영업계열이 15%, 일반 관리직이 15~20%로 직급이 오를수록 더욱 높아진다고 한다.

일본의 유명 컨설턴트인 다카하시 마고토 씨는 그의 책 『성공한 기업회의는 이렇게 다르다』에서 '비효율적인 회의'의 전형으로 10가지를 들었다. 첫째, 장시간 회의, 둘째, 결론이 나지 않는 회의, 셋째, 의제가 모호한 회의, 넷째, 우선 열고 보는 회의, 다섯째, 강압적인 회의, 여섯째, 발언자가 적은 회의, 일곱째, 독재형 회의, 여덟째, 잡담이 많은 회의, 아홉째, 중도 이탈자나 불참자가 많은 회의, 열 번째, 결론이 좀처럼 반영되지 않는 회의가 그것이다.

저자도 교육청에서 근무할 때 매일 아침마다 회의를 진행하였다. 처음에는 인사를 하고 차 한 잔씩 하면서 개인적인 이야기를 나누다 회의를 시작하여 업무보고를 했다. 문제는 회의로 인해서 출근하자마자 회의 자료를 준비해야 하고 회의가 끝나서 회의자료 정리하고 저자의 부서에 와서 다른 직원들에게 전달하다 보면 점심식사가 12시부터 시작하므로 오전은 거의 회의와 관련된 일을 하게 되었다. 결국 저자는 점심식사 후에나 나의 업무를 진행할 수밖에 없었다.

직원 1인당 월 400만 원으로 가정했을 때 월 근무 시간인 200시간을 기준으로 나눠보면 대략 시간당 2만 원의 가치가 있는 셈이다. 이런 직원 10명이 모여 2시간 회의를 했다면 40만 원이 회의로 소비된다. 또 이 직원들이 회의를 하지 않고 영업을 하거나 자기 직무를 수행했을 경우에 발생하는 기회비용까지 계산한다면 훨씬 많은 비용이 회의를 위해 쓰이는 셈이 된다.

만약 이렇게 많은 비용과 시간이 소요된 회의가 별 성과 없이 진행됐다면 그만큼 회사의 시간과 비용을 낭비했다고 볼 수 있다. 따라서 요즘에는 불필요한 회의를 최대한 줄이기 위하여 각종 방법들을 동원되고 있다.

● 가상의 돈을 지급한다.

소모적인 회의로 인한 시간낭비를 막기 위해 회의 참석자들에게 실제로 지급하지는 않지만 가상의 돈을 만들어 각 부서나 개인에게 미리 배정해두는 방법이 있다.

예를 들어, 한 팀에서 연간 사용할 수 있는 이런 회의비로 1,000만 원을 배정해뒀다고 가정하자. 10명의 인원이 참석하는 정기 회의를 한 주에 3번씩 1시간씩 진행하할 경우 개인별로 시간당 2만 원 정도의 비용을 계산하면 주 60만 원, 월 240만 원, 연간 1억 4,680만 원이 소요되므로 회의를 축소하든지 참석 인원을 줄여야 한다. 그리고 배정된 경비를 쓰지 않았을 때는 차액의 일정 부분을 인센티브로 전환해 해당 팀이 실제로 사용할 수 있는 경비로 배정해주는 것도 좋은 방법이다. 물론 이에 따른 부작용도 있을 수 있지만 불필요한 회의를 억제할 수 있으며, 더 효율적인 회의 방안을 강구해 운영할 수 있다.

● 메신저를 사용한다.

현대는 국제화·디지털 시대에 맞추어 같은 회사의 조직원들도 근무 장소와 근무 시간대가 각자 다르다. 이런 다양한 근무 형태 탓에 많은 직원이 같은 시간대에 한 장소에 모이기가 쉽지 않다. 따라서 디지털 시대에 맞게 어디서나 회의를 쉽게 할 수 있는 방법 중에 하나가 메신저를 사용하는 방법이다.

메신저를 통하여 회의에 참석하게 되면 면대면 회의 때보다 대화 내용이 건조해져 용건만 간단히 말하게 되고 오히려 회의의 횟수를 줄이는 것은 물론 회의에 소요되는 시간도 줄일 수 있다.

요즘은 메신저의 기능이 좋아져서 화상회의는 물론이고 자료의 공유, 사진과 칠판 공유를 통한 프레젠테이션까지 가능하도록 되어 있다. 또한 회의 내용을 전부 저장할 수 있어서 어떤 면에서는 오프라인 회의보다 더 효율적으로 활용할 수 있다.

● 이메일을 사용한다.

회의의 내용에 따라 단순히 정보를 공유하거나 홍보할 목적이라면 굳이 바쁜 직원들을 한자리에 일정한 시간에 모아 놓고 회의를 하는 것은 효율성도 없지만 비용적인 측면에서도 바람직하지 못할 것이다. 따라서 단순히 회사의 소식을 전달하거나 정보를 공유할 목적이라면 전자게시판이나 이메일을 활용하여 전달하면 직원들은 충분히 인지를 할 뿐만 아니라 저장해 두고 여러 번 볼 수 있으므로 회의 때보다 훨씬 효율성이 높아진다.

● 회의시간을 미리 정하고 회의를 한다.

회의를 하다보면 시간이 무한대로 흘러가는 경우가 많다. 그러나 회의 시간을 정하고 회의를 하면 직원들이 발표할 내용이나 제안할 내용들을 알아서 줄이는 것을 자주 볼 수 있다. 회의시간에 대한 규정이 없으면 어차피 회의는 해야 하고, 가만히 앉아 있는 것보다는 말을 많이 하게 된다. 그러나 회의시간을 정해서 알려준 후 회의를 진행하게 되면 발표자들은 정해진 시간에 맞추기 위하여 내용을 요약하거나 집약적으로 발표를 하게 되어 때로는 정해진 시간보다 빨리 회의를 마치게 된다.

일본의 자동차 회사인 혼다는 회의실을 2시간 이상 이용하지 못하도록 사규로 정해놓고 있다. 보통 회의에 사용하는 시간은 최고 2시간을 넘지 않는 게 좋다. 2시간을 넘기면 사람들의 주의력도 떨어질 뿐만 아니라 회의를 진행하는 사람도 무슨 말을 하는지 모르게 된다.

● 지각생을 기다리지 않는다.

회의를 하다보면 정해진 시간에 딱 맞추어서 오는 사람이 드물다. 정기회의에서도 늦는 사람이 있지만, 비정기적인 회의를 할 때는 더욱 그러하다. 회의가 늦어지는 이유는 사람들 소집해야지, 하던 업무 정리해야지, 회의시간 동안 걸려올 전화를 마무리하는 등에 시간을 사용해야 하기 때문에 회의 시작 시간에 늦기 쉽다. 그러다 보면 자연적으로 회의시간은 늦추어지게 되고 정작 회의에 소요되는 시간은 줄게 된다.

회의가 정시에 열리지 않으면 미리 와서 기다리는 사람들은 짜증을 내게 되어 회의가 효율적으로 진행되지 않는 경우가 많다. 따라서 회의를 진행하는 데 지각생이 없으면 좋지만 언제든 생기게 되므로 지각생을 기다리지 말고 정해진 시간에 시작해야 상습적인 지각생들도 다음부터는 일찍 참석하려는 생각을 가지게 된다.

지각생을 줄이는 방법 중에 하나는 회의시간을 정각으로 하지 말고 10시 15분, 10시 20분 등으로 세밀하게 정해 줌으로써 참석자들에게 심리적 부담을 주어 정해진 시간에 참석하게 하는 것이다.

● 참석자를 줄인다.

회의에 많은 사람이 참여하게 되면 그만큼 시간이 많이 걸린다. 또한 회의가 방만해져서 세부적으로 안건을 결정해야 할 때는 오히려 시간만 낭비하게 된다. 따라서 회의를 압축적으로 하기 위한 방법 중 하나는 참석자가 너무 많지 않아야 한다는 것이다. 회의 참석자는 되도록 10명 이내로 줄이는 것이 발언 기회도 많고 집중력도 높일 수 있다.

● 회의실 선택을 고려한다.

회의를 효율적으로 진행하는 데 있어서 회의실의 규모나 환경도 중요하다. 따라서 회의실 선택도 회의를 진행하는 데 중요하다. 대규모 회의실에 적은 인원이 참여하거나 좁은 규모의 회의실에 다수가 들어가서 제대로 앉지도 못하다면 효율적인 회의가 어렵다. 또한 창밖으로 아름다운 풍경이 보이는 장소에서 회의를 진행하는 것은 참여자들의 시선과 관심을 외부로 돌리게 되므로 회의에 대한 집중도가 떨어진다. 따라서 단시간에 집중적으로 회의를 하고자 할 때는 커튼을 치거나 폐쇄된 공간을 찾는 것이 좋다.

● 테이블의 위치를 고려한다.

테이블의 위치도 회의 진행에 중요한 영향을 미친다. 예를 들어 전달회의라면 전달하는 쪽과 전달받는 쪽이 서로 마주보고 앉는 것이 원칙이다. 창조회의나 조정회의에서는 전원이 공평한 입장에 서야 하므로 중앙의 공간을 에워싸듯 둘러앉는 미음(ㅁ)자 형이 좋다. 결정회의에서는 최종 결정권을 가진 의사 결정자와 어느 정도 거리를 둘 필요가 있지만, 그 밖의 참석자들은 공평하게 앉는 디귿(ㄷ)자 형이 좋다.

● 회의 내용을 미리 공지한다.

대부분의 회의가 어떤 목적이나 용도로 열리는지 모르고 참석하는 사람이 많다. 당연히 마음의 준비가 되어 있지 않은 상태에서 회의를 하게 되면 회의장에서 그냥 듣고 오게 되므로 시간을 낭비하는 요인이 될 수 있다. 따라서 회의를 해야 한다면 미리 회의 목적과 내용을 회의 참석자에게 알려야 한다. 회의 내용을 알려주어야 하는 이유는 회사의 추진전략을 사원들에게 공유하여 공동체를 형성하는 데 도움을 주고, 참석자들에게는 회의에 참석하여 자신이 발표해야 할 내용에 대하여 미리 계획을 세우는 데 도움을 주기 위해서다.

● 관련자만 참석하게 한다.

회사의 회의를 보면 가끔은 자기의 업무와 전혀 관계없는 회의가 종종 열리게 된다. 관련없는 부서의 직원들은 회의시간이 너무 무의미하게 진행되는 것에 대하여 '지금 바빠 죽겠는데 이 귀한 시간에 왜 이렇게 의미없는 일을 할까?' 라는 부정적 생각과 함께 중요한 시간을 낭비하게 된다. 따라서 전체 사원들이 참석하는 회의도 필요하지만 꼭 필요한 직원만 불러서 회의를 하는 것도 회의를 효율적으로 진행하는 방법이라 할 수 있다.

● 스탠딩 회의를 한다.

일부 회사에서는 회의시간을 최소로 줄이기 위하여 모든 회의를 서서 진행한다. 참석자들이 서서 회의를 하게 되면 오랫동안 회의를 할 경우 본인들이 힘들기 때문에 정확한 자신의 안건에 대해서만 간략하게 발표하려고 한다.

> **TIP 노구치식 서류정리법**
>
> 서류를 분류하지 않고 그냥 규격봉투에 넣고 이름을 써서 시간 순서대로 세워놓는다. 필요한 서류를 꺼내서 본 뒤에는 맨 오른쪽에 놓는다. 이렇게 하다보면 계속 안 보는 파일은 왼쪽으로 밀려가게 된다. 일정 주기마다 맨 왼쪽의 파일들은 버린다.(노구치 유키오 『초정리법』)

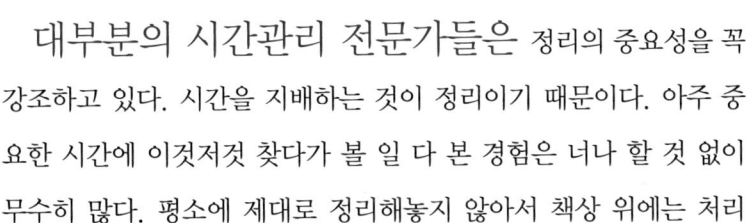

# 5. 지저분한 업무 환경을 정리하라

대부분의 시간관리 전문가들은 정리의 중요성을 꼭 강조하고 있다. 시간을 지배하는 것이 정리이기 때문이다. 아주 중요한 시간에 이것저것 찾다가 볼 일 다 본 경험은 너나 할 것 없이 무수히 많다. 평소에 제대로 정리해놓지 않아서 책상 위에는 처리해야 할 서류뭉치와 영수증과 명함이 가득 쌓여 있는 속에서 중요한 회의에 서류를 찾아 헤매고, 심지어 중요한 발표장에서 발표할 내용을 컴퓨터의 어느 폴더에 두었는지 몰라서 허둥대며 찾고, 아침마다 자동차 키를 찾아 허둥대는 일상이 반복되는 삶. 그러면서 늘 "바빠서 못 살겠네."라고 자조한다.

보건 심리학자이며 뉴 햄프셔 대학에서 연구원으로 있는 택케트 박사는 현대인의 스트레스를 연구하던 중 일상에서 반복되는 정리정돈으로 인한 심리적 부담감이 스트레스로 연결된다는 점을 착안하여 '정리형 인간'이라는 책을 썼다. 이 책에서는 정리형 인간이 되면 쫓기는 인생에서 탈출할 수 있다고 말한다. 삶에 여유를 줄 수 있는 생활, 안정되고 여유 있는 생활이 바로 정리정돈의 생활습관에서 나온다. 시간에 쫓겨 가는 것이 아니라 주인공이 되어 시간을 요리하는 사람, 주어진 시간에 집중적으로 일하는 사람이 되기 위해서 우선 '정리형 인간'이 되라는 것이다.

실제로 일을 잘하는 사람들의 특징을 보면 책상이나 작업 공간이 깨끗하게 정리되어 있다. 반면에 일을 잘 못하는 사람들의 특징은 책상이나 작업 공간이 지저분하다는 것이다. 작업공간이 지저분하면 일을 하면서 계속 신경이 지저분한 데 쓰이기도 하지만 더욱 문제인 것은 자기에게 필요한 자료가 어디에 있는지를 몰라 자료를 찾느라 너무 오랜 시간을 소비한다는 점이다.

지저분한 환경 속에서도 일을 하는 일부 사람들은 "주변을 정리하는 시간에 바로 일하면 시간을 절약할 수 있어서 좋다."라고 하거나 "지저분하지만 내가 원하는 자료가 어디 있는지 다 알고 있기 때문에 전혀 문제가 되지 않는다."라는 핑계를 댄다. 그러나 전자의 경우처럼 사람들은 주변이 깨끗하게 정리되어 있지 않은 상태에서 일을 하게 되면 지저분한 것이 신경이 쓰여 일에 집중하지 못한다.

실제로 똑같은 작업을 가지고 깨끗한 곳에서 일한 사람들과 지저분한 곳에서 일한 사람들의 생산량을 비교해보았더니 깨끗한 곳에서 일한 사람들의 생산성이 1.5배 가량 높았다. 처음에는 주변정리를 하지 않기 때문에 주변정리를 하면서 일하는 사람들보다는 빠르게 일을 시작할 수 있지만, 일이 시작되면 지저분한 곳에서 일하는 사람들은 계속 주변 환경에 시선이 가게 되고, 뭔가 마음이 편하지 않기 때문에 일에 몰두하기 어렵다.

후자처럼 말을 하는 사람들도 그렇다. 아무리 지저분한 곳에서 일해도 자기가 필요한 자료가 어디에 있는지를 정확히 기억하고 있기 때문에 문제가 되지 않는다는 것은 머릿속으로 그 많은 자료들이 어디에 있는지 일일이 기억해야 하기 때문에 역시 일에 전념하기가 쉽지 않다는 것을 의미한다.

### TIP 업무에서 불필요한 것이 많아지면

○ 불필요한 재고와 기계에 의해 좁은 공장이 더욱 좁아진다.

○ 생산 현장의 귀중한 공간이 없어져, 부가가치와 연결되지 않는다.
○ 쓸모없는 물건이 놓여 있기 때문에 작업자의 움직임이 커져서 동작의 낭비가 생긴다.
○ 필요한 부품과 공구를 꺼내려고 해도 불필요한 물건이 많아서 좀처럼 꺼낼 수 없어 찾아야 하는 낭비가 발생한다.
○ 불필요한 재고와 기계 설비는 돈의 낭비로 이자 부담이 생긴다.
○ 너무 많은 재고는 설계 변경으로 사용할 수 없게 되거나 유연한 설계를 저해한다.
○ 불필요한 물건과 설비가 자리 잡고 있기 때문에 설비 배치와 유통 방법 등의 대담한 개선을 하기가 어렵다.
○ 불필요한 자료와 서류는 귀중한 사무실 공간을 점점 좁게 한다.
○ 불필요한 서류함과 선반, 캐비넷은 조직의 벽을 만들어 조직 간의 의사소통을 나쁘게 한다.
○ 불필요한 재고와 자료 등을 많이 지니고 있으면 그 현상이 체질이 되어 불량, 비밀 정보가 모두 회사 밖으로 새는 등의 문제가 빈번히 발생한다.

　　쓸모없이 쌓아놓은 물건을 버리는 것에서 단순한 삶, 건강한 삶이 시작된다. 살림살이는 제때 정리하고 버리지 않으면 잡동사니가 될 뿐이다. 생활풍수의 시각에서 보면 쓰지 않고 오래 묵혀두는 물건은 공간의 에너지를 정체시키고 탁하게 만들어 비만은 물론 각종 질병을 유발시킨다.

햇대 하나 걸린 산사의 빈 방처럼 정결하고 단순한 삶을 살 수는 없는 걸까. 앞으로는 '버리기의 달인' 혹은 '정리형 인간'이 되어보자. 자신에게 정말 필요한 물건이 무엇인지 알 수 있다면 타인의 시선에서 자유로울 수 있다.

● **시작과 동시에 버릴 것은 버려라.**

열정적인 에너지를 가지고 업무에 집중하고 싶고, 그로 인해 성과를 얻어야 하는 일이라면 작업주변 즉 서재나 캐비넷, 책상 위를 말끔히 치우기부터 시작해야 한다. 그러기 위해선 웬만한 것은 아까워하지 말고 버릴 줄 알아야 한다. 너무 오래 한 곳에 두어서 눈에 익숙하긴 하지만 평소에 절대 사용되지 않는 물건들이 많다. 그것들을 버리지 못하고 쌓아두기만 한다면 그만큼 당신의 스트레스도 팍팍 쌓여서 오히려 업무집중에 방해가 된다.

새로운 발전을 꿈꾸면 새로운 도전을 하듯, 새로운 업무를 시작하게 되면 기존의 업무에 사용하였던 모든 것들을 정리할 필요가 있다. 정리정돈을 할 때는 꼭 사용할 물건만 남기겠다는 강한 의지와 함께 박스를 3가지 준비한다. 박스에는 쓰레기 박스, 재활용 박스, 보류 박스 등으로 이름을 붙여 놓는다.

책상 위를 정리할 때는 한꺼번에 전부 쏟아낸 다음, 정리할 물건들을 주워 박스에 담는다. 마지막으로 사용한 지 3개월이 넘은 물건이 있다면 앞으로 3개월 동안 역시 사용하지 않을 확률이 높다는 것이 정리정돈의 원칙이다. 따라서 과거 3개월 동안 쓰지 않았던 것들

중에서 버려도 될 것들은 쓰레기 박스에 넣어 버리고, 3개월이 되었어도 버리기는 아깝고 재활용이나 다른 용도로 사용할 수 있는 것이라면 재활용 박스에 넣는다. 새로운 업무에도 쓰일 수 있거나 다음에도 필요할지 모르는 것은 보류 박스에 넣어 둔다.

● 크게 정리하라.

성격이 꼼꼼한 사람은 정리할 때 너무 세분화해서 정리하는 경향이 있다. 보관함도 보관하는 물품에 따라 서류함, 사무용품함, 책자 보관함 등으로 나누고 그것을 연도별, 용도별, 항목별로 세분화해서 정리하는 경우가 있다. 이처럼 세세하게 분류하게 되면 보기는 좋지만 정리할 때 시간이 많이 들 뿐만 아니라 의외로 찾는데 시간이 걸려서 오히려 시간관리에 역효과가 나기 쉽다. 따라서 책상이나 캐비넷 등을 정리하여 버릴 것은 버리고 보류해야 하는 물건들은 다시 크게 나누어야 한다. 보류해야 할 것 중에서도 '보관해야 할 것'과 '다시 사용해야 할 것'으로 정해서 정리하는 것이 좋다.

다시 사용해야 할 자료는 항목을 정리해서 프린트해 가지고 있다가 바로 찾아서 쓸 수 있도록 한다. 그러나 보관해야 하는 자료까지 항목에 넣는 것이 오히려 일을 더욱 증가시키는 원인이 된다. 따라서 보관해야 하는 자료는 과감하게 보관만 해야 한다.

● 업무가 끝나면 바로 정리하라.

업무가 진행되면 그에 따라 여러 가지 자료가 생긴다. 각종 기관에서 발표된 보고서와 신문기사, 책, 잡지 등의 자료부터 업무를 위해서 만난 사람들에게서 얻은 명함과 각종 카탈로그까지 수십 종이 넘어서 책상은 온통 아수라장이 되기 쉽다. 그때그때 정리하지 않으면 금방 쌓인다. 따라서 일단 한 프로젝트가 끝나면 다음 연구에 필요한 자료를 제외하고는 모두 버리거나 정리하는 것을 습관화해야 한다. 이때 버리는 자료 중에는 출처만 알면 구할 수 있는 자료는 모두 버려도 된다. 출처만 알면 언제든지 다시 찾아서 사용할 수 있기 때문에 완전히 버리는 것이 아니므로 안심하고 버려도 된다.

책상의 앞면에는 책꽂이나 임시 보관처를 만들어서 일반적인 자료들은 책꽂이에 넣어두고 꼭 필요한 자료는 임시 보관처에 보관한다.

● 서류는 일처리 순서대로 정리하라.

모든 서류는 일처리 순서대로 클리어 파일에 담아 보관하거나 갖고 다닌다. 일의 중요도에 따라 'A', 'B', 'C'의 이름을 붙인 3가지 클리어 파일을 준비하여 담는다. 가장 중요하고 지금 바로 처리해야 하는 서류는 'A' 클리어 파일에 보관하고, 내일까지 꼭해야 할 일은 'B' 클리어 파일에 보관하고 이번 주까지 꼭 해결해야 할 일은 'C' 클리어 파일에 보관한다.

매일 일을 마칠 때 'A' 클리어 파일을 점검하여 완수했을 때는 보관함으로 보내고 'B' 클리어 파일에 보관하고 있던 내용들은 'A' 클리어 파일로 이동한다. 그리고 'C' 클리어 파일에 보관하고 있던 내용들 중에서 내일까지 해결해야 할 일은 'B' 클리어 파일로 옮겨 담는다. 그러면 일을 놓치지 않고 완수할 수 있다.

TIP 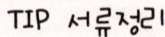 서류정리

- 한 가지 일이 끝나면 다시 볼 가능성이 적은 자료는 모두 버린다.
- 출처가 다양한 각종 자료를 주제별로 묶어 큰 덩어리로 만든다.
- 메모장에 쓴 중요한 내용은 재정리하고 표지에 사용기간을 적어둔다.
- 해결해야 할 서류는 클립, 해결한 서류는 스테이플러로 찍어 구분한다.

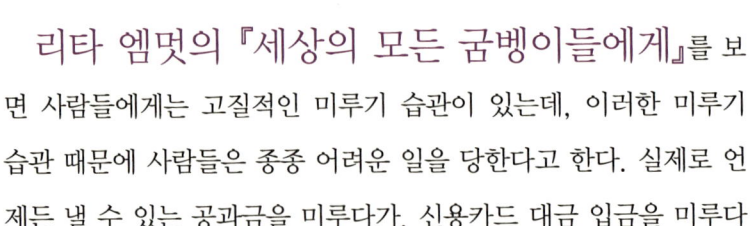

## 6. 뒤로 미루는 습관을 버려라

리타 엠멋의 『세상의 모든 굼벵이들에게』를 보면 사람들에게는 고질적인 미루기 습관이 있는데, 이러한 미루기 습관 때문에 사람들은 종종 어려운 일을 당한다고 한다. 실제로 언제든 낼 수 있는 공과금을 미루다가, 신용카드 대금 입금을 미루다

가 연체이자를 내본 경험이 몇 번인지, 또 만나서 해결해야 하는데 몇 번이나 뒤로 미루다가 결국은 낭패를 보거나 만날 필요가 없게 되는 경우가 몇 번이나 되는지, 기회가 왔는데도 한참을 망설이다가 나중에 해야 하겠다고 미루어 놓았다가 기회를 놓쳐서 낭패를 본 적이 몇 번이나 되는지, 가야할 곳이 있는데 나중에 가야 하겠다고 해서 결국은 가지 못했던 경험을 누구나 가지고 있을 것이다.

미루기 습관은 이처럼 하기 싫어서 미루고, 귀찮아서 미루고, 곤란해서 미루고, 시간이 많이 남아서 미루는 것이 습관으로 굳어지게 되어서 모든 일을 습관적으로 미루는 현상을 말한다. 미루기 습관을 가진 사람들은 항상 시간에 쫓겨서 대개 마쳐야 할 시간을 지나 허둥지둥 마무리하게 된다.

문제는 이러한 미루기 습관으로 인하여 직장에서는 무능력한 사람으로 낙인이 찍히며, 자신에게는 '나는 왜 이럴까'를 스스로에게 반문한 후 다시는 그러지 않으리라는 다짐을 반복하게 하지만 다시 미루게 되고 자신에 대한 무능력을 느끼게 되면서 그것이 바로 스트레스로 굳어지게 된다. 따라서 미루기 습관은 자신의 성공을 멀어지게 하는 시간도둑의 대표적인 것이다. 미루기 습관을 고치지 않으면 성공과는 멀어지게 되며, 자신감을 잃는 심한 스트레스를 갖게 된다.

결국 고질적인 미루기 습관에서 벗어나야 시간관리를 할 수 있으며 각자의 꿈을 실현해 나갈 수 있도록 만들어준다. 일을 미루는 습관을 극복하기 위해서는 왜 일을 미루게 되는지에 대해 정확히 알아야 한다.

리타 엠멋은 일을 미루려고 하는 습관의 저변에 두려움이 존재하기 때문이라고 그 이유를 설명한다. 완벽해지기 위해 모든 조건이 갖추어질 때까지 일을 미루는 '완벽하지 못한 것에 대한 두려움', 잘 알지 못하기 때문에 일을 미루는 '생소한 것에 대한 두려움', 성공 후에 더 큰 성공을 해야 하는 것이 두려워 일을 미루는 '성공에 대한 두려움', 자신이 내린 결정이 잘못되어 일을 그르칠까 봐 일을 미루는 '잘못된 결정을 내리는 것에 대한 두려움' 등등의 이유로 우리는 일을 미루게 된다는 것이다.

이러한 미루기 습관도 노력하면 얼마든지 고칠 수 있다. 때로는 생각만 바꾸어 먹는다면 바로 고칠 수 있는 것이 바로 미루기 습관이다. 다음은 미루기 습관을 고칠 수 있는 방법들이다.

● 일을 미루었을 때의 결과를 상상해본다.

어떤 일이 생길 때마다 뒤로 미루기 전에 미리 일을 미루었을 때의 결과를 상상해 보는 습관을 기르는 것이 좋다. 대부분 일을 뒤로 미루는 것은 현재 귀찮거나 시간이 없다는 생각에 미래에 다가올 결과에 대하여 생각하지 못하고 무작정 뒤로 미루기 때문에 생긴다. 그러나 뒤로 미루기 전에 미루기로 인하여 다가올 결과에 대하여 생각하면 함부로 모든 일을 미루지는 못할 것이다.

예를 들면 약속을 미루었을 때 남들로부터 받을 곱지 않은 시선이나, 거래처에 납품해야 것을 납품하지 않아서 회사에서 받을 불이익이나, 회사에서 할 일을 미루어 다른 사람들에게 피해를 주거나, 중요한 계약을 미루어 계약이 파기되어 받을 경제적 불이익을 생각한다면 어떤 일이든 쉽게 뒤로 미루지는 못할 것이다.

● 나중에 하면 더 쉬울 것인가를 생각해 본다.

어떤 업무가 떨어지거나 일이 생기면 그 순간에는 그 업무나 일의 성격에 대하여 제일 정확히 파악할 수 있다. 일을 뒤로 미루는 순간 일은 아주 잊혀지거나, 나중에 다시 시작하려고 할 때 그 일에 대한 성격이나 규정을 다시 찾아서 분위기를 숙지하지 못하면 제대로 수행하지 못하게 될 때가 많다. 그리고 바로 시작한 것보다는 더 오래 걸려서 일을 진행해야 한다. 따라서 일을 뒤로 미루기 전에 먼저 이 일이나 업무를 "나중에 하면 더 쉬울까?"라고 내 자신에게 물어본다. 대체로 나오는 대답은 부정적이 될 것이다.

예를 들면, 내가 속한 직장에서 보고서를 제출하라고 지시를 받았다고 가정해 보자. 보고서를 쓰는 요령과 제출방법, 기한 등을 알려주었다. 만약 내가 바빠서 그 요구를 잠시 보류한 뒤 시간적인 여유가 생기거나, 다루고 싶은 마음이 생길 때 보고서를 작성해야겠다고 결정하게 되면, 처음 보고서를 제출하라고 했을 때보다 훨씬 더 큰 부담이 된다. 처음에는 보고서 쓰는 요령과 제출방법에 대하여 듣는 동안 머릿속에 생각하였던 아이디어들이 나중에는 기억나지 않아서 처음부터 일을 다시 시작하는 것과 마찬가지이기 때문이다.

또한 이메일로 묻는 회사의 의견 조사 메일에 대하여 바로 답장 버튼을 누르면 회신이 되는데도 나중에 하자라는 생각을 가지면 언젠가 다시 읽어서 처리해야 하기 때문에 기한을 놓치거나 다시 읽어보아야 하기 때문에 시간이 많이 더 걸리게 된다. 다라서 뒤로 미루기보다 지금 처리하는 것이 훨씬 더 이로울 수 있다.

● 주어지면 바로 실천한다.

뒤로 미루기 습관을 가진 사람들이 미루었던 일을 다시 하려면 마음이 내켜야 한다. 하지만 업무나 일은 하고 싶은 마음이 내킬 때까지 기다리는 것은 완벽한 시간 낭비이며 맡은 임무를 시작하지 않는 데 대한 궁색한 변명일 뿐이다.

오늘날처럼 급변하는 현실을 비추어볼 때 마음이 내킬 때까지 기다린다는 것은 사치이다. 이렇게 일을 미루는 과정에서 중요하게 여겨지는 의사결정의 기준은 일이 급하지도 않고 중요하지도 않다는 생각을 갖는 것이다. 그러나 대부분 주어지는 일이라는 것 자체가 시급한 일들이 많다. 회사에서 주어지는 일들은 중요하지는 않지만 급한 일들이 많고 급하지 않지만 중요한 일들은 자신과의 사적인 관계에서 생기는 일이 많다.

따라서 어떤 일이든 일이 주어지면 바로 해결하려는 습관을 가져야 하고, 일이 몰려서 쌓일 때는 우선적으로 기간이 있는 중요한 일을 하고, 나중에는 기간이 정해지지 않은 중요한 일들을 수행해야 한다.

무슨 일이든 주어지면 실천하려는 노력은 결국 행동으로 전이하게 된다. 일단 행동에 착수하게 되면 사람들은 일반적으로 기분이 좋아진다는 사실은 입증된 바 있다. 그러므로 행동에 돌입하게 되면 기분도 덩달아 긍정적으로 바뀌게 되어 동기를 유발하여 일을 완성하도록 돕는다. 따라서 이제는 뒤로 미루려는 기분 따위는 과감하게 묻어 버리고 떨어지는 일은 무조건 바로 실행하려는 습관을 길러 보자.

● 무슨 일이든 쉽게 시작한다.

일을 뒤로 미루려는 습관 중에는 일이 어렵다고 스스로 생각함에 따라 나중에 해야 하겠다고 스스로 포기하는 생각이 있다. 어떤 일이든 어렵게 생각해서는 바로 시작하기 보다는 조금 쉬었다가, 나중에 여유가 있을 때 등의 위안을 바탕으로 우리를 합리화하기 쉽다.

따라서 일을 마주쳤을 때 일에 대하여 '어렵다' 혹은 '쉽다' 는 개념으로 구분할 것이 아니라 모든 일을 쉽게 생각하고 시작하면 모든 일이 쉽게 이루어질 수 있다. 비록 처음에는 시간이 걸리고 해결하기 어려운 일들도 자꾸 연습하고 적응하다 보면 점점 쉬운 일로 바뀌게 된다. 일은 하지 않으려고 해서 어려운 것이지 하려고만 한다면 어떤 일이든 너무 쉬운 일로 바뀌게 될 것이다.

● 무슨 일이든 잘 할 수 있다고 결심한다.

맡은 임무를 쉽게 시작하기로 결정하였다면 일을 하는 동안 나는 무슨 일이든 잘할 수 있다는 자신감을 가져야 한다. 일을 하면서도 자신에 대한 부정적인 인식으로 일을 잘 못할지도 모른다고 생각하면서 일을 하면 일은 부담이 되고 결국은 중도에 포기하게 하거나 좋지 못한 결과를 내기가 쉽다. 따라서 일을 시작하는 순간부터 나는 무슨 일이든 잘 할 수 있다는 자신감으로부터 시작하여, 일이 시작되면 일을 즐기려는 생각으로 시작하고, 일을 진행하는 동안에는 나의 자아성취감을 위해서 일을 하고 있다고 자신의 생각을 긍정적으로 가지면 일의 목표를 효과적으로 달성할 수 있게 된다.

● 반성의 시간을 갖는다.

일을 뒤로 미루는 습관을 가진 사람은 일이 종료가 된 후 항상 일을 진행하는 과정과 일의 결과에 대하여 반성의 시간을 가져보면 의외로 일을 바로 처리하는 습관을 굳히는 계기가 될 수 있다.

반성의 시간을 갖는다는 것은 일이 진행되는 도중에는 "일을 진행하는 과정에서 문제는 무엇이 있는가?", 또는 "일을 진행하는 과정에서 어려운 점은 무엇이었는가?"를 반성해 보고 일의 종료 시에는 "일의 결과에 대해서 당사자들은 만족하고 있는가?", 또는 "일의 결과에 대하여 자신은 만족하고 있는가?"를 되돌아 보는 것이다. 이러한 반성을 하면서 긍정적인 결과가 많이 나올수록 성취감이 높아져 뒤로 미루기 습관은 사라지고 일을 바로 처리하는 습관이 자리잡게 된다.

● 진행과정을 미리 구상한다.

업무나 일을 시작할 때, 사람들은 출발지점이 불명확하거나 논리적 순서에 맞게 일이 처리되지 않으면 뒤로 미루는 경향이 있다. 일에 대한 진행과정을 미리 구상한다면 이러한 문제를 충분히 해결할 수 있다. 예를 들어 보면 최고의 소설가 존 그리샴은 자신의 새로운 법정 스릴러 소설을 쓸 때마다 대부분의 사람들이 시도하지 않는 방법으로 먼저 스토리보드를 이용하여 주인공들의 행동 과정을 그린다.

그리샴은 스토리보드를 중심으로 주인공별로 포괄적인 개요를 순서대로 작성한다. 이 개요는 60~80페이지에 이른다. 그리샴은 본격적으로 소설을 쓰기 시작할 때나, 실마리를 풀어 나갈 때, 헤매는 법이 없다. 그는 미리 작성한 포괄적인 개요를 참조하면서 다음에 무엇을 써야 하는지를 정확하게 파악하고 있기 때문이다. 이러한 절차가 일을 진행하는 데도 효과적이 된다. 어떤 일이든 주어지면 그에 따라서 진행순서를 계획하고 구체적으로 사안마다 어떻게 해야 할지를 구상하게 되면, 한번 시작된 일은 순서대로 일사천리 진행될 수 있다.

● 포스트잇에 써서 눈에 띄는 곳에 붙인다.

일을 뒤로 미루는 습관을 구성하는 요소에는 건망증이 차지하는 비율도 높다. 따라서 잊지 않도록 포스트잇 몇 장에 꼭 해야 할 일들을 적어서 자신이 움직이는 행동반경에 붙여 놓고 수시로 보게 하면 일을 해결하는 능력이 높아지게 된다. 예를 들면, 한 장은 욕실 거울에 붙이고, 나머지는 냉장고 문, 현관문 안쪽, 자동차의 계기판, TV의 정면, 수첩, 심지어 매일 쓰고 다니는 안경에까지 붙인다. 눈에 잘 띄는 곳에 붙여 두면, 그 문구가 잠재의식 속에 파고들기 시작한다.

일에 대한 지시나 필요한 주의사항을 주위에 군데군데 붙여 두면, 메시지에 반복적으로 노출이 되어 결국에는 영향을 받기 때문에 뒤로 미루는 것을 극복할 수 있다. 그러므로 이러한 전략을 효과적으로 활용하기 위해서는 일을 끝낼 때까지 메시지를 숨기거나 제거해서는 안 된다. 메시지가 눈에서 멀어지면 마음에서도 멀어지게 되므로 업무를 해결하려고 하지 않을 것이다. 눈에 보이면 마음에도 자리를 잡게 되므로 틀림없이 업무를 완성하게 될 것이다.

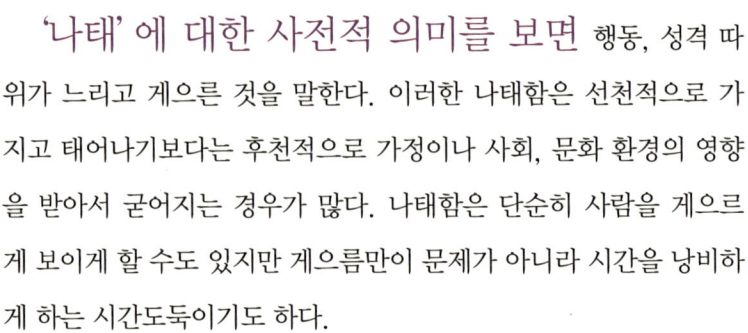

## 7. 나태함을 버려라

'나태'에 대한 사전적 의미를 보면 행동, 성격 따위가 느리고 게으른 것을 말한다. 이러한 나태함은 선천적으로 가지고 태어나기보다는 후천적으로 가정이나 사회, 문화 환경의 영향을 받아서 굳어지는 경우가 많다. 나태함은 단순히 사람을 게으르게 보이게 할 수도 있지만 게으름만이 문제가 아니라 시간을 낭비하게 하는 시간도둑이기도 하다.

지금까지 일을 열심히 하던 사람도 일에 지쳐서 공황상태가 장기화되면 나태함에 빠지기도 한다. "나도 골프가 싫을 때가 있다." 골프의 황제 타이거 우즈가 친하게 지내는 기자에게 한 얘기다. 이처럼 한 분야에서 성공한 사람들도 슬럼프에 빠질 때가 있는데 이 슬럼프를 슬기롭게 탈출하지 못하면 나태함에 빠질 수 있다. 나태함이 주는 것이 얼마나 치명적인가를 다음의 모 신문의 기사를 보면 알 수 있다.

> 벤처업계의 K사장은 유능한 경영자였다. 그가 경영하는 회사 규모는 작았지만 수익성은 높은 회사였다. 해마다 놀랄 만큼 성장했다. 그러던 그가 사업 시작한 지 10년 만에 경영실적이 아주 나빠져 결국에는 부도처리 되었다고 한다. 이러한 결과에 대하여 K사장은 "일이 싫어지더라구요. 해야 할 일이 있는 것은 알겠는데, 자꾸 차일피일 미루게 되더라구요. CEO에게 일이 싫어진다는 것은 치명적인 징조라고 봐요. 일이 싫어지니까 일을 뒤로 미루는 버릇도 생기더라구요. 그러다 보니 단순하고 즐기는 일에만 탐닉하게 되고……"라는 답변을 하였다.

결국 나태함은 뒤로 미루는 습관을 갖게 하기도 하고 더욱 심각한 것은 현재 이루어 놓은 것까지도 망가뜨릴 수 있다는 것이다.

나태는 아주 교활하다. 나태함에 걸린 사람들은 항상 그럴듯한 핑계를 대어 나태를 합리화시킨다. 그래서 그들의 나태는 아주 합리적으로 보이기까지 한다. 그러나 나태는 항상 사람을 흔들리게 하고 끝내는 무너지게도 만든다. 따라서 나태함을 극복하기 위해서는 다음과 같은 방법들을 실천하면 효과가 있다.

● 일을 하지 않았을 때의 결과를 상상해본다.

　나태함에 빠져 아무 일도 하지 않았을 때의 결과에 대하여 상상해 보라. 일을 하지 않아서 운영하던 회사가 망했다든지, 일을 게을리 해서 회사에서 쫓겨났다든지, 나태함 때문에 가족들의 생계에 막대한 영향을 끼쳤다든지, 나태함 때문에 친구들과의 약속을 어겨 왕따를 당하든지 등의 결과를 생각한다면 "나태함을 끝까지 유지할 것인가?" 또는 "나태함을 여기서 끝낼 것인가?"를 결정하게 될 것이다.

● 나태함에 대한 보상체계를 세운다.

　오브리 다니엘스 박사는 저서 『사람들의 장점을 끄집어내라』에서 성과급제의 장점 중에 하나가 나태한 사람들에게 각성제가 될 수 있다는 점이라고 하였다. 박사는 하기 싫은 임무를 맡았을 때는 즐겁게 할 수 있는 다른 일을 병행해 주어야 무리없이 해낼 수 있다고 하였다. 달갑지 않은 임무를 끝내야만 좋아하는 것을 할 수 있도록 해주는 것도 여기에 해당한다. 심리학에는 긍정적으로 강화된 행동은 반복된다는 학설이 있다. 나태함에서 벗어나려고 미약하나마 진척을 보인 대가로 스스로에게 보상을 하면, 나태함에서 벗어날 가능성이 훨씬 높아진다.

　보상은 다양한 형태를 취할 수 있다. 나태함에서 벗어나려는 노력을 보이면 자신이 좋아하는 영화를 보게 하거나, 친구를 만나 수다를 떨게 하거나, 수면을 취하게 하는 것도 보상이 될 수 있다. 이처럼 보상은 대단한 것이 아니고 자신이 원하는 일을 해주는 것을 말한다. 꼭 나태함에서 벗어나려는 노력을 보일 때에만 원하는 일이 보상으로 주게 되면 효과가 높아진다.

제 **4** 장

# 인간관계는
## 시간관리로 이루어진다

1. 사회생활은 인간관계로부터 시작한다
2. 인맥은 성공에 오르는 계단
3. 성공하려면 인맥지수보다 공존지수를 높여라
4. 좋은 인맥은 인생을 바꿔준다
5. 인맥관리는 일찍 할수록 힘이 된다
6. 진정한 인맥은 시간을 투자한 만큼 쌓인다
7. 사람 만나는 시간을 아까워하지 마라
8. 인간관계는 시간과 비례하고 거리에 반비례한다
9. 인맥관리는 명함관리에서부터 시작한다

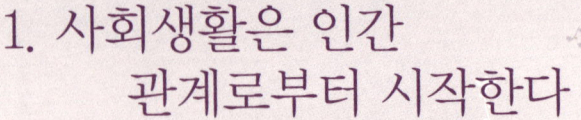

# 1. 사회생활은 인간 관계로부터 시작한다

사람 사는 세상을 인간(人間)이라 한 것은 사람들 사이에 적당한 거리가 있음을 의미한다. 그 거리가 멀고 가까운 정도에 따라 소원하고 친밀한 관계가 형성된다. 우리는 그런 관계를 인간관계 또는 인맥이라 하고 서양 사람들은 휴먼릴레이션(human relation)이라고 한다. 인간관계가 개인이 지닌 능력 이상의 힘을 발휘하여 세상살이의 성패를 좌우할 때가 많다.

미국 카네기 멜론 대학에서 흥미로운 조사결과를 발표했다. 사회적으로 성공한 사람들 10,000명을 대상으로 성공의 비결을 물어보았다. 그런데 종래의 성공조건이라 믿어왔던 지적능력이나 재능이 성공에 미치는 영향은 불과 15%에 지나지 않았으며, 나머지 85%의 성공요인은 바로 인간관계였다는 것이다. 조사 결과를 정리하면 아무리 지적능력과 재능이 뛰어나다 하더라도 인간관계에 대한 능력이 부족하면 성공을 이루기가 어렵다는 결론을 얻을 수 있다.

이렇게 인간관계가 중요하다고 생각하는 것만 봐도 현대인들이 사용하는 시간 중에서 인간관계에 사용하는 시간이 75%라는 연구 결과가 나온 것이 당연한 일임을 알 수 있다. 집에서도 가족 간의 인간관계가 있고 출근해서는 직장에서 동료들과의 인간관계가 있고, 퇴근해서는 동료집단과의 인간관계가 끊이지 않고 있기에 우리 생활 속에서 인간관계가 대부분을 차지하는 것이라고 해도 과언이 아니다.

따라서 본 장에서는 인간관계의 중요성과 시간을 절약하면서 인간관계를 잘 맺는 방법을 제안해보고자 한다.

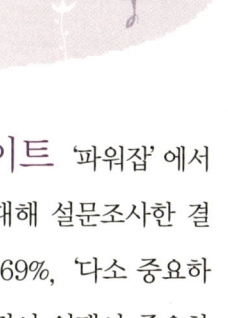

## 2. 인맥은 성공에 오르는 계단

우리나라에서도 인터넷 취업사이트 '파워잡'에서 대학생 632명을 대상으로 '인맥관리 의식'에 대해 설문조사한 결과, 인생에서 인맥이 '매우 중요하다'는 대답이 69%, '다소 중요하다'는 응답자가 22.5%로 나오는 등 10명 중 9명이 인맥이 중요하다고 대답했다.

왜 인맥이 중요할까? 우리나라 옛 속담 중에서 "팔이 안으로 굽는다."라는 말이 있다. 우리는 유전적으로 내 가족, 내 친척, 내 친구에게 아무래도 마음이 더 가게 마련이다. 전혀 모르는 사람보다는 옷깃이 한 번 스쳤더라도 안면이 있는 사람에게 눈길이 더 가는 것이 당연하다.

한 개인이 자신의 능력만을 가지고 성공하기 위해서는 난관도 많고 시간도 많이 걸린다. 그러나 한 단계씩 성장하는 데 중요한 인맥에 의하여 도움을 받는다면 수많은 시간을 절약하고 난관을 쉽게 극복할 수 있을 것이다. 인생을 살면서 운이 좋아 성공한 사람들을 보면 대부분 좋은 인맥을 통하여 고속승진을 하거나 돈을 많이 벌 수 있는 기회를 가졌다는 것을 알 수 있다.

인맥을 자신의 성공과 결부시키는 것을 보고 너무 인간관계를 수단으로 치부한다고 비난할지라도, 복잡한 현대 사회에서는 혼자의 힘으로 살 수가 없다. 자기 혼자 아무리 뛰어난 재능을 가진 사람이라도 혼자서 이 세상의 모든 것을 다 해결할 수가 없기 때문이다. 결국 내가 가지고 있지 않은 능력을 남들이 보충해주거나 서로가 가지고 있는 장점을 공유한다면 리더로서 성공하는 데 도움을 받을 수 있다.

남에게 도움을 받기를 싫어하는 사람들 역시 혼자 이 세상을 살아가는 것보다는 누군가 나를 지켜봐주고 격려해 주는 사람이 있다는 것만으로도 살아가는 것이 너무 행복할 것이다.

여러분은 나를 걱정해주는 사람을 주변에 두고 있는가? 내가 힘들 때 찾을 수 있는 사람이 있는가? 나를 성공으로 이끌어줄 사람이 있는가?

# 3. 성공하려면 인맥지수보다 공존지수를 높여라

21세기에는 바야흐로 공존의 시대이다. 세상은 다양한 사람들이 공존해 있고, 특히 직장생활에서는 더욱 더 구성원들 간의 관계가 중요하다. 우리 사회는 수직적이고 권위적인 사회에서 수평적 민주적인 사회로 전환하고 있다.

그런 뜻에서 지난 20세기가 지능을 측정하는 IQ와 감성지수라 불리는 EQ를 중시하였다면, 현재 21세기에는 인간관계 정도를 측정하는 인맥지수(NQ, Network Quotient)가 화두로 떠오르고 있다. 21세기에는 사람의 인맥이 경쟁력을 좌우하고 있다고 할 수 있다. 인간관계도 혈연, 지연 등의 강한 인간관계에서 동아리나 온라인상의 커뮤니티 등 유대가 약한 인간관계로 확대되어가고 있다.

인맥지수와 함께, 더불어 살아갈 수 있는 능력이 있는지 알아보는 척도인 공존지수(共存指數)가 있다. 인맥지수는 다른 사람과 얼마나 인간관계를 맺느냐를 따지는 수량적인 의미를 가지고 있다. 그래서 얼마나 많은 시간을 들였느냐에 따라 비례하여 인맥지수가 높아진다. 반면에, 공존지수는 내가 맺은 인맥과 어떻게 하면 공존

할 수 있는가 하는 공존의식이 바탕이 되어 있기 때문에 질적인 의미라고 할 수 있다. 그리고 인맥지수는 지속성이나 발전성이 없는 반면에 공존지수는 공존의식을 바탕으로 하고 있기 때문에 지속성이나 발전성이 있다고 할 수 있다.

요즘 인맥의 중요성이 커지면서 수량적으로 많은 인맥을 구축하기 위하여 노력하는 사람들이 많이 증가하고 있다. 각종 모임에 나가 다른 사람들의 명함과 주소록을 받아 자기의 인맥지수로 등록을 한다. 그리고는 다른 사람들에게 자신과 다른 사람들과의 친분을 자랑하는 사람이 많다. 그러나 한 번 인사를 나누고 명함을 교환했다고 다 자기의 인맥이라고 보기는 어렵다. 명함을 준 사람은 기억도 못하는 경우가 많기 때문이다. 따라서 수량적인 인맥지수를 높이기보다는 오랫동안 인간관계를 지속할 수 있는 공존지수를 높이는 것이 좋다. 인맥지수는 낮더라도 공존지수가 높으면 인간관계가 지속적이며 발전적일 수 있기 때문이다.

여러분들은 인맥지수가 높은가? 공존지수가 높은가?

### TIP 인맥지도를 그려 보자

좋은 인맥을 맺기 위해서 가장 먼저 해야 할 일은 자신의 현재 인맥 상태를 점검하는 것이다. 인맥 상태를 점검하는 데 효과적인 것이 자신의 인맥지도를 그리는 것이다. 인맥지도는 크게 친목 지도와 전문 지도로 나눌 수 있다.

친목 지도는 말 그대로 아무 이해관계 없이 오직 친목을 중심으로 인맥을 분류한 것으로, 가족, 동창, 지역, 사내, 업계, 사외 인맥 등이 분류 기준이 된다. 가장 일반적인 형태이고 분류가 복잡하지 않으므로 신입 사원이나 인맥이 그리 넓지 않은 경우에 수월하게 그릴 수 있다는 장점이 있다.

반면에 전문 지도는 전문분야를 분류 기준으로 나의 사업과 연관하여 인맥을 분류한 것이다. 예를 들어 정치, 경제, 법조, 비즈니스, 문화, 금융, 예술, 체육, 행정관계 등의 분류를 들 수 있는데, 인맥 관계가 넓고 복잡한 경우에 활용하면 좋다.

인맥지도를 그리면 이를 통해 자신이 부족한 인간관계가 어느 부분인지를 알 수 있다. 또한 반드시 관리했어야 하는데 미처 살펴보지 못했던 관계가 있는지 파악하는 데 도움을 줄 수 있다. 따라서 인맥지도를 통한 점검을 하고 난 후에는 자신의 인간관계를 정비하거나 부족한 인간관계를 보충하는 데 도움을 받을 수 있다.

## 4. 좋은 인맥은 인생을 바꿔준다

좋은 인맥은 인생을 살아가는 데 중요하다. 그렇기에 좋은 인연과의 만남은 우리 인생에서 정말 중요하다. 세상에는 완벽하게 좋은 사람도 없고 완벽하게 나쁜 사람도 없다. 대부분의 사람은 내게 좋은 인연이냐, 나쁜 인연이냐의 차이일 뿐이다. 다른 사람에게 아무리 좋은 사람도 나에게 악인이 될 수 있고, 나에게 아무리 좋은 사람도 타인에게는 악인이 될 수 있다. 어떻게 보면 좋은 인맥이라는 것은 나에게 좋은 인연이 있는 사람과 관계를 맺는 것이라 할 수 있다.

사회적으로 성공한 사람들을 보면 좋은 사람을 인연으로 만듦으로써 인생이 바뀌는 경우가 많다. 미국에서 출생한 20세기의 위대한 여성인 헬렌 켈러, 그녀는 태어난 지 9개월 만에 열병을 앓아 눈과 귀가 멀게 되었다. 시간이 갈수록 헬렌은 점점 난폭해지기 시작했다. 정신병원에까지 보내져 괴성을 지르고 사나울 대로 사나운 모습이었다. 의사들은 불가능을 선언했다. 그리고 온 종일 독방에서 생활하게 되었다. 하지만 헬렌은 설리번 선생님을 만남으로써 인생이 180도 바뀌기 시작하였다.

설리번 선생님은 헬렌의 삶을 만든 사람이기도 하다. 설리번 선생님은 헬렌의 손바닥에 글씨를 써서 사물들의 이름을 헬렌에게 가르쳐 주었다. 쉼 없는 사랑과 인내로써, 어둠 속을 헤매던 헬렌에게 말과 글은 물론 인생의 참의미를 깨우쳐 주었다. 헬렌은 설리반으로부터 사랑에서 노력을 배웠고 노력에서 성취를 배웠고 성취에서 인내를 배웠고 인내에서 기쁨을 배웠고 기쁨에서 용기를 배워 헬렌 켈러는 20세 때 하버드 대학에 입학하였다. 헬렌은 전 세계 장애자들에게 희망을 주었고, 다양한 활동으로 '빛의 천사'로도 불렸다.

이런 헬렌 켈러의 위대함은 설리반 선생님의 헌신적인 사랑이 있었기 때문에 가능했다. 무엇보다 설리반 선생님의 사랑이 조건적인 사랑이 아닌 쉼 없이 주는 위대한 사랑이었기에 짐승 같은 한 여자아이를 금세기 최고의 위대한 여성으로 탄생시킬 수 있게 된 것이다.

뿐만 아니라 우리나라의 대표적 야구선수인 박찬호 선수는 스티브 김이라는 에이전트를 만나서 미국에서 성공할 수 있었다. 세계적으로 가장 부자인 마이크로소프트사의 빌 게이츠 회장은 스티브 발머라는 영업의 귀재가 있었기에 오늘날 세계 최고의 기업을 만들 수 있었던 것이다.

우리는 세상을 살아가면서 수많은 사람을 만나고 있다. 때로는 좋은 만남으로 인하여 사람의 인생이 정반대로 바뀌어 인생이 성공으로 이르게 되는 때도 있다. 그러나 때로는 잘못된 만남으로 인하여 인생이 꼬이고 같이 망가지는 사람도 있다. 그만큼 인생에서 사람과의 만남을 통해 한 사람의 인생이 천하게도 귀하게도 된다는 사실을 생각하여 신중하게 인맥을 맺어야 한다.

그러나 무작정 좋은 인맥만 찾으려 애쓰지 말라. 만나는 모든 사람을 극진히 대우하고 정성을 다해 만나보라. 다른 사람에게는 나쁜 사람도 반드시 내게는 좋은 인연으로 만들어질 것이다. 성공을 만드는 것은 좋은 인맥이 아니라 좋은 인연이다. 여러분들은 여러분의 인생을 바꾸어 줄 만한 인연을 만나셨는가?

### TIP 좋은 인맥은 끈기가 있어야 한다

좋은 인맥은 하루아침에 만들어지지 않는다. 후한(後漢) 말기 유비는 관우, 장비와 의형제를 맺고 무너져 가는 한(漢)나라의 부흥을 위해 애를 썼지만 기회를 잡지 못하고 허송세월만 보낸 채 탄식하였다. 유비는 그 이유가 유효적절한 전술을 발휘할 지혜로운 참모가 없었기 때문이라는 것을 깨닫고 유능한 참모를 물색하기 시작하였다. 그가 제갈량임을 알고 그를 맞으러 장비와 관우와 함께 예물을 싣고 양양(襄陽)에 있는 그의 초가집으로 갔는데, 세 번째 갔을 때에야 비로소 만나주었다. 이때 제갈량은 27세, 유비는 47세였다.

제갈량은 원래 미천한 신분으로 이곳에서 손수 농사를 지으면서 숨어 지냈다. 제갈량은 자기를 3번이나 찾은 유비의 지극한 정성에 대해 감격하면서 운명을 같이하였다. 그는 유비가 비록 3국을 통일할 수 없었다는 것을 알았지만 성의에 감동을 받아 운명을 맡기기로 한 것이었다. 이처럼 좋은 인연의 끈을 만드는 것은 끈기이니, 포기하지 말고 도전하는 끈기를 지녀라. 그럼 하늘도 감동할 수 있는 좋은 인맥이 만들어질 수 있다.

# 5. 인맥관리는 일찍 할수록 힘이 된다

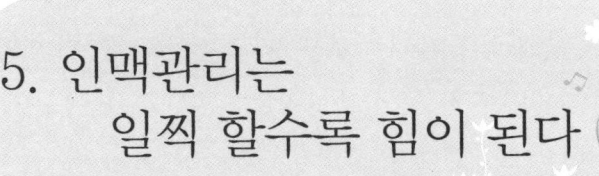

인간은 사회적 동물이라는 말이 있다. 그만큼 사람이 사회를 떠나서 혼자 사는 것이 어렵다는 것을 의미한다. 사람들은 사람들과 친분 맺기를 원하지 않아도 직장동료, 거래처 직원, 학교 선후배 등 다양한 사람의 도움 없이는 제대로 일을 처리하기 힘들다. 마치 많은 사람이 사회생활을 "사람에서 시작해 사람으로 끝나는 것"이라고 보는 것도 이같은 이유에서다.

우리나라 학부형들의 교육열은 전 세계에서 찾아보기 어려울 정도로 높다. 그래서 어려서부터 명문학교를 보내려는 노력을 아끼지 않는 사람이 많다. 그러다보니 사립초등학교를 보내게 되고 사립초등학교를 졸업하면 동창회를 통해 지속적으로 만남을 갖는다. 명문초등학교에서 어렸을 때 맺었던 인맥이 나중에 성인이 되어서도 서로를 돕고 성공에 함께 이르기도 한다. 중고등학교에서 맺은 인맥도 마찬가지다. 그러다 대학교에서 맺어지는 인맥은 평생을 따라다니는 경우가 많다.

인맥을 맺는 것은 되도록 빠르게 시작하는 것이 좋다. 나이가 젊어서 만나는 인맥들은 단순히 감정적으로 호감만 가면 맺어질 수 있지만 나이를 먹기 시작하면 조건이나 환경이 비슷한 사람들끼리 인맥을 맺을 수밖에 없다. 따라서 조금이라도 젊었을 때부터 인맥을 맺는 것이 좋다. 그래서 고등학교 동창들이 인생을 살아가는데 가장 좋은 인맥이라고도 한다.

몽골의 칭기즈칸도 자신의 꿈을 실현하기 위하여 9살 때부터 쟈무카라는 친구를 사귀었다. 쟈무카는 옆 부족장의 아들이었고, 칭기즈칸은 몰락한 부족장의 아들이었다. 칭기즈칸은 쟈무카를 사귀기 위하여 사막을 20km씩 걸어가서 친구를 만났으며, 여러 차례 형제의 맹세를 하여 혈육보다 끈끈한 친구가 되었다. 칭기즈칸이 청년이 되어 여러 차례 위험에 빠졌을 때 쟈무카가 살려주었다. 어렸을 때 맺었던 인맥이 성인이 되어 자신의 목숨을 살리는 관계가 되었다. 이 둘은 청년기까지 전쟁터를 누비며 몽고의 통일을 위해 노력하였다. 그러나 성인이 되어서는 서로의 이념이 달라 결국은 원수가 되어 쟈무카가 칭기즈칸에 의하여 죽을 수밖에 없었다.

하여간 좋은 인맥을 맺기 위해서는 가능한 한 많은 사람을 만나고 다니는 게 최고다. 그러다 보면 내 인생에 도움이 될 귀한 인맥들이 나타나게 된다.

# 6. 진정한 인맥은 시간을 투자한 만큼 쌓인다

사람들은 누구나 좋은 인맥을 맺고 싶은 욕구가 있다. 그러나 마음만 먹는다고 해서 좋은 인맥이 맺어지는 것은 아니다. 좋은 인맥을 많이 가지고 있는 사람들의 특징은 자신도 좋은 사람들이라는 것이다. 인맥 맺는 것에 성공한 사람들은 많은 사람을 만나는 만큼 여러 사람들에게 좋은 첫인상을 주기 위하여 노력한다.

사람들은 처음 만나서 약 6초라는 눈 깜박하는 사이에 얼굴 표정과 외모, 말 한마디를 통해서 상대방을 평가하게 된다. 그 이유는 얼굴 표정과 외모가 비록 그 사람의 모든 것을 나타내거나 결정짓는 것은 아니지만 사람들은 우선 얼굴 표정과 외모를 보고 판단하는 경향이 많고, 또한 깨끗하고 청결한 사람은 어디서나 환영받기 때문일 것이다.

이러한 의미에서 '패션도 전략이다.'라고 하면서 옷차림이 취업 및 직장생활에서 성공을 가져온다고 말하기도 한다. 또한 세일즈맨은 "물건을 팔기 전에 자신을 먼저 팔아야 한다."라고 주장한다. 이는 바로 이미지 컨설팅이 얼마나 중요한 것이고, 우리 생활 깊숙이

침투해 있다는 것을 알 수 있게 하는 예라 할 수 있다.

좋은 첫인상을 받는 사람에게는 다가서기가 쉽고 편하지만 첫인상이 좋지 않은 사람에게는 다다가려고 하지 않는다. 더욱이 상대방의 기억 속에서 안 좋은 사람으로 기억될 것이다. 그러한 편견을 다시 바꾸려면 많은 노력과 시간이 필요하며 전혀 효과를 보지 못할 수 있다.

우리가 만나고자 하는 사람은 사람을 많이 만나는 사람이기가 쉽다. 사람을 많이 만나는 사람은 사람들을 하도 많이 만나서 나름대로 사람의 유형을 평가하는 고정관념을 가지고 있다. 사원을 선발하는 면접 장소에서는 인상학을 전공한 사람을 면접관으로 초빙하여 인재를 선발하도록 하고 있다. 우리의 표정, 복장, 태도, 용모, 시선, 자세 걸음걸이와 같은 시각적 이미지뿐만 아니라 음성, 억양, 말씨, 언어와 같은 청각적 이미지를 보고 우리를 선택하느냐 마느냐를 결정한다. 미팅이나 맞선에서도 마찬가지로 상대편은 단 6초 안에 지금까지 살아온 내 인생을 나의 이미지 하나로 결정한다. 따라서 모든 사람들에게 쉽고 편안한 첫인상을 주기 위해 모든 사람들은 자신의 외모와 말씨 행동들을 생각해 개선점을 찾아 실천하도록 노력하여야 한다. 아주 짧은 시간에 자신의 첫인상을 좋은 방향으로 PR 할 수 있는 사람이야말로 진정한 자신의 성공을 준비하는 사람일 것이다.

그러나 다른 사람들의 좋은 이미지를 따라 한다고 해서 그것이 자신의 이미지가 되는 것이 아니고, 억지스레 짓는 미소도 자신의 이미지가 될 수 없다. 자신의 이미지를 찾는 일은 자신의 외모 또는 성격과 자신의 노력에 달려 있다.

인맥 만들기에서 상대에게 신뢰를 주기 위해서는 다시 한 번 만나고 싶다는 끌리는 인상을 주면 된다. 그렇게 하면 상대방이 지속적인 만남을 갖고자 한다. 즉 인맥을 견고히 다지기 위해서는 볼수록 끌리는 사람이 되어야 한다.

다음으로는 상대의 인간적인 측면을 존중하여야 한다. 자신의 잇속을 챙기는 데 급급한 인맥 만들기는 실패할 확률이 매우 높다. 진정한 인맥은 사람과 사람을 잇는 '마음' 네트워크를 통해 만들어져야 오래가고 좋은 인연이 될 수 있다.

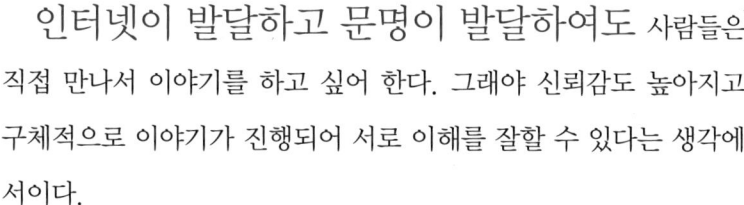

## 7. 사람 만나는 시간을 아까워하지 마라

**인터넷이 발달하고 문명이 발달하여도** 사람들은 직접 만나서 이야기를 하고 싶어 한다. 그래야 신뢰감도 높아지고 구체적으로 이야기가 진행되어 서로 이해를 잘할 수 있다는 생각에서이다.

현대인들은 사는 것이 바쁘다. 그러다 보니 바쁘다는 말을 입에 달고 산다. 그래서 사람들에게 시간을 내는 데 인색한 경우가 많다. 더욱이 남이 만나달라고 하면 자기의 입장에서 남는 시간만을 활용해서 사람을 만나려고 한다. 그러다 보면 정말 바빠질 때 아무도 만날 수 없게 된다.

자신에게 남들이 필요로 하는 것이 많은 사람일수록 만나고자 하는 사람이 많을 것이며, 그중에서도 다급한 사람도 많을 것이다. 다급한 정도에 따라 바쁘지만 상대편을 배려하는 뜻에서 특별한 시간을 낸다면 상대방은 감동을 받을 것이다. 그러나 상대방이 숨넘어가듯 절박한데 지금은 시간이 없으니 나중에 보자고 거절을 했다가 그것으로 원수가 되거나 사업이 결렬된 것을 쉽게 볼 수가 있었다. 내가 바쁜 만큼 상대방도 바쁘기 때문에 기다려주지 않는 것이다. 아무리 바쁘더라도 경중을 따져 상대방이 절실하게 필요한 경우는 시간을 선뜻 내어보자. 조그만 배려로 평생 동지를 만들 수 있다.

반대로 내가 만나고자 하는 사람이 있다면 나의 입장보다는 상대방을 고려해 어떻게든 시간을 내겠다는 의지를 보일 때 '이 사람은 됐구나.' 라면서 마음의 문을 열게 된다. 그러나 처음 만남을 약속하면서 무리하게 자신만 편한 시간을 고집한다면 만남이 이루어지기도 어렵지만 시간이 지나면 만남에 대한 의미가 사라져, 보지 못하고 지나칠 수도 있다.

저자가 근무하는 학교의 평생교육원에서 강사 공고를 신문에 낸 적이 있었다. 여러 사람들이 지원하여 좋은 분을 뽑게 되었다. 전형이 끝난 며칠 후 갑자기 전화가 왔다. 아직 강사를 안 뽑았냐는 것이었다. 저자는 이미 뽑았기 때문에 다음 학기에 한번 방문해 달라고 하였다. 그런데 그 분은 막무가내로 한번 보고 나서 결정을 다시 해달라는 것이었다. 저자는 난처했기 때문에 그냥 나중에 뵙자고 하였다.

그러고 나서 바로 지방을 다녀올 일이 있었다. 3일 만에 연구실을 열려고 하니까 문 앞에서 저자를 기다리는 사람을 만날 수 있었다. 그분은 다름 아닌 4일 전에 전화를 했던 분이었다. 그 분은 나를 만나야겠다는 일념으로 3일째 내 연구실을 방문하였던 것이다. 그 분은 이미 강사를 뽑긴 하였지만 자기가 어떤 사람인지 정확히 보여주고 평가를 받고 싶었다고 하였다. 그러면서 다음 학기라도 강의를 꼭 하고 싶다는 의견을 피력하였다. 그분의 이력서를 보니 강의 경력은 한 번도 없었지만 무엇이든 할 수 있다는 자신감과 함께 충분한 조건을 갖추고 있었다. 무엇보다 저자는 3일 동안이나 찾아온 그 분의 성의가 대단하다는 생각이 들었다. 저런 성의가 있다면 분명히 모든 일에 최선을 다할 것이라는 믿음이 생겼다. 결국 그분은 다음 학기부터 강의를 시작하였고, 학습자들로부터 인기가 높았다. 지금은 그의 성실성과 성실한 인간관계로 여러 대학에서 강의를 바쁘게 하고 다니고 있다.

오프라인 상에서 많은 인맥을 맺고 싶으면 부지런해야 한다. 자신의 시간을 효율적으로 관리하여 최대한 오프라인에서 이루어지는 각종 모임에 참여를 해야 한다. 오프라인 상의 모임은 자신과 크게 관련이 없더라도 참여가 가능한 모임들이 많이 있다. 예를 들면 팬클럽, 취미모임, 후원회, 평생교육 기관에서 이루어지는 각종 교육 프로그램, NGO단체, 정당, 공청회, 각종 협회나 연합회, 학습동아리, 종교 활동, 여행사에서 모집하는 패키지 여행, 단골 거래처, 자원봉사 등이 있다. 다양한 분야에 몰라보게 많은 인맥이 생길 것이다. 좋은 인맥일수록 그냥 나를 찾아올 리 없으니, 내가 먼저 좋은 인맥을 찾아 나서고 시간을 내어 투자해 보라. 그러면 투자한 시간보다 몇 배 좋은 결과가 돌아올 것이다.

## 8. 인간관계는 시간과 비례하고 거리에 반비례한다

사랑은 시간과 비례하고 거리에 반비례한다. 인간관계도 그렇다. 시간을 내어서 자주 만나면 할 이야기도 많고 자꾸 보고 싶다. 그러나 아무리 친한 친구 관계였어도 오랫동안 만남을 갖지 못하면 오랜만에 만나서 할 이야기가 없어져 오히려 서먹서먹한 경우가 많다. 나중에는 만나도 공감대가 없어서 대화가 겉돌기까지

하여 멀어지는 경우도 많다. 따라서 좋은 인맥을 구성하면 자꾸 만날 수 있는 다양한 모임과 행사를 개최하고, 인맥을 묶을 수 있는 이벤트, 프로젝트를 추진하고, 단체와 조직을 만들어야 한다. 그래야 주기적으로 만날 수 있는 기회가 주어져 인맥끼리 돈독한 정도 들고 할 이야기도 많아진다.

일하는 시간에 쫓기는 사람일수록 인간관계가 좁은 경우가 많다. 일에 쫓기다 보니 자연적으로 인간관계를 하는 데 시간을 쓰지 못하기 때문이다. 그러나 의외로 좋은 인맥을 많이 맺은 사람일수록 바쁘지만 자투리 시간을 최대한 활용하여 사람과의 만남에 많은 시간을 투자하는 경우도 있다.

오프라인 상에서 시간을 내기 어려워 좋은 인맥을 형성하는 데 어려움이 있다면 온라인에서 인맥을 맺어 보라. 요즘은 사이버 상에서 만나 결혼을 할 정도로, 인터넷이 바쁜 현대인들의 인맥지수를 높이는 데 크게 기여하고 있다.

인터넷에서 좋은 인맥을 맺기 위해서는 좋은 인맥들이 많이 모여 있는 커뮤니티, 블로그, 미니홈피를 방문하여 회원으로 가입하라. 또한 자기가 좋아하는 언론계, 정계, 재계 등에서 개설한 인터넷 사이트를 찾아서 활동하라. 더욱 인맥을 넓히고 싶으면 온라인 상의 동문회, 지역모임, 취미모임, 스터디모임, 비즈니스모임에 참여해 보라. 몰라보게 많은 인맥을 만들 수 있을 것이다. 친한 인맥들과도 지속적인 만남을 위해서 MSN, 네이트 온, 다음 터치 같은 메신저를 이용하여 짧은 시간이나마 인사라도 나누어 보자. 회사의 회의도 메신저를 이용하는 경우가 늘어가고 있다.

그러나 온라인 상의 인맥이 오프라인까지 좋은 인맥으로 연결되려면 단순한 가입에서 벗어나 게시판에 글을 올린다든가 온라인 상에서 이루어지는 각종 이벤트에 참여해보아야 한다. 자연스럽게 회원들이 궁금한 인물로 관심을 가지게 되어 오프라인 모임에서 좋은 인맥을 맺을 수 있다.

### TIP 경조사에는 꼭 참여하라

삼성경제연구소가 운영하는 '세리CEO'에서 회원들을 대상으로 조사한 결과 역시 CEO가 될 수 있는 최고 덕목으로 '대인 지능'이 꼽혔다. 한마디로 인간관계를 잘 맺어야 직장 내에서 성공할 수 있다는 얘기다. 실제 장수 임원, CEO의 특징은 회사 내에서 '적(敵)'이 없다는 점이다. 그리고 임원이 돼서도 임직원, 거래처 주요 인사들의 경조사는 무슨 일이 있어도 챙겼다고 한다. 경조사의 참여가 조직원들로부터 신망을 이끌어 내고, 팀워크를 다지는 게 결국 경영 실적에도 반영된다는 설명이었다. 우리나라 사람들은 다른 모임과 비교하여 경조사를 각별하게 생각하고 있으므로 경조사에는 꼭 참석을 하도록 해야 한다. 그 중에서도 어려운 조사에는 꼭 참여하도록 해야 한다. 기쁠 때 찾아오는 사람은 전부 기억이 안 나도 어려울 때 찾아온 사람은 다 기억이 나는 법이다. 이러한 맥락에서 어려운 사람들을 만나면 그 일을 도와주어 보라. 그러면 도움을 받은 사람이 나의 추종자가 될 수 있다. 그러면 좋은 인간관계를 맺을 수 있는 절호의 기회가 된다.

## 9. 인맥관리는 명함 관리에서부터 시작한다

　비즈니스를 하는 사람들은 하루에 10명 이상 만나는 일이 습관이 된다. 사람을 많이 만날수록 늘어가는 것이 명함인데 대부분 명함을 받아서 보관하다 보면 도대체 언제쯤 왜 만난 사람인지도 모르는 경우가 많다. 명함까지 나눈 것을 보면 분명히 충분한 대화를 나누었을 텐데도 불구하고 명함관리를 잘못하여 의미없는 만남이 되어 버린 것이다.

　명함관리를 위해서 예전에는 명함이 많아질수록 앨범식이나 롤로덱스(회전식 명함첩), 또는 명함 상자를 사용하였다. 그러나 이 방법들은 찾고자 하는 명함이 있다면 일일이 보지 않으면 찾을 수 없다는 단점을 가지고 있다.

　따라서 많은 명함을 효율적으로 관리하려면 우선 업무와 개인적 만남으로 구분하여 명함을 관리한다. 업무로 얻은 명함은 이름 순보다 회사명 순서로 정리하는 편이 좋다. 특히 서로 다른 범위의 많은 업체들과 연락해야 하는 일을 한다면 업종별로 그룹을 만들어(즉 금융계면 그 안에 다시 증권사 투신사 등 소분류를 정해 모아둔다.) 명함 박스를 따로 만들고 그 안에서 회사명으로 분리하면 좋다. 또한 개인적 만남은 각 모임 이름별로 분류하고, 한 소분류 안의 명함은 ㄱ, ㄴ 순으로 정리하게 되면 원하는 명함을 빨리 찾을 수 있다.

처음 명함만을 교환하면 상대방에 대한 정보가 부족하므로 명함을 교환하며 인사를 하면서 상대방에 대한 정보를 수집하여 적어 놓는 것이 좋다. 상대방이 있는 곳에서는 가급적 메모장을 사용하고, 상대방이 없는 곳에서 명함에 옮겨 적는 것이 좋다. 상대방의 정보에 대하여 알아 두면 좋은 정보는 다음과 같다.

1) 상대방과 만난 날짜와 요일, 시간, 그리고 만남의 목적이나 종류를 적는다.
2) 회사명 아래에는 그 회사에 관한 규모, 업종, 주 사업 등의 정보도 함께 메모해 두면 명함만 보고도 바로 회사에 대한 정보까지 알 수 있어 좋다.
3) 상대방의 성별, 연령 및 스타일, 취미나 특기 등도 적어 두면 인간관계를 맺는 데 도움이 된다.
4) 명함을 가지고 있는 사람 중에 회사이동, 전화번호 변경, 승진 등의 정보는 수시로 추가로 기재하여 관리한다.

### TIP 명함관리 방법

① 명함을 분류하는 매우 세분화된 기준을 세운다.

② 중요한 사람들은 만나서 나눈 대화 내용을 적어둔다.

③ 각종 모임의 총무를 맡으면 절로 정리하는 습관이 생긴다.

제 **5** 장

# 디지털 기기는 시간을 벌어주는 요술 램프

1. 시간을 절약하려면 컴퓨터를 활용하라
2. 인터넷으로 하는 시간 절약 노하우
3. 이메일로 하는 시간 절약 노하우
4. 컴퓨터로 하는 시간 절약 노하우
5. 소프트웨어로 하는 시간 절약 노하우
6. 업무시간을 줄여주는 디지털 기기 활용 노하우

## 1. 시간을 절약하려면 컴퓨터를 활용하라

**컴퓨터 기술의 급격한 발달로** 인해 현대인의 업무, 학습, 생활 속에서 컴퓨터의 역할이 점점 확대되고 있다. 인터넷을 통해 지식과 정보를 얻고 오락, 쇼핑을 즐기는 사람이 갈수록 늘고 있어, 인터넷은 이미 삶의 일부분으로 자리 잡고 있다고 할 수 있다.

최근 베이징(北京)시 통계국이 베이징 시 내 8개 구역에 거주하고 있는 주민 2,664명을 대상으로 공휴일 인터넷 사용 현황을 조사한 결과, 학력 및 소득이 높을수록 인터넷 사용시간이 긴 것으로 나타났다.

우리나라에서도 사무직에 종사하는 사람치고 PC(개인용 컴퓨터)를 갖지 않은 사람이 없을 뿐더러 요즘에는 업무의 성격에 따라 개인이 여러 대의 PC를 보유하고 있는 경우도 많다. 비즈니스맨 지식 네트워크 비즈몬(www.bizmon.com)은 '직장인 인터넷 이용실태'에 대해 설문조사를 실시한 결과 직장인들의 하루평균 인터넷 사용시간은 '4시간'(67.3%)이며, 그 중 업무상 필요에 따라서는 '1~3시간'(65.1%) 개인적 용도로는 '1시간'(54.9%) 가량 인터넷을 이용하는 것으로 조사됐다. 사용시간은 직무에 따라 달라 '비서직'과 '광고홍보직'의 인터넷 이용시간이 높았고, '생산직'과 '영업관리직'의 인터넷 이용시간이 가장 적은 것으로 나타났다.

또 실제 업무 수행에 있어 인터넷 이용이 필수적인가 조사한 결과 '필수적'이라는 응답자가 82.6%로 대부분을 이뤘다. 직장에서 인터넷 이용시간에 대해서는 '점점 늘고 있다'는 응답자가 54.4%로 과반수 이상으로 조사됐고, '비슷하다'는 응답자는 36.3%인 반면 '점점 줄고 있다'는 응답자는 9.3%에 불과했다.

또 성별에 따라 5시간 이상 인터넷을 이용하는 응답자는 '여성'이 40.9%로 '남성'(28.8%)보다 12.1%포인트 많았다. 연령별로 5시간이상 인터넷을 이용하는 응답자는 '20대'가 39.2%로 가장 많았으며, 다음으로는 '50대 이상'이 28.6%로 '30대'(26.7%)나 '40대'(20.6%)보다 많은 것으로 조사됐다. 결국 여성이 남성보다 인터넷을 더 많이 사용하고 있으며, 연령별로는 20대가 가장 많이 사용하나 직위가 높은 50대 이상도 많이 이용하는 것으로 보아 인터넷 사용시간이 학력 및 소득과 정비례 관계를 이룬다는 결론을 얻을 수 있다.

이상과 같은 결과를 보아서도 알 수 있지만 현대사회는 업무와 연관되어서도 컴퓨터나 인터넷을 이용하지 않으면 안 되는 사회가 되었으며, 앞으로의 사회는 더욱 컴퓨터나 인터넷에 의지하여 일할 수밖에 없는 사회가 될 것이다.

이 장에서는 생산적인 시간관리를 위해서 컴퓨터와 같은 디지털 기기나 인터넷을 일과 연계하여 신속하게 처리하기 위한 방법을 제안하고자 한다.

## 2. 인터넷으로 하는 시간 절약 노하우

● 인터넷은 업무시간을 대폭 줄여준다.

1989년경 월드 와이드 웹 서비스가 개발되어 일반인들도 쉽게 인터넷 멀티미디어 정보를 사용할 수 있게 된 이후로 지금까지 줄곧 인터넷은 가히 폭발적인 성장을 이뤄왔다. 지금은 수많은 호스트 컴퓨터가 인터넷에 연결되어 실로 거대한 네트워크가 형성되었으며, 전 세계적으로 약 6억 명의 인구가 인터넷을 사용하고 있다. 인터넷은 우리의 실생활에서도 적지 않은 영향을 미치며 가장 빈번하게 접촉하는 미디어 중 하나로서 자리 잡고 있다.

오늘날 우리가 살아가고 있는 이 시대에서 인터넷의 영향력은 정말 막강하다. 초고속 광 통신망이 보급되고, 싼 가격으로 인터넷을 이용할 수 있는 공간이 최근 몇 년 사이에 폭발적으로 증가하면서 인터넷으로의 접근은 점점 더 쉬워지게 되었고 현재 인터넷을 사용하고 있는 우리나라의 인구 비율은 급증하고 있다. 현재 만 6세 이상 인터넷 이용률이 80%에 이른다. 이쯤 되면 사실상 거의 모든 국민이 인터넷을 일상적으로 이용하고 있는 셈이다. 인터넷은 이제 우리 일상생활 깊숙이 자리 잡아 생활의 일부가 됐다고 해도 과언이 아니다.

이제 인터넷의 용도는 매우 다양해서 일일이 다 나열할 수 없을 정도이다. 지금까지 인터넷의 용도를 구분해 보면 다음과 같다.

첫째, 정보제공 기능 : 인터넷의 원래 용도는 정보를 찾기도 하고 제공하는 것이었으나, 요즘에는 정보를 보관하기도 하고 가공까지 해주는 역할을 한다.

둘째, 멀티미디어 기능 : 동영상과 음악 등을 감상할 수도 있으며, 인터넷을 통해 신문을 보는 비율도 증가하여 앞으로 활자신문을 대체할 것으로 보인다.

셋째, 친목기능 : 서로 대화를 할 수 있는 공간이기도 하고, 동아리나 모임, 회사원 간의 커뮤니케이션 공간이 되고 있다.

넷째, 쇼핑기능 : 신용 및 결제관련 웹기술이 발전함에 따라 사람들은 비교적 저렴한 비용을 들여서 가게를 장만할 수 있게 되었고 인터넷상 거래라는 것이 이제는 사업자들에게 거의 필수적인 요소로 등장하고 있다.

다섯째, 광고 기능 : 실내에서 인터넷을 서핑하는 시간이 더 많아지게 되다보니 다른 매체로의 광고보다 인터넷 광고가 모든 면에서 전파력이 강하고 효율적인 수단으로 부각되었고, 이로 인한 광고가 증가하고 있다.

여섯째, 교육 기능 : 방송통신대학에서 사이버대학까지 인터넷을 통한 교육은 이제는 평범한 일이며, 현재는 사이버강의를 통해 학위를 취득할 수 있을 정도의 수준에 이르렀다.

일곱째, 기타 기능 : 주식의 판매, 예금입출금, 개인 홍보, 민원

문제 해결.

이와 같이 인터넷 초기는 정보검색이 주를 이루었는데 IT기술의 발달에 의하여 인터넷의 용도는 다양해지고 있다. 이러한 다양한 용도는 다양한 계층이 인터넷을 이용하게 하는 효과를 가져오고 있다.

인터넷을 잘 이용하면 의외로 많은 시간 낭비를 줄일 수 있을 뿐만 아니라 시간을 창조해 나갈 수 있다. 예를 들면 업무를 수행하는 도중 통계청의 자료를 참고해야 하는데 인터넷이 없으면 직접 찾아가서 정보를 확인하지 않으면 어렵지만 인터넷을 이용하면 바로 검색하여 인용할 수 있으므로 업무에 소요되는 시간을 대폭 줄일 수 있다.

뿐만 아니라 전화를 해야 하는데 상대방이 전화를 받을 때를 정해서 전화를 해야 하지만 메일로 용건을 전달하면 발신자의 시간에 맞추어서 전달할 수 있으므로 시간이 절약됨은 물론 시간의 제약을 받지 않고 일을 할 수 있다. 또한 광고에 들어가는 많은 비용과 시간을 인터넷으로 해결할 수 있으며, 경비와 시간을 절약할 수 있다. 그것뿐만 아니라 은행이나 민원문제로 해당 기관을 방문해야 하는데 직접 방문하지 않아도 원격으로 처리할 수 있다는 장점으로 업무에 소요되는 시간을 대폭 줄일 수 있다.

이처럼 인터넷은 자기의 업무에 어떻게 활용할 것인가에 따라 무한한 도움을 줄 뿐만 아니라 시간을 효율적으로 관리하는 데 필수적인 도구임에는 틀림이 없다.

멧칼프의 법칙(Metcalfe's law)에 의하면 인터넷에 연결된 참여자의 수가 늘면 늘수록 인터넷의 가치는 기하급수적으로 상승한다. 앞으로 인터넷을 활용하는 인구가 증가함으로 인하여 더욱 인터넷의 가치는 상승하며, IT기술은 다양한 욕구를 충족시킬 수 있는 새로운 기술의 개발을 통하여 인터넷 인구나 용도를 다양화하게 될 것이다.

● 시간도둑 인터넷 중독을 잡자.

현재 인터넷 이용시간은 주평균 13.5시간이며 최근 6개월 동안 가장 많은 이용자가 인터넷 쇼핑을 이용한 것으로 나타났으며, 인터넷으로 하는 교육에 대한 참여자들이 증가하고 있다.

또한 동호회 활동을 주목적으로 하는 인터넷 이용자가 증가하고, 메신저 이용, 커뮤니티 가입 등이 활성화되는 등 인터넷을 기점으로 한 새로운 인터넷 문화형성의 분위기가 조성되고 있는 것으로 조사됐다. 현재 싸이월드는 회원수가 1천만 명을 넘어섰다. 뿐만 아니라 블로그나 카페와 같은 개인 커뮤니티에 접속하는 사람의 수도 단연 압도적으로 증가하고 있다.

이제는 인터넷이 없는 일상생활은 상상할 수조차 없게 되었다. 예전엔 상상만 하던 일들이 가능하게 되면서 인터넷 이용률과 이용시간은 엄청난 속도와 양으로 확장되었다. 반면 온라인 게임이나 채팅·메신저 등에 빠져 사람을 직접 만나는 것조차 꺼릴 정도로 일상생활에 어려움을 겪는 중독자들이 적지 않다. 인터넷 중독은 사용시간 그 자체가 결정적인 요인이 아니라 어떠한 목적으로 인터넷을 사용하며, 인터넷상에서 어떤 활동들을 하고 어떤 결과가 나오는가에 대해 살펴보는 것이 더 적절한 방법이 될 수 있다.

인터넷 중독의 문제점은 제대로 자지도 않고 불규칙적인 생활을 하면서 식사를 거르기도 하여 건강을 해치거나, 친구와도 멀어지고 가족과도 멀어져서 심지어 애인이 떠나고 가족도 버리는 지경에 빠지게 된다는 것이다. 또, 밤에 인터넷 하느라 직장생활에 장애를 가져오고 학업성적이 떨어지는 상황이 된다. 즉, 하나의 질병이 되는 것이다. 인터넷 중독이란 시간을 업무와 상관없이 인터넷에서 할 일 없이 시간을 보내는 것을 말한다. 이것은 결국 시간도둑이며 시간을 낭비하는 가장 큰 요인으로 등장하고 있다.

한국정보문화진흥원 산하 인터넷 중독 예방 상담센터(www.iapc.or.kr)에는 인터넷 중독을 걱정하는 상담이 하루 수십건씩 줄을 잇고 있다. 이 센터가 발표한 자료에 따르면 성인들의 30~40%가 인터넷 중독자라고 할 수 있다.

고려대 인터넷 중독 온라인 상담센터에서는 인터넷 중독에 대한 자가진단을 위하여 다음과 같은 문항을 제시하고 이 가운데 4개 이상에 해당되는 사람은 인터넷 중독이라고 하였다.

1) 오프라인에서도 인터넷을 하고 있는 기분이다.
2) 만족을 느끼기 위해 계속 인터넷을 해야 한다.
3) 인터넷 사용을 자제할 수 없다.
4) 인터넷 사용을 줄이려고 하면 내 자신이 한심하고 짜증이 난다.

5) 기분전환을 하기 위해 인터넷을 사용한다.

6) 인터넷 사용 시간을 가족과 친구들한테 속인다.

7) 인터넷으로 인해 대인관계, 직업을 잃을 것만 같다.

8) 오프라인이면 불안하고 우울하다.

9) 원래 계획했던 것보다 더 오랫동안 인터넷을 사용한다.

인터넷 중독은 기존의 중독문제와 달리 중독된 물질을 끊는 것보다는 '인터넷에 대한 집착과 이로 인한 문제를 조절'할 수 있는 시간관리 능력을 기르는 것이 더욱 필요하다. 한국정보문화진흥원 인터넷 중독 예방상담센터 이수진 씨는 인터넷 중독을 사전에 예방하고, 능동적이고 효율적인 인터넷 사용을 위한 몇 가지 생활지침을 다음과 같이 제시하였다.

- 인터넷 사용일지를 쓰자.

아무런 계획 없이 인터넷에 접속하지 말고, 먼저 자신이 어떤 목적으로 어떤 일들을 할 것인지를 메모한 후에 인터넷을 사용하도록 한다. 또한 자신의 인터넷 사용시간과 활동에 대한 일지를 남겨두면 자신의 인터넷 사용에 대한 구체적인 인지를 할 수 있다.

- 대안활동을 만들자.

역시 현재 인터넷만큼 흥미롭고 편리한 놀이는 없지만, 인터넷이 아닌 자신의 놀거리를 개발해야 한다. 평소 자신이 하고 싶었던 일이나, 이전에 자신이 즐겨하던 일들의 목록을 작성해 눈에 띄는 곳에 붙여두고 자신에게 상기시키도록 한다.

- 규칙적인 생활을 하자.

취침시간을 일정하게 유지하며, 인터넷을 하면서 식사를 하거나 군것질을 하지 않는다.

- 자명종을 이용하자.

인터넷을 하다보면 시간의 흐름을 잃게 되는 경우가 많다. 그러므로 사용시간을 조절하기 위해서는 자명종의 시간을 맞추어 자신이 의도한 시간에 울리게 하는 것도 편리하다.

- 자신의 의지를 발휘하자.

한참 재미있게 인터넷을 하다가 의도한 시간이 지나 사용을 중단해야 하는 상황이 있다. 이럴 때 '조금만', '5분만 더'라는 마음이 생기는데, 이런 마음에 약해지지 말고 단호히 컴퓨터를 끌 수 있도록 연습한다. 그리고 자신이 계획한 만큼 잘 지켰을 때 자신에게 스스로 상을 주어 점차 습관이 되도록 한다.


● 검색 엔진에 따라 용도가 다르다.

인터넷이 등장했을 때의 가장 기본적인 기능은 정보 검색 기능이었다. 정보검색이란 소극적 의미로는 특정한 정보의 요구에 대하여 이 요구를 충족시키는 적합한 정보의 소재를 찾아 확인·입수하는 것을 말하며, 적극적 의미로는 적합한 정보의 소재를 찾아 확인·입수하여 이것을 알맞은 형태로 적절히 가공·분석하는 것을 말한다. 일반적으로 정보검색이라고 하면 전자를 말하지만 정보검색의 달인이 되면 후자의 의미까지를 포함한다.

정보 활용이 경쟁 우위를 가름하는 정보화 사회에 있어서 그 의미가 날로 중요해지고 있으며, 시간이 부족한 현대인들에게 정보검색 능력은 업무시간의 단축을 가져다준다. 따라서 검색을 잘한다는 것은 업무 능력에 대한 높은 평가를 받을 수 있는 중요한 능력이기도 하다.

웹이 대중화된 이후 인터넷에는 매일 새로운 홈페이지들이 우후죽순처럼 생겨나고 있으며, 홈페이지 수만큼이나 다양하고 풍부한 정보들을 제공하고 있다. 점차 정보의 제공 단위가 기관이나 단체 중심에서 벗어나 개인으로 세분화되고 있다. 처음과 같은 정보제공 차원의 홈페이지에서 벗어나 다양한 목적을 실현하기 위하여 구축되었다. 홈페이지에서 제공하는 정보가 홍수를 이루면서 원하는 정보를 찾는 것은 쉬운 일이 아닌 현실이 되었다. 이러한 복잡하고 다양한 정보의 위치와 내용을 정확하고 빠르며 풍부하게 찾아주는 도구로 각광받고 있는 것이 검색 엔진이다.

그런데 정보의 양이 적을 때는 어떤 검색도구든지 검색을 하면 원하는 정보를 쉽게 찾아 주었지만, 오늘날처럼 정보의 홍수 속에서는 원하는 정보를 찾기 위하여 많은 시간을 보내야 한다.

검색 서비스는 1990년대 중반 야후에서 시작되어 이후 라이코스나 알타비스타 등이 시장에 뛰어들면서 전성기를 맞이하게 되었다. 국내에서는 1995년 홈페이지의 수는 약 4,000여 개에 불과해 검색이 쉬웠다. 그 후 까치네(kachi.com), 와카노(wakano.com) 등의 검색 엔진이 개발되면서 우리나라에서도 검색 서비스가 활성화되기 시작하여 현재는 수백 개의 검색 엔진이 사용되고 있다.

검색에 들어가는 시간을 줄이려면 수많은 검색 엔진에 대한 특성을 파악하여 검색하고자 하는 정보의 종류에 따라 적합한 검색 엔진을 사용하여야 한다. 적합한 검색 엔진의 사용여부에 따라 50%의 검색 시간을 절약할 수 있다.

검색 엔진의 종류는 검색 방법에 따라 주제별 검색 엔진, 단어별 검색 엔진, 메타 검색 엔진 등 크게 3가지로 나눌 수 있다.

- 주제별 검색 엔진

찾고자 하는 정보를 주제별로 분석하여 계층적으로 찾아가는 방식으로 사용자가 찾고자 하는 정보에 대한 지식이 분명하지 않거나, 어떤 분야에 대한 정보를 주제별로 검색할 때 사용한다. 주로 사용하는 검색 엔진에는 야후(http://kr.yahoo.com), 네이버(http://www.naver.com)가 있다.

- 단어별 검색 엔진

사용자가 찾고자 하는 정보를 단어(Query-질의어)를 입력하여 찾는 방식으로 사용자가 원하는 정보를 찾을 때 정확한 검색어를 입력하지 못한다면 원하는 정보를 빠른 시간 내에 찾기가 어렵다. 주로 사용하는 검색 엔진에는 알타비스타(http://kr.altavista.com), 라이코스(http://www.lycos.com), 데자뉴스(http://www.dajanews.com), 엠파스(http://www.empas.net)가 있다.

- 메타 검색 엔진

여러 가지 검색 엔진을 한 곳에 모아 놓은 곳이다. 장점은 한번의 단어 입력으로 여러 검색 엔진의 결과 값을 한눈에 볼 수 있다. 단점은 검색 속도가 느리다. 주로 사용하는 검색 엔진에는 W3 Search Engine(http://axion.physics.ubc.ca/w3search.html)가 있다.

웹사이트 분석기관 랭키닷컴에 따르면 국내에서는 현재 네이버, 네이트, 다음, 야후 코리아, 엠파스, 파란 등이 포털사이트로 대중에게 많은 인기를 얻고 있으며, 검색사이트로는 레드버그, 시디키, 우편번호검색114, Korea, 고쟁이가 인기를 얻고 있다.

| 순위 | 포털사이트 | 사용률 | 순위 | 검색사이트 | 사용률 |
|---|---|---|---|---|---|
| 1 | 네이버/NHN | 37.13% | 1 | 레드버그 | 20.05% |
| 2 | 네이트 | 23.20% | 2 | 시디키 | 17.38% |
| 3 | 다음/다음 | 21.34% | 3 | 우편번호검색114 | 12.01% |
| 4 | 야후코리아 | 5.90% | 4 | Korea.co.kr | 11.97% |
| 5 | 엠파스/엠파스 | 3.19% | 5 | 고쟁이 | 4.90% |
| 6 | 파란닷컴/KTH | 2.85% | 6 | 디자인검색 | 4.82% |
| 7 | 드림위즈 | 1.83% | 7 | 패션서치 | 4.74% |
| 8 | 하나포스닷컴 | 1.03% | 8 | KMLE 의학 검색 엔진 | 3.63% |
| 9 | MSN | 0.95% | 9 | Sciencedirect | 3.14% |
| 10 | MSN korea | 0.77% | 10 | Yahooligans | 2.45% |
| 11 | 프리챌 | 0.61% | 11 | 레뷰 | 2.11% |
| 12 | CHOL | 0.54% | 12 | 고재팬 | 2.08% |
| 13 | 코리아닷컴 | 0.33% | 13 | Archive | 1.27% |
| 14 | 네띠앙 | 0.12% | 14 | Stars21 | 0.97% |
| 15 | 유니텔 | 0.09% | 15 | Ipost | 0.87% |

● 연산자를 알면 검색이 빨라진다.

검색 엔진이 나날이 진화되고 다양한 서비스를 제공하는 것과는 대조적으로 대부분의 사람들이 검색창에 단순히 검색어를 입력하고 검색버튼을 누르는 것 외에는 검색 엔진을 다양한 기능을 충분히 활용하지 못하고 있다.

예를 들어 사진을 찾기 위해서는 이미지 검색을 사용하면 간단히 해결된다. 애써 종합 검색을 사용하여 수백페이지나 되는 리스트에서 자신이 원하는 사진을 찾으려 하면 몇 배의 시간이 걸린다.

인터넷은 유용한 정보의 바다인 동시에 별 값어치가 없는 쓰레기 정보들의 바다이기도하다. 정확한 정보를 빠르고 손쉽게 찾는 노하우를 갖는 것은 그리 어려운 것이 아니다. 우리가 별로 관심을 갖지 않았던 검색 엔진에 대한 다양한 기능을 익히고 각 검색 서비스에 대한 특징을 이해한다면 정보의 바다의 노련한 정보 낚시꾼이 되어 검색에 들어가는 시간을 대폭 줄일 수 있다.

- 네이버(http://www.naver.com)

네이버는 가장 인기있는 포털사이트 검색 엔진으로 전문적인 검색어보다는 단순한 검색어가 검색하기 쉬우며, 데이터를 수시로 등록하여 비교적 정확한 검색을 할 수 있다. 또한 여러 가지의 연산자를 이용해 정확한 검색과 빠른 검색을 할 수 있다.

- 야후 코리아(http://kr.yahoo.com)

오랜 역사만큼이나 일반적으로 잘 알려진 주제별 검색의 대표 검색 엔진이다. 다른 검색 엔진에 비해서 웹 문서가 적지만 정확한 검색을 할 수 있다. 야후는 기본적인 웹 검색뿐만이 아닌 다양한 서비스를 동시에 하고 있어 사용자층이 넓다.

- 엠파스(http://www.empas.co.kr)

국내 최초로 단어검색에서 문장으로 찾는 자연어 검색 엔진으로 유명하며, 다양한 콘텐츠를 제공하고 있다. 특히 긴 문장을 검색할 때 유용하다.

| 연산자 | 사용법 |
|---|---|
| and(&) | A and B는 A와 B 모두를 포함하고 있는 검색결과를 보여줌<br>예) 박찬호 and 김병현 또는 박찬호 & 김병현 |
| or(l) | A or B는 A 또는 B 어느 한 단어라도 포함하고 있는 문서를 보여줌<br>예) 피카소 or 고흐 또는 피카소 l 고흐 |
| not(!) | A not B는 A의 검색결과에서 B를 제외한 문서를 보여줌<br>예) 여행 not 미국 또는 여행 ! 미국 |
| within(^n) | A within B는 A와 B 두 단어가 서로 순서대로 인접하여 있는 문서를 보여줌<br>예) 검색 within 또는 검색 ^ 마케팅 또는 검색 within/2 또는 검색 ^2 마케팅 |
| near(~) | A near B는 A와 B가 입력한 순서와 관계없이 인접하여 있는 문서를 보여줌<br>예) 여행 near 렌터카 또는 여행 ~ 렌터카 |

## TIP 검색 엔진별 검색방법 비교

(O : 기능 있음, X : 기능 없음, 기본 : 기본 기능, 옵션 : 옵션 제공)

|  | AND | OR | NOT | NEAR | ADJ | 어구 | 절단 | 꼭맞음 | 필드 |
|---|---|---|---|---|---|---|---|---|---|
| Yahoo | 기본 | 옵션 | – | X | X | " | * | + | O |
| AltaVista | AND | OR | NOT | NEAR | X | " | * | + | O |
| Lycos | 옵션 | 옵션 | – | X | X | X | $ | X | X |

● 특별한 자료는 특화 엔진을 활용하라.

특정한 분야별로 해당되는 정보만을 전문적으로 검색하는 엔진을 가리켜 분야별 전문 검색 엔진 또는 특화 엔진이라고 부른다. 일반적인 검색 엔진들은 일반적인 홈페이지들에서 제공되는 HTML 문서 내의 문자열을 검색 범주로 해서 정보를 찾아준다. 따라서 사용자가 MP3나 전화번호와 같은 특화된 형태의 정보를 검색하고자 할 때는 이러한 검색 엔진이 큰 도움을 주지 못한다.

따라서 특화된 형태의 정보 즉 이미지, 동영상, 게임, 지도, MP3 등을 검색하고자 할 때는 특별한 정보를 검색해주는 특화 엔진을 이용해야 한다. 앞으로 더욱 부각될 것으로 기대되는 특화 엔진은 정보를 빠르게 찾는 정보검색사들이 전문 분야의 정보를 구하기 위하여 자주 사용하는 곳이기도 하다. 정보의 종류에 따라서 특화 엔진의 종류도 다양하다. 속도와 콘텐츠의 질적 측면에서 어느 정도 검증이 된 특화 엔진은 다음과 같다.

다국어 여행전문 검색 : http://www.worldct.com

게임전문 검색 : http://www.gamecraft.net/

이미지-동영상 검색 : http://www.airspider.com/

FTP 서버 검색 : http://ftpsearch.ntnu.no

의료분야 : http://www.avicenna.com

버스-지하철 등의 교통 노선 검색 : http://www.websubway.co.kr/

지도 정보 검색 : http://freemap.net/

파일검색 : http://www.filez.com

MP3 파일 검색 : http://search.empas.com/search/mp3_search.html

구인 정보 전문 엔진 : http://Indeed.com

전화번호 검색 : http://tel.hanmir.com/

인터넷 방송 검색 : http://www.tv.co.kr/

● 정보가 홈페이지에서 개인 블러그나 카페로 이동한다.

우리 생활의 일부가 되어 버린 인터넷 검색 서비스의 검색패턴이 점차 바뀌고 있다. 처음에는 일방적인 정보만 제공하였으나 시간이 지남에 따라 웹문서에서 시작된 검색이 지식 검색을 거쳐 동영상·블로그 검색으로 변화하여 포털사이트들은 네티즌의 구미에 맞는 다양한 검색 서비스를 개발하여 제공하고 있다.

포털사이트들은 급변하는 네티즌들의 요구를 따라가기 위하여 다양한 변신들을 거듭했지만 지금까지 '네띠앙' 을 비롯한 포털사이트들이 대거 시장에서 사라지고 있다. 더욱 큰 변화는 포털들의 지식 검색 데이터베이스(DB)에는 5년여를 쌓아온 방대한 데이터들이 축적되어 있어 아직까지도 네티즌에게 인기를 얻고 있지만 최근 들어 다양한 형태의 검색 서비스들이 제공되면서 방문자수의 변동이 일어나고 있다는 것이다.

웹사이트 분석기관 랭키닷컴에 따르면, 포털 검색 섹션의 주간 방문자수는 지난 1월 첫째 주 2,200만 명에서 7월 넷째 주 2,198만 명으로 99.93% 정도의 비슷한 수준을 보이고 있으나, 포털 지식검색 섹션은 1월 첫째 주 1,457만 명에서 7월 넷째 주 1,402만 명으로 96.21% 수준으로 감소하였으며 주간 방문자수도 55만 명에 머물렀다. 이러한 경향은 지식검색 이용패턴에서도 그대로 나타나 1월 첫째 주 포털 지식검색의 방문자는 하루 동안 지식검색 사이트에 6분 2초 동안 머물며 24.43 페이지를 방문하여 정보를 찾았던 반면, 7월 넷째 주에는 그 시간이 4분 52초로 1분 이상 줄어들었으며 1인당 방문 페이지도 19.91페이지로 4페이지 이상 감소하였다.

이처럼 각 포털 사이트들이 지식 검색이 줄어드는 이유는 지식검색 이외에도 이미지, MP3, 동영상 검색이나 블로그와 카페 검색 등 다양한 검색을 하기 때문이다. 한 가지 주목할 점은 블로그와 미니홈피의 주간 방문자수는 1월 첫째 주 1,891만 명에서 7월 넷째 주 1,947만 명으로 꾸준한 증가 추세에 있다는 것이다. 결국 지식 검색에서 지금까지 포털 사이트를 이용하는 것이 대세였다면 앞으로는 블로그와 카페를 이용하는 네티즌들이 많아질 것이라는 것이다.

욕구가 더욱 다양화하고 있는 네티즌들이 지식을 검색할 때, 일방적이고 공급자 입장인 홈페이지에 만족하지 않고 쌍방향적이고 수요자 입장인 개인들이 만든 블로그와 카페로 이동할 수밖에 없다는 것을 알 수 있다. 따라서 앞으로의 지식이나 자료 검색은 개인이 만든 블로그나 카페 검색 등으로 옮겨가야 원하는 자료를 쉽게 찾을 수 있을 뿐만 아니라, 정보를 찾는 데 드는 시간을 단축할 것이다.

● 자주 가는 곳은 즐겨찾기로

인터넷을 자주 사용하는 사람들은 즐겨찾기 기능을 많이 이용한다. 즐겨찾기 기능을 사용하지 않으면 일일이 주소를 기억하고 있거나 검색을 해서 찾아가야 한다. 그러다 보면 검색이 잘못되어 찾지 못하는 경우도 있고, 입력한 주소가 틀려서 제대로 찾아가지 못하는 경우도 있다.

즐겨찾기는 북마크라고도 하며 월드 와이드 웹을 사용하면서 특정 웹 주소를 쉽게 찾아갈 수 있도록, 그 주소를 목록 형태로 저장해 둔 것을 말한다. 원래는 서적에 읽었던 곳을 표시하는 서표를 끼운다는 의미였다.

즐겨찾기를 하는 방법은 해당 페이지를 보고 있다가 다음에 다시 찾고 싶으면 즐겨찾기에 추가를 클릭하는 것으로 등록이 되며 여러 개의 즐겨찾기를 한꺼번에 등록하는 것도 가능하다.

그러나 즐겨찾기를 자꾸 추가하다 보면 이리 저리 섞여 있어서 자신이 원하는 주소를 찾는 시간이 점점 많이 걸린다. 따라서 즐겨찾기를 쉽고 빠르게 하려면 우선 폴더 분류부터 시작해서 즐겨찾기를 정리하는 것이 좋다.

폴더를 만드는 방법은 [즐겨찾기]를 누르고 [즐겨찾기 구성]을 누르면 즐겨찾기 팝업 메뉴가 뜨고 메뉴에서 [폴더만들기]를 누르고 폴더명을 정하면 된다. 즐겨찾기를 일목요연하게 정리하려면 다음과 같이 폴더를 구성하면 좋다.

## 3. 이메일로 하는 시간 절약 노하우

　**미국의 한 연구자료에 의하면** 소비자와 의사소통을 하는 도구로써 이메일은 향후 4년 내에 지금보다 600% 이상 사용량이 증가할 것으로 전망하고 있다. 이메일은 우편물과 비교해보면 제작비와 시간에서 엄청나게 비용절감을 할 수 있다는 장점을 가지고 있다. 이러한 장점으로 인하여 특히 마케팅이나 전자상거래가 활성화되면서 e-메일의 중요도가 더욱 높아져가고 있다.
　이메일은 전화만큼이나 고객과의 커뮤니케이션을 위한 중요 매체다. 고객과 직접적인 통화를 해야 의견 전달이 가능한 전화와 달리 일방적인 정보 제공이 가능하다는 장점 때문에 마케팅 측면에서는 이메일의 활용도가 더 높다고 할 수 있다. 이러한 시대적인 요구에 부응하기 위한 포털사이트들은 가입자들에게 메일서비스를 제공하였다.
　다음이 오늘날처럼 커진 이유는 자신의 이메일을 확인하고 메일을 보내고 싶은 가입자들의 요구를 수용하였고, 결과적으로 한메일 서비스를 통해 크게 성장한 것이다. 이후 많은 포털회사들이 메일 공간을 무료로 제공하고 있다. 처음에는 계정 용량이 5MB, 10MB,

100MB를 제공했지만 구글의 경우는 2GB의 파격적인 메일용량을 제공하고 있다.

포털사이트의 메일은 회사의 메일과 달리 주소가 바뀌지 않는다는 것과 대용량의 메일을 사용할 수 있다는 믿음 때문에 점차 메일 사용자들이 대용량의 메일을 제공하는 회사로 이동하고 있다. 사용자들이 여러 가지 중요한 메일들을 보관할 수 있는 대용량 메일을 원한다는 것을 구글은 잘 알고 있기 때문에 마케팅에 활용하기 위하여 2GB의 파격적인 메일용량을 제공하고 있는 것이다.

그러나 하루에 한 사람이 받는 메일의 수가 평균 30~50개라는 통계수치가 말해주듯이 지인으로부터 받은 메일 외에는 모두 스팸이라고 할 수 있다. 따라서 메일을 어떻게 정리해야 시간을 절약할 수 있을지를 고민해야 한다.

● 메일 계정용량이 큰 포털회사를 선택해라.

요즘 저장장치의 비용이 점차 싸지면서 e-메일 계정 용량이 하루가 다르게 늘어나고 있다. 특히 웹메일 업체들이 서비스 경쟁을 하면서 파격적인 용량을 제공하는 업체들도 증가하고 있다. 반면에 서비스 경쟁에 참여하지 못하는 회사는 급격하게 회원이 감소하게 되고 그에 따라 갑작스런 도산으로 인하여 원하지 않게 이메일 주소를 변경해야 하는 일이 생겼다. 굳이 포털사이트 회사가 도산하지 않더라도 메일의 사용량이 증가함에 따라 용량이 큰 회사의 메일을 선호하는 사람들이 늘어나고 있다.

웹메일의 용량이 작으면 메일을 정리하는 데 시간이 많이 걸리고 매우 번거롭다. 매번 메일을 정리하지 않으면 용량이 가득차서 중요한 자료나 소식을 받지 못할 경우가 많다. 또한 저장하고 싶은 매일을 일일이 다운 받거나 내용을 복사해서 저장하지 않으면 예전에 받았던 파일을 보관할 수 없다. 따라서 메일 용량이 큰 것을 이용하면 메일을 정리하는 데 들어가는 시간이 줄 뿐만 아니라 메일을 오랫동안 보관할 수 있는 장점이 있기에 큰 메일 용량을 주는 회사를 선호한다.

하나포스닷컴은 2006년 9월 1일부터 업계 최대의 메일 서비스를 선보였다. 모든 기본 편지함에 용량 제한을 없앤 '무제한 용량 메일'을 기본으로 첨부 파일 용량까지 2GB로 늘려 무료로 제공한다. 2GB 첨부 용량은 웬만한 영화 1~2편은 충분히 주고 받을 수 있는 크기다. 5MB MP3파일이라면 400곡을, 1MB의 사진이라면 2천 장을 묶어 한꺼번에 보낼 수 있다.

MS의 인터넷 서비스 MSN은 일부 국가부터 핫메일 무료 이용자의 메일 저장 공간을 5GB로 늘리고 첨부파일 크기도 한번에 10MB까지 허용하기로 했다. 또 동시에 핫메일 전체 이용자를 대상으로 이메일이 수신자 편지함에 배달되기 전에 바이러스, 웜 감염여부를 검사하는 안티 바이러스 보안 기능을 제공하고 있다. 이 기능에 따라 핫메일 이용자는 자신의 메일 계정에 대한 스팸 관리수준을 스스로 설정함으로써 발신지를 알거나 수신을 요청한 메일만 받게 할 수 있다.

구글은 2.8GB의 메일 서비스를 선보여 주변을 깜짝 놀라게 한 바 있다.

하지만 이후 경쟁업체들도 잇따라 구글처럼 이메일 용량을 대폭 늘리면서 웹기반 메일 서비스 경쟁이 벌어졌다. 이에 따라 구글은 G메일 서비스를 선보인 지 꼭 2년 만에 용량을 네 배로 상향 조정하면서 다시 한번 경쟁에서 한 발 앞서나가게 됐다.

● 메일은 한꺼번에 관리하라.

인터넷의 발달로 인해 전화로 해결할 일들이 메일로 대체되고 있다. 메일은 소리로 끝나는 것이 아니고 기록으로 남는다는 장점과 함께 언제든 다양한 자료를 공유할 수 있다는 장점이 있다. 그래서 현대인은 적게는 1개 많게는 10개 이상의 이메일을 관리하는 사람도 있다. 온라인 여론조사 업체인 나라리서치가 인터넷 사용자 679명을 대상으로 메일 사용에 관해 실태조사를 한 결과 1인당 메일 계정 보유수는 2.84개로 나타났으며 하루에 받는 메일량만도 20개를 넘는 것으로 설명했다.

따라서 이메일이 많이 오는 사람은 습관적으로 이메일을 확인하는 데 드는 시간이 만만치 않다. 더욱이 이메일 계정을 많이 가지고 있을수록 여러 회사에 로그인하여 확인해야 하기 때문에 이메일을 확인하는 데 드는 시간이 많이 소요된다.

그러나 이제 웹메일을 확인하기 위해 업무 중에 웹을 들락날락하는 수고를 하지 않아도 된다. 하얀메일은 웹 메일을 확인할 수 있는 국산메일 확인 프로그램으로 한메일, 야후, 라이코스, 핫메일, MSN, 네이버, 엠팔, 프리챌, 네이트 메일 등이 확인 가능하다. 웹메일은 보낸 이와 제목만 확인할 수 있고, 메일 내용은 작은 브라우저가 뜨면서 해당 페이지로 연결된다.

더욱 강력하게 모든 메일들을 확인하려면 이메일 계정을 모두 Outlook Express와 Office Outlook 2003에서 추가하여 아웃룩에서 바로 메일을 받고 보낼 수 있다. Outlook Express는 윈도우에 기본적으로 설치되어 있는 메일 수신 프로그램이고 기본적인 메일 보내기/받기와 주소록과 같은 기능밖에 없지만, Office Outlook 2003은 이 Outlook Express의 기능 말고도, 다른 Office 프로그램과의 연동과 여러 일정 관리와 같은 고급 기능을 가지고 있다.

이메일 계정을 Outlook Express나 Office Outlook 2003에서 사용하려면 POP을 신청해야 하는데 각 이메일 서비스회사마다 다르므로 네이버를 기준으로 설명하면 다음과 같다.

1) 네이버에 로그인한 후, 메일로 간다. 자신이 으뜸사용자인지 확인한다.
2) [Outlook으로 용량 걱정 없이 사용하세요]를 클릭한다.
3) 아래 정보를 입력하고, [POP 신청하기]를 클릭한다.
4) 신청되었다는 메시지가 뜨면 [확인]을 클릭한다.
5) Outlook Express나 Microsoft Office Outlook 2003을 실행한다.

6) 아웃룩을 사용하고 있는 중이었다면, [도구] - [전자 메일 계정]으로 들어간다.

7) 아래와 같이 입력한다.
   - 사용자 이름에 실명이나 별명 기입
   - 로그온 정보에 네이버 아이디와 비밀번호 입력
   - 받는 메일 서버에 pop.naver.com 입력
   - 보내는 메일 서버에 smtp.naver.com 입력

8) 기타 설정을 클릭한다.

9) 보내는 메일 서버 탭에서 [보내는 메일 서버 인증 필요]에 체크한다.

10) 고급 탭에 들어간 후, [서버에 메시지 복사본 저장]에 체크해 주고 [확인]을 클릭한다.
    (체크해주면, 네이버 홈페이지에서도 메일 메시지를 보관하게 된다. 체크하지 않으면, 자신의 컴퓨터에만 메일이 저장되어 네이버 홈페이지에서는 메일을 확인할 수 없다)

11) 제대로 설정이 되었는지 확인하기 위해, 계정 설정 테스트를 해본다.

12) 다음을 클릭하면, 성공 메시지가 뜬다. 마침을 클릭한다.

Outlook Express나 Office Outlook 2003을 이용하면 기존에 여러 사이트에서 제공하는 이메일 서비스를 일일이 로그인해서 확인해야 하고 메일함을 정리해야 하는 시간을 줄일 수 있다. 그러나

이메일을 너무 자주 하는 것도 시간을 낭비하는 요인이 된다. 메일을 확인하는 시간이 하루에 얼마 되지 않는다고 생각할지 모르지만 한번에 1분씩 하루에 10번이면 10분이고, 한 달이면 300분 즉 5시간이나 소모된다. 따라서 메일을 확인할 때는 시간을 오전 출근해서, 점심 식사 후, 저녁에 퇴근할 때 등 3번 정도하는 것이 좋다.

● 시간도둑 스팸 메일을 잡는 방법

받는 사람의 의사와 상관없이 일방적으로 전달되는 광고성 전자우편을 스팸메일(spam mail)이라고 한다. 이 용어는 미국의 한 식품 회사가 '스팸'이란 통조림을 만들어 소비자들에게 알리는 과정에서 광고를 공해에 가까울 정도로 많이 했다는 데서 비롯한 말이라고 한다.

온라인 여론조사 업체인 나라리서치가 인터넷 사용자 679명을 대상으로 메일 사용에 관해 실태조사를 한 결과 1인당 하루에 받는 스팸을 20통으로 잡을 경우 한 사람이 연간 스팸메일을 지우는 데 사용하는 시간은 30시간이었다. 이를 비용으로 환산하면 개인적으로는 13만 530원이 들고 국가 전체적으로는 3조 1천849억 원이 소요된다고 나라리서치는 설명했다.

스팸메일을 막기 위해 이메일로 광고를 보낼 때 제목에 '광고', '성인 광고' 등의 문패를 표기하도록 되어 있지만 스팸메일을 막는 것이 쉽지 않다. 더욱이 같은 메일 주소를 2~3년 이상 쓰는 경우 스팸메일이 정상메일에 비해 심하면 70~80%를 차지한다고 한다. 따라서 이메일 사용 시간 중 상당한 시간을 스팸메일을 지우는 데 사용하게 된다.

스팸메일을 차단하기 위한 노력은 여러 가지가 시도되었지만 큰 효과를 보지 못하고 있다. 아웃룩 익스프레스를 통해 스팸 메일의 피해와 메일 확인 시간을 80% 이상 줄일 수 있는 간단하면서도 효율적인 방법이 있다.

- 지운 편지함을 이용하는 방법

스팸이 너무 많아서 정작 중요한 업무관련 메일이 적을 때 사용하면 좋다.

1) 먼저 [받은 메일함]에 들어온 메일을 전부 선택해서 [지운 편지함]으로 모두 옮겨 놓는다.
2) 메일을 확인하여 업무와 관련된 중요한 메일이나 보관해야 할 메일은 다시 [받은 편지함]이나 개별 폴더로 옮겨놓는다.
3) [지운 편지함]을 마우스로 지정한 후 오른쪽 키를 눌러서 '지운 편지함 폴더 비우기'를 선택하면 모두 한꺼번에 지울 수 있다.

- 아웃룩 익스프레스를 이용하는 방법

1) [도구] - [메시지 규칙] - [메일]로 간 후 메일 규칙에서 [새로 만들기]를 누른 후
2) [규칙의 조건 선택]에서 "ㅁ 제목란에서 특정단어 포함"을 선택한 후
3) [규칙의 동작 선택]에서 "ㅁ 서버에서 삭제"를 선택한 후

4) [규칙설명]에서 지정된 폴더를 눌러 [특정단어 포함]을 클릭한다.

5) [특정단어 입력]창이 열리면 차단할 특정 단어를 입력(예 : 광고, 홍보 등)한다.

6) 추가할 단어가 있으면 [추가]버튼을 누르고 입력한다.

7) [확인]을 누르면 "규칙이 성공적으로 추가됐습니다."라는 메시지가 뜨면 [확인]을 누른다.

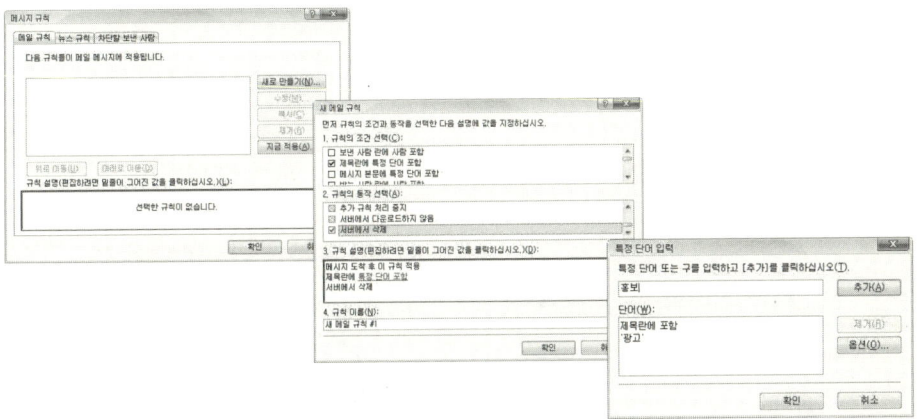

● 시간을 절약하는 메일 보내기

메일을 보낼 때 같은 내용을 여러 명에게 일일이 개별적으로 보내면 시간 낭비가 많다. 따라서 메일을 동시에 여러 사람에게 보내고 싶을 때는 동보 메일 기능을 사용하면 된다. 이처럼 동보 메일은 여러 사람에게 한꺼번에 메일을 보내는 것을 말한다. 많은 사람들에게 한꺼번에 메일을 보내려면 수신, 참조, 숨은 참조 기능을 사용하면 편리하다. 수신, 참조, 숨은 참조 기능을 사용하여 여러 사람에게 동시에 메일을 보내려면 메일주소 사이에 ', '를 사용한다.

여러 명에게 이메일을 보낼 때 예를 들면 다음과 같다.

수신(TO) : bangkok1@hotmail.com, token@korea.com, boko@naver.com

참조(CC) : jeon234@hitel.net, vision@korea.com, seon0909@dreamwiz.com

숨은 참조(BCC) : chung@hitel.net, supervision@korea.com, taesue@dreamwiz.com

한꺼번에 동보 메일을 보낼 수 있는 개수는 웹호스팅 회사나 메일 제공 회사에 따라 인원수가 다르니 확인해 보고 메일을 발송해야 한다.

동보 메일은 한꺼번에 여러 사람에게 메일을 보낸다는 데서 유용한 기능이지만 메일을 받는 사람의 입장에서는 여러 사람들 틈에 끼어서 메일을 받았다는 사실에 불쾌감을 느낄 수 도 있기 때문에 주의해야 한다. 이처럼 여러 사람들에게 메일을 보내면서도 한 명씩 보낸 것처럼 느끼게 하려면 [숨은 참조]라는 기능을 사용하면 된다.

메일의 용도를 잘 알면 의외로 편리하게 메일을 사용할 수 있으며, 메일을 사용하는 시간을 줄일 수 있다.

## 메일 관련 용어

| 영어 | 한글 | 용도 |
|---|---|---|
| TO | 수신 | 한 명에게도 보낼 수 있지만 여러 사람에게 보낼 수 있으며, 모든 수신자의 e-mail주소가 공개된다. |
| Subject | 제목 | 보낼 메일 내용의 제목을 적는다. |
| CC | 참조 (Carbon Copy) | 받는 사람에게 이 편지의 수신자와 모든 참조자의 e-mail주소가 공개된다. |
| BCC | 숨은 참조 (Blind CC) | 해당 수신자에게 본인 이외 나머지 숨은 참조인 주소가 숨겨진다. |
| Reply | 회신, 답장 | 받은 편지를 보낸이에게 확인시켜주는 데 사용. 보낸 사람의 메일주소가 자동으로 수신란에 표시되므로 편리하다. 받은 첨부화일은 발송이 안 된다. |
| Forward | 전달, 회람 | 받은 편지를 제3자에게 보낼 때 사용한다. 받은 편지 그대로 (첨부파일 포함) 전달된다. |
| Attachement | 첨부 | 편지내용과 함께 첨부파일을 보낸다. 파일이 있는 폴더를 찾아가서 붙인다. 첨부파일을 받을 경우 그림은 자동으로 볼 수 있으나 해당 응용프로그램이 있어야 볼 수 있는 파일이 많다. |
| Address Book | 주소록 | 자주 사용하는 메일주소를 보관하여 편리하게 사용한다. |
| Inbox | 받은 편지함 | 메일이 도착하면 저장되는 편지함 |
| Sent | 보낸 편지함 | 보낸 메일이 저장되는 편지함 |
| Unsent | 보낼 편지함 | 보낸 메일을 가고 있거나 가지 못한 상태로 저장되어 있는 편지함 |
| Trash | 지운 편지함 | 받은 편지함이나 보낸 편지함 중에서 지운 편지가 보관되어 있는 편지함 |
| Draft | 임시 보관함 | 임시보관함은 메일을 보내기 전에 저장하는 보관함으로 나중에 수정이 가능하다. |

# 4. 컴퓨터로 하는 시간 절약 노하우

● 컴퓨터 부팅을 빠르게 하는 방법

　컴퓨터를 처음 구입했을 때는 컴퓨터의 부팅 속도가 빠른 것 같은데 시간이 지날수록 컴퓨터의 부팅 속도가 느려진다. 컴퓨터의 부팅 시간이 오래 걸리는 원인은 사용하는 컴퓨터에 소프트웨어를 많이 설치할수록 부팅속도는 느려지게 되기 때문이다. 처음에는 1분 정도 걸리는 부팅 속도가 5분을 넘는 경우도 있는데 한번 부팅할 때마다 5분씩만 계산해도 하루에 5번 부팅을 하면 25분 걸린다.

　레지스트리가 커지면 부팅 시에 윈도우가 리소스를 탐색하는데 시간이 오래 걸려 부팅시간이 오래 걸리고, 무엇보다도 바탕화면 오른쪽 하단에 알림영역에 컴퓨터 시작 시에 로드되는 시작프로그램을 준비하는데 많은 시간이 걸림을 알 수 있다.

　부팅이 느린 것은 윈도우 화면이 나타나고 부팅완료 시간이 지연되는 현상이 예전보다 오래가는 것임을 확인할 수 있다. 부팅시간을 단축할 수 있는 방법은 여러 가지가 있는데 여기서는 레지스트리와 바탕화면을 정리하는 방법을 사용하여 부팅속도를 빠르게 하는 방법을 소개한다.

1) 윈도우 시작 버튼을 누른 후 실행을 선택한다.
2) 실행창에 msconfig를 입력한다.
3) 잠시 후에 시스템 구성유틸리티 대화상자가 나타난다.
4) 맨 끝에 위치한 시작프로그램 탭으로 이동한 다음 모든 항목의 체크표시를 해제한다.
5) 시스템구성 유틸리티 대화상자의 확인버튼을 눌러 창을 닫은 후 시스템을 재부팅한다.

   시작 파일의 체크표시를 없애줘도 나중에 해당 프로그램을 실행하면 되므로 상관이 없다. 그러나 위의 항목 중에서 절대로 지우지 말아야 할 것이 몇 개 있는데 IMJPMIG, TINTSETUP, ctfmon, INTERNET.EXE 레이스터리검사 TaskMonitor System Tray LoadPowerProfile 등의 파일은 Windows 부팅과 시스템 로딩에 꼭 필요한 것이므로 절대로 지우면 안 된다.

6) 바탕화면에 쓸모없는 파일들도 속도를 느리게 하는 요인이 되므로 폴더를 만들어서 폴더로 이동하여 바탕화면은 되도록 깨끗하게 정리한다.
7) 배경화면도 부팅속도를 느리게 하는 요인이므로 배경화면도 되도록 사용하지 않는 것이 좋다.
8) 디스크검사와 조각모음을 실행한다.
9) 두 가지 작업이 모두 끝나면 다시 시스템 구성 유틸리티를 실행시켜 필요한 시작프로그램들을 체크해주고 재부팅한다.

〈레지스트리 정리〉

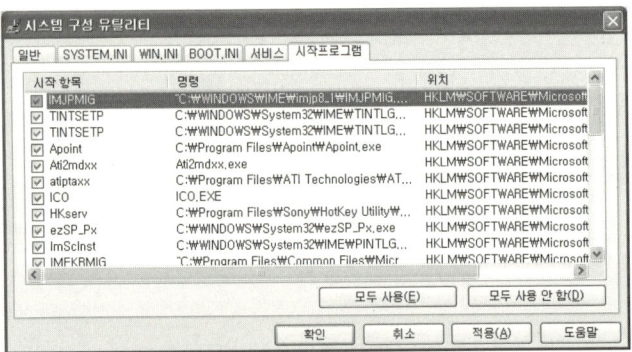

● 파일을 빠르게 찾는 방법

요즘은 IT관련 직종과 사무업무에 종사하는 회사원뿐만 아니라 대부분의 사람들은 컴퓨터를 이용해 업무를 보거나 일을 하게 된다. 컴퓨터를 이용해 업무보고를 하고, 보고서를 작성하고, 제안서를 만들고, 업무 관리를 하게 된다. 그러다보면 자연적으로 시간이 갈수록 수많은 파일들이 넘쳐나기 마련이다. 이렇게 넘쳐난 파일을 효과적으로 관리하는 것은 책상 위를 깔끔하게 치우는 것과 같다.

책상 위가 정리 정돈이 잘 되어 있고, 서류가 제자리에 있다면 업무를 볼 때 편리하고 주변 사람들도 그 자리의 주인에 대해 남다른 시각으로 볼 것이다. 파일 역시 마찬가지다. 파일을 제대로 정리하지 못하여 어디에 파일이 있는지를 몰라 찾다가 밤을 새우기도 하고, 하루 종일 찾았지만 결국 못 찾아서 처음부터 다시 만든 기억이 다들 있을 것이다. 이처럼 파일 정리가 잘되어 있으면 파일을 찾는 데 소요되는 시간을 줄일 수 있어서 업무를 빠르게 해결할 수 있다. 파일정리의 장점은 무엇보다 중요한 것은 주변정리 때문에 원하는 자료를 바로 찾을 수 있어서 시간을 절약할 수 있다는 것이다.

컴퓨터에서 사용하는 파일을 어떻게 관리하느냐에 따라 원할 때 해당 파일을 보다 빠르게 찾을 수 있을 뿐 아니라, 업무 진행 내역 등에 대해서도 쉽게 파악할 수 있어 실질적으로 업무를 효율적으로 처리하는 데 큰 도움이 된다. 하지만 파일 관리는 책상 위를 정돈하는 것과는 다르다. 책상 위를 정돈하는 것은 누가 가르쳐 주지 않아도 누구나 할 수 있다.

하지만 파일 관리 방법은 누구나 할 수 있는 것은 아니다. 효과적인 방법에 대해 지도를 받지 못하면 스스로 그 방법을 터득하기가 그리 쉬운 일만은 아닌 것이다. 다음은 효과적으로 파일을 관리하는 방법이다.

- 파일 이름을 체계화한다.

컴퓨터에는 수많은 파일들이 들어 있다. 처음부터 운영체제의 일부로 들어 있는 경우도 있고, 자신의 작업 결과 만들어진 파일도 있다. 파일의 확장자를 보면 대충 파일의 성격을 파악할 수 있다. 더욱이 파일 이름만 보아도 문서를 열어보지 않고 파일의 내용을 판단할 수 있다. 그러나 만들어진 파일의 수가 엄청나게 증가하면 할수록 단순히 확장자나 파일 이름만으로는 파일의 내용을 판단하는 것이 어려워진다. 그런 만큼 파일의 이름을 결정할 때 나만의 정해진 규칙을 정하는 것이 좋다. 그 규칙은 업무 특성과 개인의 성향에 따라 달라질 수 있겠지만 저자의 경우를 예로 들면 아래와 같다.

먼저 파일의 맨 앞에는 파일의 작성일자를 적는다. 물론 파일을 저장하면 파일 속성에 날짜가 기록되어 저장일자 및 시간이 남지만 앞의 작업일자와의 차이가 있다. 저장일자는 변함이 없지만 파일 속성에 기록되는 저장일자는 저장할 때마다 바뀌므로 문서의 작성일자를 정확히 파악하기 어렵다. 파일의 저장일자는 파일을 이름별로 정렬할 때 파일 이름의 첫 부분에 기록해두었기 때문에 순서대로 정렬되어 편하다. 단 날짜를 기록할 때는 반드시 두 자리씩 표기해야 한다. 예를 들어 5월 1일이라면 0501로 날짜를 표기해야 한다. 날짜 다음에는 파일의 내용에 대한 간단한 요약 단어, 주제어 등을 이용해 기록해둔다. 단 날짜와 구분하기 위해 날짜와 주제어 사이에 '-'를 기록해둔다. 주제어는 너무 길지 않고 간단명료하게 이름 붙인다. 마지막으로는 버전을 적는다. 버전은 컴퓨터 프로그램의 버전처럼 한 번만 수정하고 끝나는 것이 아니라 작업하는 도중 내용이 추가되기도 하고 수정된다. 이렇게 여러 번 변경된 문서를 쉽게 구분하기 위해 버전을 표기하면 편하다. '1.0'은 처음 생성한 문서고, 약간의 내용 수정이 가해질 경우에는 '1.1', '1.2' 등으로 표시한다. 만일 문서의 내용이 크게 변경될 때는 '2.0', '3.0' 등으로 소수점 앞의 숫자를 변경한다.

〈파일 이름의 체계화〉

20081028-시간관리-1.0.hwp

20080512-칭기즈칸의리더십-2.2.hwp

- 폴더를 체계적으로 정리한다.

폴더는 윈도우에서 서로 관련 있는 소프트웨어를 묶어서 하나의 아이콘으로 나타낸 것을 말한다. 그 아이콘을 선택하면 관련 있는 소프트웨어나 자료들이 있는 또 하나의 창이 화면에 나타난다.

폴더는 원래부터 있기도 하지만 작업자의 취향에 따라 폴더를 새롭게 생성하고 이름도 바꿀 수 있다. 쉽게 만들 수 있는 폴더를 체계적으로 생성하면 자료를 알맞게 분류해서 저장하고 쉽게 찾을 수 있는 장점이 있다. 그러나 폴더를 무작위로 생성하다 보면 자료를 어떻게 분배해야 할지도 모르고, 오히려 폴더 때문에 자료를 찾는데 방해를 받기가 쉽다. 따라서 폴더를 생성할 때는 주제와 분류별로 폴더를 만들고 그에 맞게 파일을 담아두어야 파일을 손쉽게 찾을 수 있다.

폴더의 생성과 분류, 구분은 업무 특성과 파일 관리 방법 등에 따라 천차만별이고 그 차이가 크기 때문에 그 규칙을 정하기가 쉽지 않다. 시간의 흐름에 따라, 업무 프로세스에 따라 순차적으로 파일이 생성되는 경우에는 폴더의 이름에 숫자를 붙이는 것이 좋다.

예를 들어, 요리를 공부한다고 하면 아래와 같은 방법으로 폴더를 만들어서 파일을 구분해서 저장하는 것이 좋다. 파일이 많을 경우에는 폴더 안에 서브 폴더를 별도로 생성해서 파일을 2단계로 관리하는 것도 좋다. 하지만 파일이 많지 않을 경우에는 폴더를 너무 많이 만들어두면 번거로울 수 있으므로 각자의 업무 환경에 맞게 폴더를 운영하도록 하자.

〈폴더 관리 방법〉
  01-한국요리
    001-찜요리
    002-구이요리
    003-볶음요리
    004-튀김요리
  02-일본요리
  03-양식요리
  04-중국요리
  05-이태리요리
  06-프랑스요리
  07-기타요리

● 멀티태스킹을 최대한 활용하라.

초기의 컴퓨터는 처리속도가 느리고, 메모리의 용량이 작아 사용자는 한 번에 한 가지 작업이나 한 프로그램밖에 처리하지 못했다. 따라서 여러 작업을 동시에 처리할 필요가 있더라도 사용자는 각각의 작업을 하나씩 순차적으로 처리하고, 각각의 출력물을 합쳐 원하는 결과를 얻었다.

예를 들어, 워드프로세서로 통계 자료를 넣는 문서작성을 할 경우, 일단 워드프로세서 프로그램을 구동시켜 작업한 후, 그 프로그램을 닫고, 인터넷을 불러 내 통계자료를 검색한 후, 다시 워드프로세서를 구동시켜 문서를 작성해야 했다. 하지만 컴퓨터 하드웨어의 발달, 즉 처리속도와 메모리 용량의 증대로 여러 작업을 동시에 하는 것이 가능하게 되었다. 이처럼 멀티태스킹은 여러 가지 작업을 한꺼번에 하는 것을 말한다.

〈멀티태스킹〉

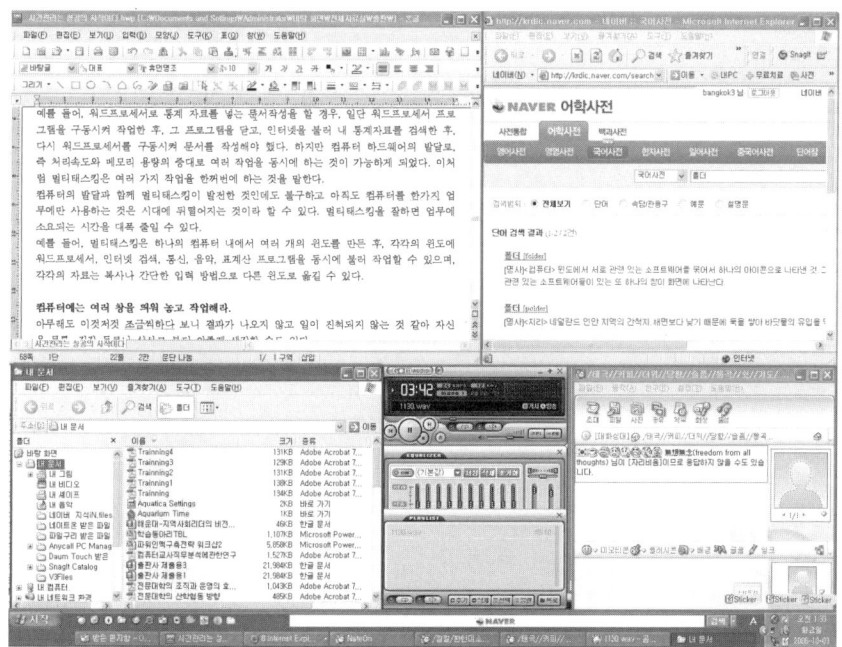

컴퓨터의 발달과 함께 멀티태스킹이 발전했는데도 불구하고 아직도 컴퓨터를 한 가지 업무에만 사용하는 것은 시대에 뒤떨어지는 것이라 할 수 있다. 멀티태스킹을 잘하면 업무에 소요되는 시간을 대폭 줄일 수 있다.

예를 들어, 멀티태스킹은 하나의 컴퓨터 내에서 여러 개의 윈도를 만든 후, 각각의 윈도에 워드프로세서, 인터넷 검색, 통신, 음악, 표계산 프로그램을 동시에 불러 작업할 수 있으며, 각각의 자료는 복사나 간단한 입력 방법으로 다른 윈도우로 옮길 수 있다.

멀티태스킹을 하기 위해서 필요한 것은 모니터의 크기이다. 본체의 시스템들은 이미 멀티태스킹을 해도 전혀 무리가 없을 정도로 발전하였지만 아직도 모니터의 크기가 상대적으로 작은 노트북이나 14~15인치 모니터를 사용하는 경우에는 다양한 창을 열고 멀티태스킹을 하기에는 무리다. 물론 원시적으로 한 프로그램을 열고 작업을 한 후 화면을 감춘 후 다른 프로그램을 열어 작업을 하고 또 화면을 감추고 원래의 프로그램을 여는 방법을 쓸 수 있지만 한꺼번에 두 개 이상의 프로그램을 구동해서 작업하는 것보다 시간이 걸린다. 요즘에는 두 개의 모니터를 사용해서 다른 용도로 사용하는 듀얼모니터 기능을 지원하는 컴퓨터들이 많은데 듀얼 모니터 기능을 사용하면 아주 효과적으로 멀티태스킹 기능을 사용할 수 있다.

# 5. 소프트웨어로 하는 시간 절약 노하우

● 일정관리는 만능 전자다이어리에게 맡겨라.

다이어리라고 하면 가죽 케이스에 두껍고 무거운 종이 뭉치를 생각하기 쉽다. 그러나 PC용 다이어리 프로그램들은 그러한 상식을 깬다. 다이어리 프로그램은 여러 가지가 있지만 그 중에서 아웃룩과 네오 다이어리를 소개하면 다음과 같다.

대부분 메일로만 활용되는 아웃룩은 메일관리 외에도 일정관리와 업무관리 등 막강한 기능이 있다. Desk Task는 오늘의 일정 및 할 일 등 아웃룩에 입력된 정보들이 바탕화면 이미지로 나타나 업무 및 일정관리를 도와준다. 아웃룩을 실행하지 않고도 일정이나 작업을 확인하고 처리해 효율적이다.

네오다이어리는 일기장과 일정관리, 메모, 연락처 및 사이트 관리를 한꺼번에 할 수 있는 다용도 다이어리 프로그램이다. 네오다이어리를 맨 처음 실행하면 이번 달의 달력이 나와 한눈에 월 스케줄을 볼 수 있다. 해당 일을 보면 일기가 써있는지 할 일이 있는지 아이콘으로 쉽게 알아볼 수 있다.

네오다이어리의 가장 기본적인 기능은 일정관리다. 종이로 된 다이어리처럼 월별, 주별 달력을 기준으로 일정을 관리한다. 사용법도 아주 간단해서 원하는 날짜를 마우스로 더블클릭하면 바로 일정 입력란이 뜬다. 내용을 입력하면 달력에 그대로 표시가 된다.

기념일 지정이나 일기 쓰기, 날짜 계산 같은 것도 바로 달력에서 할 수 있다. 날짜를 마우스 오른쪽 버튼으로 클릭하여 메뉴를 불러온 다음 원하는 메뉴를 선택하면 된다. 이렇게 입력을 하면 일기, 기념일, 일정이 달력의 그 날짜에 표시된다. 하지만 입력한 것이 많아지면 좀 더 넓게 볼 수 있는 '주별' 메뉴를 이용하면 된다. 프로그램 창 왼쪽에 있는 '주별' 버튼을 클릭하면 좀 더 많은 일정을 볼 수 있다.

또 주목할 만한 기능에는 메모기능이 있는데 여러 메모(포스트잇) 프로그램과 비교해도 기능에 손색이 없다. 특히 알람을 메모로 설정해 놓으면 정해진 시간에 메모가 뜬다. 일기쓰기 기능도 하루에 있었던 일을 시간에 상관없이 기록할 수 있다.

관심있는 인터넷 사이트에 여기저기 가입하다 보면 아이디/패스워드를 쉽게 잃어버리는데, 아이디/패스워드를 저장할 수 있는 기능을 지원한다.

POP3를 지원하는 이메일서버의 메일을 체크할 수도 있다. 메일 도착시에 오른쪽 하단에 알림 윈도우와 트레이 아이콘이 메일 아이콘으로 변경되며, 음악소리도 넣을 수 있다. 메일을 확인하기 위해서 알림 윈도우나 트레이 아이콘을 더블 클릭하면 사용자가 기본적으로 사용하는 이메일 클라이언트 프로그램이 실행된다.

설정에서 글자나 배경색은 물론 각 항목별로 높이나 폭, 두께 등

의 폰트 속성을 바꿀 수 있다. 스킨도 지원해서 지루하지 않게 언제든지 다양한 모양으로 변신시킬 수도 있다.

자세한 내용이나 프로그램을 다운받으려면 네오다이어리카페 (http://cafe.naver.com/neodiary.cafe)로 가면 무료로 다운받아 사용할 수 있다.

● 빠진 일정도 챙겨주는 전자 포스트잇

일이 많은 사람의 책상을 보면 컴퓨터와 모니터 위에 덕지덕지 붙어있는 포스트잇과 일정표, 정리되지 않은 서류철 때문에 정신이 하나도 없다. 이럴 때 효율적인 업무와 정리를 도와주는 소프트웨어 프로그램 중에 하나가 전자 포스트잇 프로그램이다.

원래 포스트잇은 한장씩 뜯어서 쓰는 종이의 일종으로 중요한 걸 메모하여 붙여놓거나 급한 일이 있을 때 메모하여 보게 하는 역할을 한다. 전자 포스트잇은 종이로 붙이는 포스트잇이 아닌 모니터 안에 문서로 작성한 포스트잇이라고 할 수 있다. 종이가 아니니까 깔끔하고 따로 포스트잇이 필요없기 때문에 포스트잇 비용도 들지 않으며, 언제든지 원하면 삭제가 가능하여 편리하고 경제적이다.

포스트잇은 윈도 화면 곳곳에 메모를 남길 수 있으며, 알림 기능, 화면 고정기능, 날짜 표시 등 다양한 기능을 제공하는 편리한 유틸리티다. 일반적으로 프로그램 설치 시 트레이에 아이콘이 설치되며, 트레이 아이콘을 더블 클릭하면 메모장을 생성한다. 프로그램에 따라서는 멀티미디어 메모를 저장할 수 있는 기능이나, 다양한 프로그램을 공유하거나, 자주 사용하는 몇몇 기능을 추가할 수 있다. 공개되어 있는 포스트잇 프로그램은 다음의 주소로 가면 쉽게 구해서 사용할 수 있다.

한컴쪽지
http://haansoft.com/hnc4_0/haansoft/download/download.php?b=pds&no=53

엣노트 http://atnotes.free.fr/dl/atnsetup.exe

엣노트 한글언어팩 http://atnotes.free.fr/zips/korean.zip

어깨동무
http://www.webdongmoo.com/caseftp/download/post_it_v130.exe

노트홀더 http://www.aklabs.com/downloads/notesholderl.zip

이지노트 http://www.rawos.com/sw/downloads/enlite.exe

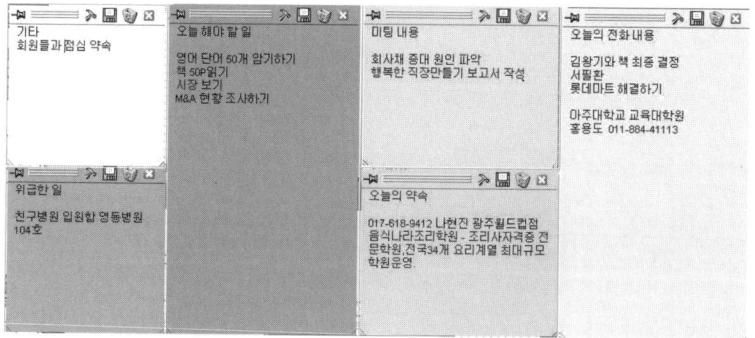

포스트잇 프로그램을 효율적으로 사용하기 위해서는 바탕화면에 대략 6개 분량을 열어 오늘의 전화 사용 내역, 미팅 내용, 약속 시간이 있는 내용, 오늘 해야 할 일, 기타 등으로 구분하여 열어 놓고, 정해진 시간이 있는 경우에는 알람기능을 사용하면 알려주므로 편리하다.

● 만능 윈도우 탐색기로 한방에 끝낸다.

윈도우 탐색기는 원래 윈도우에 포함된 프로그램으로서 파일, 폴더 탐색 및 관리 프로그램을 말한다. 컴퓨터의 용량이 커짐과 동시에 파일관리에 들어가는 시간이 많아졌기 때문에 윈도우 탐색기는 매우 유용하게 사용할 수 있는 프로그램이다.

그러나 윈도우 탐색기는 윈도우가 처음 만들어진 이후로 한번도 버전 업이 되지 않았다. 새로운 것을 원하는 사람들이나 편리한 기능을 사용하고자 하는 사용자들은 새로운 파일관리 프로그램을 필요로 하고 있는데 그 부분을 충족시켜주기 위해서 다양한 파일관리 프로그램들이 나오고 있다.

그 중에서 플라이 익스플로러(Fly explorer)는 윈도우 탐색기의 기본 기능은 그대로 가지되, 사용자들이 필요로 하는 기능을 포함한 프로그램이다. 파일 보여주기, 드래그 앤 드롭, 창 분할, 파일 수집, 일괄적으로 속성 바꾸기, 공유 중인 프로세스 보기 등의 기능을 제공한다. 트리 구조로 쉽게 찾을 수 있으며, 화면 분할로 2개의 하드디스크를 비교할 때 보기가 용이하다.

또한 윈도우 탐색기에 여러 가지 기능을 추가한 파일 관리 유틸리티인 슈퍼 익스플로러(Super Explorer v1.2)가 있다. 일반적인 파일 관리 기능에 압축, 이미지 미리보기, 이미지 변환, 섬네일 보기, 멀티미디어 파일 보기 등 편리한 기능이 많다.

기본적으로 윈도우 탐색기의 기능과 단축키가 그대로 적용되며 슈퍼 익스플로러 내에 여러 개의 창을 열 수 있으며, 창들은 정렬이 가능하다. 슈퍼 익스플로러의 기능 중에는 별도의 압축 프로그램 없이 Zip 압축파일을 쉽게 만들거나 압축을 풀 수 있고, 압축 파일을 열어보는 번거로움 없이 압축 파일 내용을 볼 수 있다. 또 재미있는 기능으로 파일의 생성 날짜를 바꿀 수 있다.

슈퍼 익스플로러는 파일 필터링 기능이 있어 특정 문자열을 포함한 파일들만 보거나 보지 않을 수 있다. 하위 폴더를 포함한 폴더 크기를 쉽게 알아보고 인쇄하거나 쉼표로 구분되는 텍스트, 즉 CSV 파일로 내보내는 기능도 있다.

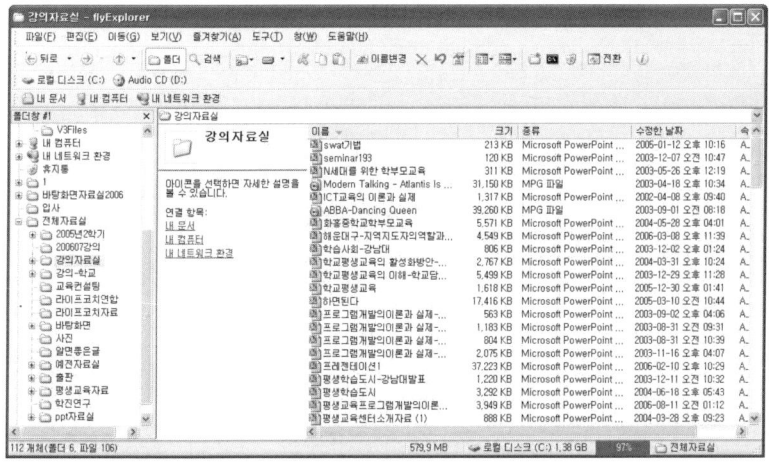

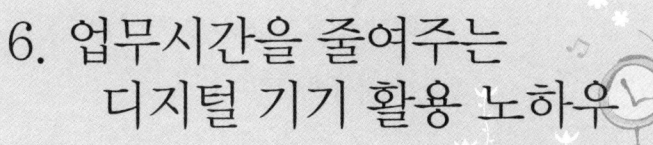

# 6. 업무시간을 줄여주는 디지털 기기 활용 노하우

● 손안의 만능 사무기기 PDA(personal digital assistants)

PDA는 휴대형 컴퓨터의 일종으로, 집이나 사무실에 있는 컴퓨터로 작성한 문서 파일을 집어넣고 이동하면서도 계속 작업이 가능하고, 전자수첩과 마찬가지로 개인 정보 관리나 일정 관리가 가능한 휴대용 개인정보 단말기를 말한다. 초기에는 계산이나 일정 관리 등 제한된 용도로만 사용되다가 정보통신 기술이 급속도로 발전하면서 '포스트 PC'의 대표적인 정보통신 수단으로 각광받고 있다.

요즘에는 손으로 쓴 정보를 직접 입력할 수도 있고, 컴퓨터를 통한 정보 교류는 물론, 온라인 주식거래나 전자상거래 등 무선인터넷의 모든 기능을 활용할 수 있다. 또 이동전화와 결합해 각종 교통정보를 알 수 있으며, 팩시밀리 기능도 수행하는 등 다양한 기능을 가지고 있다.

PDA의 기능이 점점 강화되면서 바코드 스캐너, 카드결제기 등 다양한 사무용 기능을 갖춘 제품들이 배송이나 재고관리 그리고 관련업무 등을 효율적으로 진행할 수 있는 장점이 있어 기업체마다 PDA를 공식적인 사무기기로 활용하고 있다. 일부 보험사들은 고객정보관리, 고객검색, 일정관리, 상담일지 관리, 기념일 검색, 자금계산서 처리 등의 각종 보험관련 업무를 보험설계사가 PDA를 이용해 현장에서 직접 처리할 수 있도록 하고 있다.

또한 삼성서울병원 등 몇몇 병원들도 환자의 진료기록과 병력, 처방은 물론 X-레이 등 영상 이미지와 그래픽 자료도 시간과 장소 제한 없이 의료진이 PDA로 입력하거나 검색할 수 있도록 시스템을 구축했다. 경찰도 PDA의 장점을 높이 평가, 교통·방범 경찰의 외근 단속 업무를 PDA를 통해 실시하고 있다.

이처럼 PDA가 다시 주목을 받는 이유는 노트북이나 컴퓨터보다 훨씬 휴대가 편리하지만 그렇다고 해서 기능이 떨어진 것도 아니며, 핸드폰과 마찬가지로 어느 때건 사용이 가능해졌으며, 특히 중요한 것은 다양한 소프트웨어와 어플리케이션(활용)이 가능하다는 것이다.

따라서 가벼운 단말장치를 하나 들고 다니면서 보험계약을 체결한다든지, 고객의 정보를 조회한다든지, 방문결과를 입력하거나, 발생문제점을 바로 본사의 컴퓨터로 전송을 한다든지 하는 일이 가능해짐에 따라 예전에는 전화로 문의하거나 보고 했던 일들이 바로 이루어지고 업무시간에 엄청난 시간을 절약할 수 있도록 도와주고 있다.

● 지름길을 찾아 주는 네비게이션(navigation)

네비게이션은 원래 항해라는 뜻을 가지고 있고 한문과 합성어로 자동 항법장치라고한다. 네비게이션을 최초로 사용한 나라는 미국이며 1978년 6개의 GPS(위성항법장치)위성을 쏘아 올려 해상이나 육상에서 정확한 위치정보를 얻고자 했다. 당시에는 위성의 수가 많지 않아 여러 가지 측면에서 제약이 많았지만 93년 12월이 되면서 24개의 위성망을 구축하게 됨으로써 24시간 이용이 가능하게 되었고 차량용 네비게이션이 상용화되기 시작하였다.

차량용 네비게이션은 몇 년 전까지만 해도 가격이 비싸 고급차를 구입할 때 TV 등과 함께 옵션으로 장착되는 것이 일반적이었다. 그러나 요즘은 30만~50만 원 대의 대중적인 제품이 등장하면서 빠르게 확산되고 있다.

네비게이션은 원래 길을 안내하는 장치로 사용되었지만 이제는 다양한 기능, 즉 DMB, 라디오, 게임, 가계부, 간단한 컴퓨터의 기능, 영화감상, 음악감상 등으로 다양하게 사용되고 있다. 그러나 가장 중요한 기능은 바로 길안내 기능이라고 할 수 있다.

모르는 길을 찾아가기 위해서는 미리 지도책을 충분히 찾아서 보고 현지에 가서도 물어물어 찾아서 잘 도착하기도 하지만 어떤 때는 목적지를 놔두고 빙빙 돌아서 결국에는 약속시간이 지나갔거나, 찾지 못해서 되돌아온 경우가 있을 것이다. 그러나 네비게이션이 있으면 얼마나 먼 거리인지 알 수 있으며, 도착가능시간, 비용 등을 다 알 수 있어서 서둘러 떠나지 않아도 약속시간에 늦지 않게 해준다. 결국 시간관리를 하고자 하는 사람에게 네비게이션은 길에 뿌리는 시간을 대폭 줄여 준다. 더욱이 차로 이동하는 거리가 먼 사람에게 네비게이션은 아주 유용한 기기라고 할 수 있다.

요즘에는 기술의 발달에 따라 네비게이션 기능에 TPEG기능을 추가하여 실시간 교통상황을 알 수 있으며 막히지 않는 길로 안내를 해준다. 운전하는 사람이라면 한번쯤은 이런 기기의 필요성을 느꼈을 것이다. 안전하고 빠르게 목적지에 도착하게 해주는 게 네비게이션의 목적이라면 TPEG기능을 갖춘 네비게이션은 바쁜 현대인에게 시간을 더욱 절약하게 해주는 문명의 이기라고 할 수 있다.

네비게이션의 길 안내 기능은 전방의 상황을 미리 대비할 수 있어서 안전운전에도 특효약이라고 할 수 있다. 이러한 전방에 대한 대처 능력은 운전을 하는데 있어 모든 정신을 집중하지 않아도 된다는 것을 의미한다. 이러한 때 차안에서 남은 정신적인 여력을 가지고 운전하면서 할 수 있는 일을 병행하면 시간을 더욱 많이 벌 수 있을 것이다.

● 손안에 핸드폰과 컴퓨터를 함께, 스마트폰(smart phone)

스마트폰은 인터넷 정보검색, 그림 정보 송·수신 등의 기능을 갖춘 차세대 휴대전화를 말한다. 스마트폰은 움직이는 작은 사무실과 같이 다양한 기능을 가지고 있어 바쁜 현대인들이 시간을 절약하게 하는 필수적인 기기로 자리를 잡고 있다. 휴대전화와 개인휴대단말기(PDA)의 장점을 합친 것으로, 휴대전화기에 일정관리·팩스 송수신 및 인터넷 접속 등의 데이터 통신기능을 통합시킨 것이다. 인터넷 정보검색은 물론 액정디스플레이에 전자펜으로 문자를 입력하거나 약도 등 그림 정보를 송·수신할 수 있다. 선택사양인 데이터 어댑터를 장착하면 일반 전화선으로도 데이터를 전송할 수 있다. 그러나 아직 제한된 메모리 환경 때문에 파일 시스템은 탑재할 수 없다.

한국에서는 LG정보통신과 삼성전자가 CDMA(코드분할다중접속) 방식의 디지털 휴대폰에 초소형 컴퓨터를 결합한 스마트폰을 개발하였다. 이것은 휴대폰으로 사용하는 외에 휴대형 컴퓨터로도 사용할 수 있고, 이동 중에 무선으로 인터넷 및 PC통신, 팩스 전송 등을 할 수 있는 것이다.

미국에서는 이미 사용자가 발음하는 단어를 그대로 인식해 이메일을 대신 작성해주는 스마트폰용 차세대 '음성인식' 서비스가 상용화되었으며, 더욱 편리한 어플리케이션을 제공하기 위한 경쟁이 치열해져가고 있다.

스마트폰은 특히 바쁜 비즈니스맨들에게는 없어서는 안 될 제품이라고 말해도 부족함이 없을 정도로 일정관리에서는 탁월한 능력을 보여주고 있다. 스마트폰의 장점을 말하자면 휴대폰보다는 크지만 기존의 PDA에 비해 작아서 이동성과 휴대성이 좋으며, OS가 장착되어 워드, 엑셀, 파워포인트, PDF 등 다양한 문서의 첨부파일까지 스마트폰으로 확인 가능하다. 그뿐만 아니라 다양한 프로그램을 사용할 수 있다. 또한 터치패드를 이용한 다양한 입력방식을 지원하며, 제품 업그레이드가 가능하다. 반면에 단점으로 지적되는 점은 아직까지 핸드폰에 비해 매우 높은 가격과 다양하지 못한 기기들, 빠른 배터리 소모, 핸드폰에 비해 무겁다는 점을 들 수 있겠다.

그러나 무엇보다 이 스마트폰은 일반 핸드폰과 같은 키패드 방식과 PDA같은 터치펜 입력방식을 모두 지원하며 컴퓨터 같이 업그레이드도 가능하므로 업무에 무궁무진하게 사용할 수 있다는 장점이 더 강하다.

● 명함 홍수시대의 명함관리 최강자 명함 스캐너

매일 쏟아지는 명함을 한번에 관리하게 해주는 명함 스캐너가 나와 인기를 얻고 있다. 명함 스캐너는 명함을 스캐너에 넣기만 하면 이름 주소 전화번호 이메일 등을 자동으로 저장해 주는 프로그램에 의하여 자동적으로 관리를 해 주어 명함관리에 들어가는 시간을 대폭 줄여준다. 뿐만 아니라 정리된 주소록을 마이크로소프트 아웃룩이나 휴대폰 문자메시지서비스(SMS)와 연계해 사용할 수도 있다. 인기있는 명함 스캐너를 보면 다음과 같다.

- 하이네임 3.0

하이네임 3.0은 PC에서 자체 스캐너로 명함을 읽은 뒤 명함의 이름 회사 부서 연락처 등 각종 문자를 인식해 정해진 각 항목에 자동으로 입력해 준다. 자판으로 따로따로 입력하는 번거로움을 덜 수 있다. 입력된 정보를 간단하게 검색할 수도 있다. 뿐만 아니라 자동 입력된 정보를 이용 이메일, 핸드폰 문자메시지(SMS)를 발송할 수도 있다. 또 명함 주소를 클릭하면 지도가 출력되기 때문에 처음 회사를 방문할 때에도 편리하게 위치를 찾을 수 있다.

- 엔터프라이즈

엔터프라이즈는 기업용 명함관리 소프트웨어로 기업체나 영업부서용이다. 업무상 서로의 거래처 명함을 공유할 필요성을 부각시켜 출시한 기업용 소프트웨어인 '하이네임 엔터프라이즈'는 회사의 중요한 영업 데이터인 명함을 통합적으로 관리할 수 있도록 했다. 따라서 중요한 영업 데이터인 명함을 개인적으로 관리하다 분실하거나 훼손될 걱정은 하지 않아도 된다.

뿐만 아니라 명함 공유 기능이 있어 영업 현장에서 언제든지 명함 서버에 접근해 명함을 관리할 수 있는 전사적 명함관리 프로그램이다.

### TIP 포토북을 이용한 아이디어 정리

아이디어를 낼 일이 많은 사람은 디지털카메라를 이용해 아이디어 포토북을 만들어보자. TV나 비디오를 보다가, 인테리어가 좋은 카페에서, 또는 전시회 포스터 등을 찍어 놓고 앨범이나 홈페이지에 저장해 아이디어가 필요할 때마다 훑어본다(정윤희 등 『정보의 달인』).

제 6장

## 시간관리 달인의 시간을 벌어 주는 일처리 노하우

1. 비전이 있어야 시간관리가 행복하다
2. 자신의 시간 사용 습관 정확히 알기
3. 바이오리듬을 고려하여 일을 배분하라
4. 데이사이클(Day cycle)을 고려하여 일을 하라
5. 미래에 다가올 일을 대비해서 일하라
6. 자투리 시간을 활용하라
7. 일의 우선순위를 정하라
8. 모든 일은 전략적으로 하라
9. 일의 습관을 바꿔라
10. 일에 대한 생각을 바꿔라
11. 멀티 플레이어가 되어야 한다

# 1. 비전이 있어야 시간관리가 행복하다

　**시간의 소중함을 모르는 사람은** 없을 것이다. 또한 어떤 일을 하든지 효과적으로 일을 하고 싶지 않은 사람도 없을 것이다. 열심히 일하고 충분한 여가를 보내고 싶지 않은 사람도 없을 것이다. 중요한 것은 사회가 발전하면 할수록 시간을 줄여주는 제도나 기계의 발명에도 불구하고 복잡하고 많은 일들이 생겨나 우리의 균형을 깨고, 시간을 빼앗고, 리듬을 잃게 한다는 것이다.

　그러나 아무리 바쁜 생활을 하여도 업무효율을 높이는 사람, 개인시간을 확보하는 사람, 자기계발에 시간투자가 충분한 사람에게는 우리들이 알지 못하는 시간관리 노하우가 있다. 이처럼 시간관리를 잘 하면 중요한 일을 하기 위한 시간을 마련할 수 있고, 경영진이나 중간 관리자로서의 업무를 처리하기 위한 시간을 마련할 뿐만 아니라, 절대 소홀히 할 수 없는 사생활을 위한 시간과 가족을 위한 시간을 마련할 수 있다.

　생산적인 시간관리를 위해서는 정확한 비전이 있어야 한다. 비전이 없는 시간관리는 시간만 효율적으로 사용할 수 있는 것이지 생산적이지는 못하다. 따라서 생산적인 시간관리라는 것은 성공하는 삶을 살고 싶다든지, 업무를 효율적으로 수행하고 싶다든지, 같은 시간에 더욱 많은 인간관계를 맺고 싶다든지, 돈을 많이 벌고 싶다든지…… 등과 같은 비전을 갖고 시간관리를 해야 한다.

비전이 없는 시간관리는 죽은 것과 다를 바가 없다. 비전이 있으면 시간관리에 정확한 목표가 있기 때문에 생산적인 시간관리를 달성하는 일이 고되고 힘들어도 즐겁다. 그러나 비전이 없으면 시간관리에 목표가 없으므로 재미가 없다. 또한 억지로 해야 한다는 수동적인 자세로 시간관리를 대하기 때문에 성과도 없다. 결국 비전이 없으면 시간관리는 즐겁지 못하지만, 비전이 있으면 자신의 꿈을 실현하기 위해서 시간관리를 해야 하기 때문에 행복해진다.

A와 B는 S대학교 사범대학 동창생이었다. A는 단순히 교사가 되고 싶다는 생각에 사범대학을 진학한 것이고, B는 대학원을 진학하고 박사를 해서 교수가 되고 싶다는 비전을 가지고 사범대학에 진학하였다. 결국 A와 B는 졸업하고 원하던 교사가 되었다. 그러나 B는 직장을 다니며 남는 시간을 활용하여 대학원을 진학하였고, 박사과정에 들어가서 7년을 더 공부하였다. 일상에 만족하고 있던 A는 B가 자투리 시간을 활용하여 공부하는 것이 이해되지 않았다. 그러나 B는 시간관리를 통해 자신의 비전 실현이 가까이 온다는 것을 느껴 그것이 고생이라고 생각하지 않았다. 결국 B는 원하는 교수가 되었다. 이들 두 친구는 중년이 되어서도 자주 만났다.

둘은 교육현장에 있으면서 교육의 문제점을 너무 잘 알고 있었다. 그러기에 교육의 현안 문제들을 해결하여 세상을 변화시켜 보고 싶은 비전이 생겨났다. A는 자신의 비전을 실현하고 싶었지만 오랜 세월 동안 시간관리를 해야 한다는 것을 알고 그는 시간관리로 인한 스트레스보다는 그냥 현실에 만족하는 삶을 살기로 결심하였다. 그러나 점차 A는 직장 생활이 안정되고 편안했지만 비전이 없었으므로 직장생활에 대하여 점점 싫증을 느끼게 되었다. 결국 A는 평범한 교사로서 만족하며 정년을 맞이하여 아무 일도 하지 않고 사람들의 뇌리에서 잊혀져 갔다.

반면에 B는 교육문제를 해결하기 위하여 시간관리를 통해 자신의 비전을 주변에 알릴 뿐만 아니라 정부에 제안을 하거나 연구와 저서를 통해서 교육문제를 지적하고 해결방법을 제안하였다.

사람들은 B의 견해에 대하여 주목하였고 그의 이야기를 듣고자 하는 사람과 존경하는 사람이 증가했다. 결국 B는 교육계에서 덕망 높은 학자로서 정년을 맞이할 수 있었다. B는 퇴직 후에도 사회에 공헌한 일들로 인하여 끊임 없이 사회로부터 필요한 존재가 되었으며 지금도 바쁜 생활을 구가하고 있다.

A와 B의 차이가 무엇일까? 그것은 비전이 있느냐 또는 없느냐의 차이이기도 하며, 시간관리를 성공했느냐 또는 실패했느냐의 차이였다. A는 비전이 없었거나 작았다. 그러나 B는 비전이 있었으며 컸다. 이처럼 비전의 차이에 의하여 인생의 시간관리에 성공하게 되면 시작은 같았지만 결과는 큰 차이를 만들어 준다. 여러분들은

비전이 있는가? 여러분은 비전이 주는 시간관리의 행복을 느껴 보셨는가? 아직 비전이 주는 시간관리의 행복을 느껴보지 못했다면 비전을 가져보라. 매일 아침이 유난히 찬란해 보일 것이다.

## 2. 자신의 시간 사용 습관 정확히 알기

● **시간사용에 따른 유형분류**

생산적인 시간관리를 위해서는 자신의 시간 사용 습관을 정확히 알아야 한다. 자신의 시간 사용 습관을 정확히 알지 못한다면 어떻게 시간관리를 해야 하는지도 알 수 없다. 따라서 지금까지 내게 주어진 24시간을 어떻게 사용하고 있는지를 정확히 분석해 보면 자신의 시간 사용계획이 효율적인지, 효율적이지 않은지를 정확히 알 수 있다. 또한 자신의 자투리 시간과 가장 많이 집중하여 시간을 보내는 업무에 대하여 알 수 있다. 자신의 장단점을 충분히 분석하여 장점은 계속 부각하고 단점은 집중적으로 보강해 나간다면 성공적인 시간관리를 할 수 있다.

| 24시간형 | 16시간형 |
|---|---|
| 중요하지 않은 일은 분배해서 한다. 시간을 나누어서 업무를 배정하여 집중한다. 동시에 여러 가지 일을 같이 진행한다. 모든 일을 신속하고 정확하게 처리한다. 모든 일에는 계획을 세워 한다. 일은 분명한 마감시간을 가지고 한다. 바로 결정하고 바로 실천한다. 머리로 하는 일을 주로 한다. 한번 일에 빠지면 끝장을 본다. 창의성이 높으며 항상 새로운 일에 도전한다. 시키는 일보다는 알아서 하는 것을 좋아 한다. 아무 곳에서나 일할 수 있다. 1달의 계획을 세워 실행한다. | 모든 일을 혼자 처리한다. 시작한 업무는 끝내고 다음 업무를 시작한다. 한 번에 한 가지만 진행할 수 있다. 모든 일을 신속하게는 하지만 정확성이 부족하다. 무계획적으로 닥치는 대로 일을 한다. 마감시간을 지키려고 노력한다. 결정하는 데 고민을 하지만 결정되면 바로 실천한다. 머리와 손으로 하는 일을 주로 한다. 한번 일에 빠지면 끝장을 본다. 새로운 일을 좋아한다. 시키는 일이나 알아서 하는 일 모두를 좋아한다. 조용한 곳에서 일하는 것을 좋아한다. 1주일의 계획을 세워 실행한다. |

| 8시간형 | 0시간형 |
|---|---|
| 모든 일을 나누어서 하고 싶어 한다. 시작한 업무는 꼭 그날 끝내지 않아도 된다. 한 번에 한 가지는 할 수 있다. 일을 신속하게 처리하지는 못하지만 정확하게 처리한다. 주어지는 대로 일을 한다. 마감시간을 지키려고 노력하지 않는다. | 남에게 일을 미루는 일이 많다. 장시간 집중이 안 된다. 한 번에 한 가지도 잘 못한다. 일을 신속하게도 하지 못하지만 정확성도 부족하다. 느리고 편한 일정이 좋다. 일에서 벗어나고 싶다. 마감시간을 안 지킨다. |

| | |
|---|---|
| 결정과 실천에 시간이 걸린다.<br>손으로 하는 일을 주로 한다.<br>일에 잘 몰두하려고 노력한다.<br>새로운 일은 두렵다.<br>시키는 일을 좋아한다.<br>여럿이 있는 일하는 것을 좋아한다.<br>하루의 계획을 세워 실행한다. | 일하는 데 뜸을 들인다.<br>일에 몰두가 잘 안 된다.<br>시키는 일만 한다.<br>아무 곳에서나 일한다.<br>몸으로 하는 일을 즐긴다.<br>아무 계획도 세우지 않고 닥치는 대로 산다. |

### - 24시간형 인간(시간창조형)

24시간형 인간은 시간을 창조해가는 사람들로 자신에게 주어진 한정된 24시간을 효율적으로 사용하여 24시간 이상의 효과를 내는 사람을 말한다.

24시간형 사람들의 시간관리 특징을 보면 항상 긍정적이며, 에너지가 넘치고, 빈틈없는 시간계획을 통해 비전과 목표, 행동을 실천해 나간다. 또한 소중한 것을 가장 먼저 하고 남는 시간은 창조를 위하여 문화생활을 즐기고 인간관계에 투자한다. 그래서 이들의 특징을 보면 하루가 24시간이 아니라 25시간이 될 수도 있고, 48시간이 될 수도 있다.

24시간형 인간은 생활면에서도 적극적이면서도 능동적으로 사고하고 행동하며 자신의 목표를 꼭 달성하는 진취적인 사람이다.

24시간형 인간은 남들이 보면 항상 바쁜 것 같은 삶을 살지만 시간을 효율적으로 사용하여 남은 시간을 가지고 있기 때문에 늘 여유가 있고, 자신이 하고 싶은 모든 것을 다 하며 살아가는 사람들이다. 단적으로 말해 이들은 시간을 잘 쓰는 사람이다.

- 16시간형 인간(시간절약형)

16시간형 인간은 8시간 회사의 업무 이외에도 8시간을 효율적으로 활용하고 8시간을 자는 사람을 말한다. 16시간형 인간은 최대한 자신에게 주어진 시간을 절약하여 시간에 자신의 생활을 맞춰나가는 형으로 나름대로 짜임새 있게 살아가는 사람이다.

16시간형 사람들의 시간관리 특징을 보면 남들과 같이 일하기보다는 혼자 일하는 경우가 많으며, 일에 몰두하며, 일에 대한 생산성이 높으며, 시간사용계획을 완벽하게 작성하고, 효과적이다. 그야말로 우리 주변에 볼 수 있는 정신없이 바쁘게 사는 사람을 말한다.

그러나 16시간형은 일에 빠져 살기 때문에 다른 취미생활이나, 가족과 시간 함께 보내기, 인간관계가 부족한 경우가 많은 사람이다.

- 8시간형 인간(시간소비형)

8시간형 인간은 하루에 8시간만을 일하고 나머지 16시간을 제대로 활용하지 못하고 빈둥대면서 살아가는 사람으로 16시간이 남아도는 사람이다. 16시간을 생산적인 데 쓰지 못하고 허비하는 형으로 시간소비형 인간이라고도 한다.

8시간형 사람들의 시간관리 특징을 보면 자신의 가치와 목표에 따라 소중한 일에 초점을 정확히 파악하지 못하고, 중단돼 있는 긴

급한 일을 처리해야 한다. 이 사람들은 계획을 세우는 방식부터 개선해야 한다. 일의 우선 순위를 정하고, 세부적인 것에서부터 시작해 결정된 사항을 추진력 있게 진행해야 한다.

8시간형 인간은 왜 살아야 하고, 왜 바빠야 하는지 등 인생의 목적이나 의욕이 전혀 없는 사람들이다. 그저 어제와 같이 편안한 내일이 되면 좋겠다는 바람으로 사는 보통의 사람이다. 시간적 여유는 많은데도 불구하고 마음은 쫓기는 편이라 일이 떨어지면 바쁜 척하고 허둥대는 형이다.

- 0시간형 인간(시간파괴형)

'시간파괴형'은 자신에게 주어진 시간을 제대로 활용하기는 커녕 시간관념이 없어 자신의 시간은 물론 남의 기간마저 죽이는 사람들이다. 이들의 이런 자세는 남에게 엄청난 피해를 준다.

이런 사람은 시간과 인생 관리를 위해 계획 과정에 들어갈 것을 강력히 권장한다. 닥치는 대로 일하는 습성을 버리고, 계획에 따라 일을 처리함으로써 효율성을 높여야 한다.

● 시간사용을 위한 나의 SWOT분석

자기 자신의 시간 사용 습관을 정확히 알기 위해서는 자신의 상태와 환경을 종합적으로 분석해야 한다. 그러나 단순한 생각만으로 자신의 시간 사용을 분석하다 보면 주관적으로 분석하기 때문에 다른 사람들의 생각과는 다른 내용으로 자신을 분석할 수 있다. 따라서 객관적 분석이 필요한데 이러한 객관적인 분석을 위해서 필요한 것이 SWOT분석이다.

스와트(SWOT)는 원래 마케팅에서 주로 사용하는 방법으로 자신의 강점(Strength)·약점(Weakness)과 환경의 기회(Opportunity)·위협(Threat) 등의 단어에서 영문 머리글자만을 따서 붙인 것이다. SWOT분석은 단어의 뜻 그대로 자신의 능력에 대하여 강점·약점을 분석하고 환경의 기회·위협을 분석하는 것이다.

나의 강점 요인으로 나의 장점은 무엇인가, 시간적으로 여유가 있는가, 자투리 시간은 있는가, 내가 잘할 수 있는 것은 무엇인가, 나의 재능은 무엇이 있는가, 내가 잘하는 것은 무엇인가 등을 분석하는 것이다. 반대로 나의 단점요인은 강점 분석 사항 중에서 그렇지 못한 부분을 분석하는 것이다. 기회요인으로 주변은 어떤가, 회사의 발전 가능성은, 자신이 하는 일의 전망과 동향은, 나에게 찾아온 기회요인 등을 분석하는 것이다. 반대로 위협요인은 기회요인 사항 중에서 그렇지 못한 부분을 분석하는 것이다.

나의 강점과 약점을, 환경의 기회와 위협을 대응시켜 나의 목표를 달성하려는 SWOT분석에 의한 전략의 특성은 다음과 같다. ① SO 전략(강점-기회전략):환경의 기회를 활용하기 위해 강점을 사용하는 전략을 선택한다. ② ST 전략(강점-위협전략):환경의 위협을 회피하기 위해 강점을 사용하는 전략을 선택한다. ③ WO 전략(약점-기회전략):약점을 극복함으로써 환경의 기회를 활용하는 전략을 선택한다. ④ WT전략(약점-위협전략):환경의 위협을 회피하고 약점을 최소화하는 전략을 선택한다.

#### SWOT분석의 예

| Strength(강점) | Weakness(약점) |
|---|---|
| 한번 시작한 일은 끝장을 본다. 한꺼번에 여러 가지 일을 할 수 있다. 무엇이든 붙들면 끝장을 본다. | 직장을 다녀 시간이 부족하다. 인간관계에 시간이 많이 소요된다. 시키는 일만 하려고 한다. |
| Opportunity(기회) | Threat(위협) |
| 회사에서 고급인재에 대한 요구 증가 회사가 계속적으로 발전하고 있다. 내가 맡은 업무가 더욱 많아지고 있다. | 회사 내에서 직위가 위태롭다. 새로운 기술의 보급으로 새롭게 일을 배워야 한다. 승진시험이 곧 있다. |

SWOT 분석의 결과 얻어진 것 중에서 전략을 도출하고, 도출된 전략 중 목적달성의 중요성, 실행가능성, 차별성을 고려하여 성공할 확률이 높은 것을 중점전략으로 선정한다.

이러한 자신과 환경에 대한 분석은 현재 나의 시간 사용은 어떠한지를 알고, 나의 자투리 시간에 무엇을 해야 할지를 아는 데 도움이 된다. 자신의 능력이나 상황을 넘는 시간관리는 자신을 쉽게 지치게 하고 자신의 시간관리 능력에 모자라는 목표는 자신을 나태하게 만들기 때문이다.

이처럼 자기가 원하는 생산적인 시간관리를 달성하도록 도와주는 도구가 바로 자신에 대한 정확한 분석이라고 생각하여도 좋다. 정확한 분석은 정확한 시간관리 목표를 만들어주며, 시간관리 목표를 달성하려는 의지를 더욱 효과적으로 만들어주기도 한다. 그러다 보면 여러분들은 어느새 원하는 시간관리의 전문가가 되어 있는 것을 체험하게 된다.

## 3. 바이오리듬을 고려하여 일을 배분하라

**1906년 독일의 의사 프리즈는** 환자들을 치료하면서 환자들의 출생일을 기점으로 하여 통계를 바탕으로 신체리듬, 감성리듬, 지성리듬·세 가지가 변화를 보임으로써 인간의 컨디션 및 삶에 영향을 미친다는 것을 발견하여 이를 체계적으로 정립하여 환자들의 치료에 많은 응용을 한 것으로 알려진다.

처음에는 환자의 치료목적이 주가 되었던 바이오리듬은 점차 일상생활에 도입되어 응용되었으며, 시간관리에서도 매우 중요하게 응용할 수 있다.

바이오리듬의 구성요소 중 먼저 신체리듬(physical)은 신체가 얼마나 외부의 물리적인 변화에 잘 적응하고 이겨내는가를 나타내는 것을 말하며 23일 주기로 최고가 된다. 감성리듬(emotional)은 인간의 감정을 나타내는 것으로써 자신의 기분이나 상태를 알아볼 수 있는데 28일 주기로 최고가 된다. 지성리듬(intellectual)은 인간의 두뇌활동을 알아볼 수 있는 것으로 33일 주기로 최고가 된다.

우리가 똑같은 일을 함에 있어서도 어떤 때는 일이 술술 잘 풀려 나가지만 어떤 때는 일이 지지부진하게 잘 안 풀리는 경우도 있다. 이처럼 일이 유난히 잘 풀리는 경우를 보면 바이오리듬이 유난히 높은 때인 경우가 많다. 또는 세부적으로 일의 성격에 따라 몸으로 하는 것이라면 신체리듬이 좋은 때고, 창조적이거나 예술적인 것이라면 감성리듬이 높은 때이고, 지적으로 높은 집중력을 보이는 때라면 지성리듬이 높은 때이다. 물론 바이오리듬을 구성하는 신체리듬, 감성리듬, 지성리듬 세 가지가 가장 높은 때는 무슨 일을 해도 가장 높은 효율성을 가져다준다.

바이오리듬은 월 단위로 주기적으로 찾아오기 때문에 월 단위 계획을 세울 때 바이오리듬을 고려하여 신체리듬이 높을 때는 몸으로 하는 일을 집중적으로 할 수 있도록 배정하고, 감성리듬이 높을 때는 창조적이거나 예술적인 일을 집중적으로 할 수 있도록 배정하고, 지성리듬이 높을 때는 지적으로 높은 집중력을 일을 집중적으로 할 수 있도록 배정하는 것이 좋다.

이처럼 바이오리듬을 고려하여 일의 성격을 분류하여 배정하면 배 이상의 속도로 일을 처리할 수 있으며, 능률도 높게 나타나 많은 시간을 벌 수 있게 된다. 바이오리듬을 구성하는 신체리듬과 감성리듬과 지성리듬이 높아지는 기간은 통상 10일 이상이 되므로 일의 성격에 따라 잘 배정하면 2~3일 걸릴 일도 하루 만에 끝낼 수 있다.

자신의 바이오리듬을 정확히 알고 일을 배정하고 싶으면 인터넷 포털사이트 검색 창에 '바이오리듬'이라고 검색하면 자신의 생년월일만 입력하면 바이오리듬을 알 수 있는 곳이 많다.

## 4. 데이사이클(Day cycle)을 고려하여 일을 하라

**사람에게 1달 주기로는** 바이오리듬이 있다면 하루 주기로는 데이 사이클이 있다. 원래 사이클(cycle)은 순환과정을 말하는데 경영학에서는 어떤 신제품을 개발하여 시장에 선을 보이면 그 상품이 도입기·발전기·성숙기·포화기·쇠퇴기라는 각 단계를 거친다는 의미로 많이 쓰인다.

사람의 신체에도 사이클 곡선이 있다. 사람에게 있어 시간에 관련하여 사이클을 정의해 보면 일을 시작할 수 있는 도입기, 일에 능률이 점점 높아져 가는 발전기, 일에 능률이 가장 높은 성숙기, 일에 대해서 피로감을 느끼는 포화기, 일을 해도 효율성이 전혀 오르지 않는 쇠퇴기가 있다고 할 수 있다.

그래서 하루는 똑같은 24시간으로 구성되어 있지만 어떤 때는 유난히 일이 잘 진행되는데 비하여 어떤 때는 일의 능률이 오르지 않거나 오히려 능률이 떨어져서 일이 잘 되지 않는 경우가 있다. 이는 데이사이클을 무시하고 일을 진행하기 때문이다. 따라서 데이사이클을 고려해서 일을 처리한다면 일을 효율적으로 처리할 수 있기 때문에 시간을 벌 수 있지만 데이사이클을 고려하지 못한다면 일은 계속 붙잡고 있지만 일의 진척은 없는데 시간만 보내는 역효과를 가져올 수 있다.

그런데 사람에 따라서는 일의 능률이 가장 높은 성숙기가 매우 다르다. 한때 '아침형 인간'이라는 책이 베스트셀러가 되어 시중에 판매될 때만 해도 아침형 인간처럼 일찍 일어나 아침 시간을 잘 활용하면 성공할 수 있다는 생각에 많은 사람이 따라서 해보았지만 결과는 오히려 역효과가 난 경우가 많았다. 저녁에 일의 능률이 높은 저녁형 인간이나 늦은 밤에 일의 능률이 오르는 심야형 인간이 자신의 오랜 습관을 버리고 하루 아침에 아침형 인간이 되니 오히려 아침의 시간이 너무 피곤하기만 하였기 때문이다. 따라서 데이사이클을 고려하려면 우선 자신의 하루 일과 중에서 어떤 때가 가장 일의 효율성이 높은 시간인가를 정확히 분석할 줄 알아야 한다.

저자의 경우에는 낮에는 강의와 학교 일에 모든 시간을 배려하다

퇴근하고 나서부터는 자기개발을 위해 책을 읽거나 책을 내기 위한 원고를 쓴다. 통상 저녁 9시 경에 집에 돌아오게 되면 씻고, 밥 먹고, 가족과 대화를 잠시하다 10시부터 일을 준비하면서 워밍업을 한다. 밤 11시를 넘겨서 남들이 다 잠에 들어 아무도 방해를 하지 않는 때부터 일에 발전기가 되어, 자정 12시가 되면 성숙기가 시작되고, 새벽 2시 경이 되면 피로가 오기 시작하여 포화기가 되며, 새벽 3시를 넘기면 피로가 극심해져 쇠퇴기가 온다. 그래서 저자는 통상 3시를 넘겨 잔다. 당연히 늦게 잠을 자기 때문에 아침에 7시 경에 일어나면 일어나는 것부터 힘이 들고 출근하는 아침에는 비몽사몽인 경우가 많다. 그러나 출근해야 한다는 강한 의지로 차를 몰고 나오면서부터 정신을 차리게 되고, 학교에 도착하면 앉자마자 데이사이클에 관계없이 정신을 집중하여 일을 시작한다.

저자의 친구 중 창조적인 일에 종사하는 친구는 초저녁에 잠에 들어서 새벽 2시부터 일어나 준비기를 갖고 3시부터 본격적인 작업을 하다 8시 경이 되면 피로가 쌓이고, 출근을 준비한다. 반면에 어떤 친구는 출근해서 회사에 앉아야만 9시부터 준비기를 갖고, 10시부터 발전기, 11시에 성숙기를 맞고 12시부터 포화기를 느끼고, 쇠퇴기를 맞는 13시에는 식사를 한다. 이처럼 사람에 따라 일의 효율성이 높은 시간대는 다 다르다.

아침형 인간은 아침에 가장 중요하고 집중도가 높은 일을 해야 하며, 점심형 인간은 점심에, 저녁형 인간은 저녁에, 심야형 인간은 심야에, 새벽형 인간은 새벽에 해야 한다. 자신의 신체리듬을 깨고 남들이 좋다는 방식을 따라 해서는 안된다. 아무리 효율성이 높은 시간관리라고 해도 자신에게 맞지 않으면 오히려 자신의 업무 처리에 있어서 비효율적이 되기 쉽기 때문이다.

## 5. 미래에 다가올 일을 대비해서 일하라

미래는 눈을 감고 있어도 언젠가는 현실로 실현된다. 성공하는 기업일수록 미래에 대한 예측을 통해 기업에 다가올 위협과 기회요인이 무엇인지를 알아내어 위협요인을 줄이고 기회요인을 통해 미래의 성장 가능한 부분으로 진출한다. 비즈니스 환경에서 남들과 다른 시간대를 사전에 공략함으로써 이른바 블루오션을 형성시킬 수 있다. 미래를 바로 눈 앞의 현실로 인식하는 기업만이 미래를 선점하고 지속적인 경쟁 우위를 확보하게 될 것이다.

개인도 일을 효율적으로 진행하기 위해서는 일을 무턱대고 진행하기보다는 장기적인 목표를 세워서 해야 한다. 예를 들어 지금은 정신없이 일만 하다가 미래에 다가온 어려운 환경 때문에 결국은 공들여 해온 일을 그만 두어야 할 때가 종종 있다. 저자도 한때 여행자유화와 함께 태국을 여러 번 다닌 경험을 가지고 있어 태국여행 안내서를 출판해야겠다는 생각에 깊은 생각을 하지 않고 6개월간 5차례에 걸쳐 태국의 동서남북을 샅샅이 다녀 사진을 찍고 자료를 정리하여 원고를 다 작성하였는데 벌써 남들이 태국여행 안내서를 출간해서 시장진입에 실패를 한 적이 있다. 여행자유화가 되어서 남들도 태국을 많이 여행 다닐 것이고 누군가 책을 쓸 것이라는 생각을 하지 못했기 때문에 6개월 동안 많은 비용을 들여 했던 노력은 헛수고가 되고 말았다.

미래를 예측한다는 것은 미래에 자신에게 찾아 올 일이 무엇인가를 예측하는 것이다. 예를 들면, 가족의 외국 여행, 대학원 진학, 승진, 경제적 상황, 시간적 여유 등이다. 이런 일들은 지금하고 있는 일들에 상당한 영향력을 행사할 수 있기 때문에 미래를 예측할 수 있는 능력이 많아질수록 일에 대처할 수 있는 능력이 높아진다. 지금하고 있는 일이 미래에도 가능한 일인지 아닌지, 또 미래에 지금하고 있는 일을 방해할 만한 일들로는 어떤 일이 있을지 등을 생각해야 한다. 지금 당장 처리해야 하는 문제에만 급급해 미래에 다가올 일이나 변화에 신경을 쓰지 못한다면 끝이 없이 쳇바퀴를 돌려야 하는 다람쥐와 같은 신세에서 벗어날 수 없다.

따라서 미래에 다가 올 일을 대비해야 한다는 것은 "나의 능력이나 상황을 정확히 인식한 상태에서 미래에 내게 다가올 일이 무엇인지를 알고 그에 대한 대책을 만들어야 하는 것"을 의미한다.

미래 예측의 필요성을 인식하기 위해서 10년 전 자신으로 돌아가라는 얘기가 있다. 10년 전 자신의 수준과 지금을 비교해보고 자신이 살아가야 할 목표를 떠올리게 되면 앞으로 10년 후의 급격한 변화와 대응의 필요성을 깊이 절감하게 될 것이다.

## 6. 자투리 시간을 활용하라

**N과 J는 같은 회사 동기다.** 둘은 일하는 스타일이 달랐지만 항상 일에 쫓기며 살기 때문에 정신적 여유가 없다. N은 일의 우선순위를 결정할 때 큰일을 가장 먼저 하는 습관이 있었다. 큰일은 나름대로 일을 한 보람이 들기 때문에 큰일을 즐겨하였다. 큰일을 다하고 나서 작은 일을 해야겠다고 생각하였다. 그러나 큰일만 하게 되면 작은 일은 눈에 차지 않기 때문에 큰일만 하게 되고 결국 작은 일은 점차 쌓여 가게 되어 정신적으로 여유가 없게 되었다.

반대로 J는 작은 일을 가장 먼저하고 나중에 큰일을 하는 습관이 있었다. 작은 일만 하다 보니 시간이 조각조각 나서 오히려 시간이

나지 않았다. 그러다 보니 항상 시간이 부족해 큰일은 생각도 하지 못하고 있다.

두 사람의 예를 통해서 배울 수 있는 교훈이 하나 있다. 그것은 바로 일을 할 때는 작은 일과 큰일을 골고루 해야 한다는 것이다. 큰일을 먼저 하되 중간 중간 자투리 시간을 이용하여 작은 일을 하는 습관을 갖는다면 자기가 원하는 목표를 도달하는 데 도움이 된다.

생각해보면 우리는 정말 쓸데없이 소비하는 시간들이 많다. 어떤 이는 이렇게 소비하는 시간이 일하는 시간보다 많은 사람도 있다. 하루에 쓸데없이 보내는 시간들을 자투리 시간이라고 한다면 우리가 이러한 자투리 시간을 모아서 쓴다면 엄청난 시간을 재투자할 수 있는 시간이 될 것이다.

식사를 할 때도 걸어 다닐 때도 화장실 가서도 막연한 상상만 할 것이 아니라 자투리 시간을 어떻게 활용하면 좋을지를 고민해보라. 그리고 자리에 앉기만 하면 바로 일이나 자기계발을 해보라. 이미 무엇을 할지 얼마나 할지를 생각하였기 때문에 밀도있게 시간을 사용할 수 있다. 그럼 하루 24시간이 길다는 생각과 함께 남는 시간을 생산적으로 사용하려고 할 것이다. 그럼 아무것도 하지 않았던 때보다 훨씬 많은 것을 얻게 될 것이다.

● 걸어 다닐 때도 일을 정리해라.

사람이 하루를 살다보면 걷는 일은 항상 있게 마련이다. 화장실을 가거나 식당을 가거나 등등 아무리 차를 타고 다녀도 최소한의 걸음을 하게 된다. 걸어 다니는 일처럼 사람을 한 가지 일에만 몰두하게 하는 일도 없다. 왜냐하면 걷는 동안에 다른 데 신경을 써버리면 사람이나 장애물과 부딪히기도 하고 길을 잘못 들 수도 있기 때문이다. 그래서 오직 걷는 일에만 몰두하게 된다. 그러나 그렇다고 오직 걷는 일에만 몰두하기에는 너무 아까운 것이 걷는 데 드는 자투리 시간이다.

그러나 걷는 데 드는 자투리 시간도 생산적으로 활용할 수 있는 방법이 있다. 즉 걸으면서 다른 일을 하기는 어렵지만 생각은 할 수 있다는 것이다. 그러나 생각도 자유로운 생각으로만 끝난다면 걸음을 걷는 동안은 무의미할 수 있다. 따라서 일을 줄이거나 일을 효율적으로 진행하는 방법에 대하여 생각한다면 걷는 동안의 자투리 시간은 생산적으로 활용할 수 있다. 즉 "내가 지금하고 있는 일을 더 잘 할 수 있는 방법은 무엇일까?", "바로 도착하자마자 어떤 일부터 시작해야 하는가?", "일을 시작하려면 어찌해야 할까?", "일을 시작하기 위해서는 무엇을 준비해야 하는지?"를 생각하면서 걷다 보면 의외로 생산적인 시간관리를 할 수 있다.

걷는 동안 쓸모없이 보내는 자투리 시간에 일을 정리하는 생각을 하면서 도착하면 바로 일을 효율적으로 진행할 수 있기 때문에 쓸모없는 자투리 시간이 생산적인 시간으로 변하게 할 수 있다.

● 운전하는 시간만 활용하면 일이 다 해결된다.

저자는 일산에서 용인까지 출퇴근을 한다. 따라서 아침 출근시간에는 2시간이 걸리고, 저녁에는 1시간 반 정도가 걸린다. 결국 하루에 3시간 반 이상을 차안에 있게 된다. 처음에는 운전하다 보면 차가 막혀서 너무 짜증이 나 아침부터 매우 피곤했었다. 그러나 어느 순간부터 이렇게 귀한 시간을 쓸모없는 시간으로 만들면 안 된다는 생각이 들었다.

그래서 운전하는 자투리 시간을 어떻게 효율적으로 사용할 수 있을까를 고민해보았다. 그 결과 다음과 같은 시간관리 방법을 터득하게 되었다. 이러한 시간관리 방법 때문에 올해로 4년째인 나의 출퇴근 시간은 오히려 너무 짧다는 생각이 든다.

저자는 집에서 나오면서, 차에 타기 전까지 차에 타자마자 누구에게 전화를 할까를 결정한다. 그리고 차에 타자마자 2시간 내내 내가 만나야 할 사람들에게 전화를 걸어서 웬만한 대화를 다 해버렸다. 대화를 하다 보면 굳이 만나지 않아도 해결할 수 있는 일이 많다는 것을 알게 되었다. 사람을 만나면 실제로 업무와 관련된 대화는 고작 만나는 시간의 20%를 넘지 않고 나머지는 인사를 나누거나 신변잡기에 관련된 내용이 주를 넘길 때가 많다. 따라서 운전하는 동안 전화를 통해 일을 처리하면 쓸데없는 인간관계에 드는 자투리 시간을 소비하지 않게 된다. 따라서 지루한 자투리 시간을 즐겁게 보낼 수 있다는 점은 물론이고, 일을 처리할 수 있는 속도가 빨라져 예전보다 시간이 남아서 생산적으로 시간을 활용할 수 있게 된다.

전화를 걸 일이 없을 때는 운전하면서 영어 테이프나 자기계발에 관련된 강의 테이프를 듣는다. 매일 출퇴근하는 2시간 동안 강의를 들으면 학원을 다니는 것과 똑같은 효과가 생긴다. 저자는 이렇게 운전하면서 얻은 지식을 통해 자기계발은 물론 강의에 사용할 수 있게 되었다. 인터넷을 검색해 보면 자기계발에 관련된 MP3 자료가 많다. 또한 평상시에 관심있는 것을 녹음해서 운전할 때 듣는 습관을 가지면 운전하는 데 드는 자투리 시간을 효율적으로 사용할 수 있을 것이다.

운전하는 도중에 제일 참기 힘든 시간은 차가 막히는 시간이다. 차가 막힐 때는 어떻게 해야 할지를 몰라 안절부절하는 경우가 많다. 그러나 아무리 안절부절한다고 해서 목적지까지 빨리 갈 수 있는 방법은 없다. 따라서 차가 막히는 경우에는 막연히 길이 뚫리기를 기다리지 말고 책을 읽는 습관을 가져보자. 물론 조금씩 지속적으로 서행하는 경우에는 독서가 어렵지만, 가끔은 정체가 지나쳐 조금가다 오랫동안 멈추는 경우에는 독서를 한다면 하루에 1시간씩 독서하는 효과를 가져온다.

또한 차가 도착지에 도착할 때쯤이면 도착해서 해야 할 일을 어떻게 시작하거나 처리할 것인지를 미리 그려보면 상당히 효율적으로 시간을 사용할 수 있다. 저자는 운전을 하다 목적지에 다가오면 사람을 만나는 경우에는 어떻게 대화를 시작할지를 고민하였고, 사무실에 들어갈 때는 도착하자마자 어떤 일을 바로 시작할지를 생각하였고, 강의를 갈 때는 오늘은 무슨 강의를 하고, 어떻게 시작할지를 고민하였다. 그러다 보면 차에서 내리자마자 본격적인 일을 바로 시작할 수 있었고 일의 성과도 매우 높았다.

● 버스나 전철을 타고 다니는 시간만 활용해도 성공한다.

직접 차를 운전하지 않는 대부분의 직장인들은 집을 떠나 직장까지 버스나 전철을 타고 도달하는 출근시간으로 족히 1시간은 잡는다. 왕복이면 하루에 2시간, 일주일이면 10시간, 1년이면 521시간, 날짜로 따지면 22일로 거의 한 달에 가깝다. 일생동안 직장을 다니는 사람이라면 자기 인생의 1/12 정도를 버스나 전철 안에서 보내는 것이다. 차 안에서 아무 일도 하지 않고 가만히 목적지만 기다리게 되면 자투리 시간을 버리게 되는 것과 같다. 따라서 차를 타고 다니는 출퇴근 시간의 자투리 시간을 이용하여 생산적인 일에 투자한다면 엄청난 효과가 생기게 된다.

우리나라 전철이나 지하철을 탄 외국인들은 종종 한국인의 전철이나 지하철의 풍경에 의아해 한다. 모든 사람이 눈을 감고 있거나 자기 때문이다. 그래서 한국인은 너무 심하게 일을 하기 때문이라고 생각한다. 반면에 일본 사람들은 모두 차를 타면 신문을 읽거나 독서를 한다.

차를 타는 것은 목적지에 가기 위한 수단이라고만 생각하지 말고, 이제 적극적인 생각을 가지고 수단을 이용하여 목적을 만드는 것이다. 즉 차를 타는 것은 목적지에 도착하게 하기도 하지만 자기계발하는 데 중요한 시간이 된다고 생각해보자. 시간이 없다고 자기계발을 소홀히 하는 사람들은 생각을 바꾸어야 한다.

이제 차를 타는 것을 교통수단으로만 보지 말고 버스나 전철 안에서도 독서를 하는 것이다. 연습이 되지 않은 사람은 혼란스러워서 하기 힘들지도 모른다. 그러나 재미있는 만화책이라도 보는 연습을 통해서 습관이 되면 버스나 전철 안은 나의 독서실이 된다.

요즘 나오는 책들은 딱 잡으면 2시간이면 읽을 수 있는 책들이 많다. 매일 출근 때는 책을 읽어보자. 그럼 한 달이면 20권, 1년이면 240권, 10년이면 2,400권을 읽게 된다. 이렇게 자투리 시간을 이용하여 책을 읽는다면 바로 당신은 10년 뒤에는 몰라볼 정도로 성공의 길을 가고 있게 될 것이다.

● 휴식 시간을 너무 오래 동안 갖지 않는다.

세상의 모든 생명체는 일정한 활동 뒤에는 반드시 쉬도록 되어있다. 생명체뿐 아니라 기계도 마찬가지다. 하물며 이 세상의 모든 동물 중에서도 가장 정교한 내부 조직과 체계를 지닌 인간은 더욱 그러하다. 특히 정신을 집중하여 일을 하는 도중이나 일을 완료하게 되면 잠시의 휴식을 원한다. 휴식은 사람을 여유롭게 하기도 하고 새로운 활력을 가져다준다. 또한 충분한 휴식을 취해야만 육신과 영혼이 최상의 상태에서 최고의 능률적인 활동을 다시 시작할 수 있게 된다. 따라서 휴식은 우리의 일을 더욱 효율적으로 하는데 꼭 필요한 요소라고 할 수 있다.

그러나 휴식이 길어지면 길어질수록 타성에 젖게 되고 나태해지기 쉽다는 데 문제가 있다. 나태해지면 다시 일을 시작하려할 때 일이 쉽게 손에 안 잡히거나 매일 해왔던 일인데도 불구하고 어색하게 느껴지는 경우가 있다. 휴가를 갔다 온 직원들이 모두 한결같이 일이 손에 잡히지 않는다고 하는 것이 바로 이러한 이유 때문이다. 따라서 예전처럼 일을 능숙하게 처리하려면 일정한 시간동안 적응 시간이 필요하다.

따라서 휴식을 갖더라도 일은 손에서 완전히 떼지 말고 최소한의 일은 병행하는 것이 좋다. 그러다 다시 일로 복귀를 하였을 때는 이미 조금씩 손에서 익숙해져 있기 때문에 주어진 일을 쉽게 진행할 수 있게 된다. 일을 수행함에 있어서 탄력을 받으면 일이 자동적으로 진행되는 것처럼 빠르게 진행될 때가 많다.

한번으로 끝나는 일이라면 일을 마치고 휴식을 오래 가져도 좋지만, 지속적으로 해야 하는 일이라면 완전히 손에서 놓지 말고 조금씩은 해결하는 습관을 가져야 일이 중단되어 소비하는 시간이 줄어든다.

● 화장실에 있는 시간을 활용하라.

사람은 매일 화장실을 몇 번이고 가야 하는 생리적 현상을 가지고 있다. 하루에 3번 정도 화장실을 간다고 가정했을 때 대변을 보는 시간이 5분, 소변 보는 시간을 1분씩만 잡아도 7분을 화장실에서 보낸다. 1달이면 210분, 시간으로는 3시간 반이다. 1년이면 36시간 즉 하루하고도 반나절을 화장실에서 보내는 것이다. 이처럼 화장실에서 보내는 시간이 바로 우리가 주의해야 할 자투리 시간이다.

소변이야 시간이 짧아서 어쩔 수 없지만 대변을 볼 때 화장실에 앉아서 아무 생각 없이 있지 말고 하다못해 신문을 읽거나 독서라도 해보자. 그러면 1년이면 하루 반나절을 자기 자신을 위해서 쓸 수 있는 시간이 된다. 따라서 남들이 의미없이 보내는 화장실에서의 시간을 독서라도 한다면 남들보다 인생을 길게 의미있게 보낼 수 있다.

소변을 보러 화장실에 가는 순간에도 잠시 휴식과 같이 병행한다는 생각을 하면 생리적 욕구만 해결하기 위해 화장실을 가는 것보다 의미가 크다고 할 수 있다. 나아가서 휴식뿐만 아니라 화장실을 다녀오는 시간 동안 이전까지 했던 일에 대하여 상황을 체크해보고, 화장실에서 나가 책상 앞에 앉아 다시 무슨 일을 할까를 고민하다 보면 자연적으로 화장실에서 보내는 자투리 시간으로 인하여 업무의 중단으로 오는 공백을 줄이고 업무의 생산성과 효율성을 가져오게 된다.

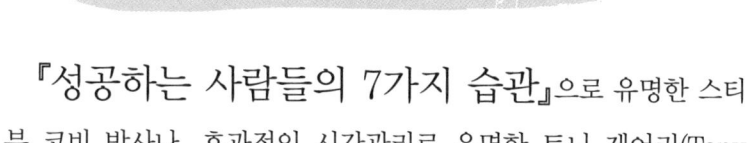

## 7. 일의 우선 순위를 정하라

『성공하는 사람들의 7가지 습관』으로 유명한 스티븐 코비 박사나, 효과적인 시간관리로 유명한 토니 제어리(Tony

Jeary)나, 자기계발 분야에서 큰 명성을 얻고 있는 브라이언 트레시는 이런 이야기를 들려준다. 시간관리를 잘하는 데 가장 중요한 것은 "일의 우선순위를 정하는 것"이라고 하였다. 또한 그들은 "대부분의 사람들은 중요한 일을 하는 것보다는 긴급한 일을 먼저 하는 습관에 젖어있다"고 하였다. 결국 우리는 중요하지도 않은 일인데도 불구하고 긴급한 일이 중요한 것이라고 생각하고 일을 하다 보니 시간관리가 엉망이 되는 경우가 많다. 시간관리가 잘못되면 일의 우선순위가 높은 정작 중요한 일은 하지 못하게 된다.

사람들은 가치 없는 일들을 먼저 하게 되면 소중한 시간과 에너지를 소비하게 되기 때문에, 정작 뒤에 해야 할 중요한 일을 하려고 할 때면 시간과 에너지가 부족하여 좋은 결과를 내기 어렵다는 것이다.

따라서 일의 우선순위를 정할 때는 다음의 기준을 가지고 일을 구분하면 도움이 된다.

● 급하지만 중요하지 않은 일보다 급하지 않고 중요한 일을 먼저 해라.

사람들은 급한 일이 중요한 일이라고 생각한다. 따라서 급한 일이 떨어지면 그 전에 해오던 중요한 일들도 모두 손을 놓고 급한 일을 해결하기 위해서 분주해지는 경우가 많다. 그러나 의외로 우리가 급하다고 하는 일들 중에는 중요하지 않은 일들이 많다.

스티븐 코비는 성공적인 삶을 산 인물들은 대부분 급하지 않지만 중요한 일에 신경쓰고, 평범한 사람들의 70%가 급하지만 중요하지 않은 일에 시간을 많이 쓴다고 하면서 성공하기 위해서는 이

급하지 않지만 중요한 일을 실천하기 위한 습관을 들여야 성공한다고 하였다.

급하지만 중요하지 않은 일은 끝도 없는 회의, 우편물 정리, 집안 청소, 식사 메뉴정하기, 매일 만나는 친구 만나기, 개업식에 참여하기 등이 여기에 해당한다.

이런 일들의 특징은 바쁜 하루 일과를 정리하고 조용히 앉아 생각해보면 하루 종일 분주하게 뛰어 다닌 것 같은데도 정작 오늘 한 일이 무엇인가를 메모를 하자니 마땅히 적을 것이 없는 상황과 같다.

급하지만 중요하지 않은 일들은 금방 효과가 나는 자극적인 일이기에 생기면 바로 해결하려고 하게 되어 결국에는 상대적으로 급하지 않고 중요한 일에 대해서는 관심을 가지기가 어렵다.

급하지 않고 중요한 일을 살펴보면, 좋은 책 읽기, 우정 다지기, 외국어 익히기, 견문 쌓기, 인격 다듬기, 가족애 만들기, 건강 지키기, 네트워크 넓히기 등이 여기에 해당한다. 이것들은 인생을 살아가는 데 정말 중요한 일이지만 오늘 당장 급하지 않기 때문에 항상 다음으로 밀려나는 일이기도 하다. 일단 내일로 밀려난 일들은 다음에도 역시 급하지 않아 또 다시 다음으로 밀려나 결국 평생 이루어지기 어려운 일도 많다.

● 과거의 일보다는 미래의 일을 먼저 해라

일을 잘못하는 사람들은 과거의 일에 매달리고, 일을 잘하는 사람은 미래의 일에 매달린다는 말이 있다. 우리가 하고 있는 일들을 잘 분석해보면 많은 일들이 미래의 일보다는 일어난 일들을 해결하는 과거의 일을 하는 경우가 많다.

예를 들어서 상부 기관에서 고시하거나 지시한 일을 해결하기 위해 일을 하는 것은 과거의 일이지만, 앞으로의 사업을 위해 제안서나 계획서는 만드는 일은 미래의 일이 된다. 과거의 일은 대부분 반복적이고 습관적으로 해결할 수 있는 일이 많으나, 미래의 일은 창의적인 일이 많으며 처음하는 일이 많다고 할 수 있다. 따라서 과거의 일은 누구든 시간이 지나면 숙달되지만 미래의 일은 그만큼 열정이 필요한 일이다.

회사의 입장에서도 일의 우선 순위를 결정할 때 성장하려면 과거의 일보다는 미래의 일을 하는 것이 좋듯이, 개인적으로도 일의 우선 순위를 결정할 때는 미래의 일을 먼저 해야 창의적인 부분에 집중해서 일할 수 있으며, 미래의 일을 마치고 과거의 일을 할 때는 큰 힘을 들이지 않고 매번 했던 일이라 쉽게 진행할 수 있다. 그러나 과거의 일에 먼저 치중하다 보면 습관적으로 해오던 일이라 매우 쉽게 처리할 수는 있지만, 미래의 일을 시작할 때는 그만큼 에너지가 감소되어 전념하기 어렵게 된다.

● 작은 일보다는 큰일을 먼저 해라.

작은 일이란 한 번에 끝나는 단순한 일로 복사하기, 인쇄하기, 커피타기, 문서작성하기와 같은 일을 말한다. 반면에 큰일이란 복잡한 일로 프로젝트를 진행하거나, 제안서를 만들어서 프레젠테이션

하거나, 답사를 통해서 보고서를 작성하는 일을 말한다. 작은 일은 시간이 얼마 들지 않을 뿐더러 작은 에너지로도 쉽게 처리할 수 있는 일이지만, 큰일은 시간이 많이 걸릴 뿐만 아니라 많은 에너지를 필요로 한다.

따라서 일의 우선순위를 결정할 때는 작은 일보다는 큰일에 우선해야 하며 작은 일은 남들에게 위임해도 충분하다. 작은 일을 직접 해야 한다면 큰일을 하는 도중 자투리 시간을 이용하는 것이 좋다.

● 부분적인 일보다는 핵심적인 일을 먼저 해라.

일을 나무와 비교를 해보면 줄기와 같은 핵심적인 일이 있는 반면에 가지와 같은 부분적인 일이 있다. 만약 일의 우선순위를 정할 때 부분적인 일을 먼저하고 핵심적인 일을 나중에 하다보면, 가지가 너무 화려하게 되고 줄기는 빈약해지는 결과가 생길 수 있다.

반대로 일의 우선순위를 정할 때 핵심적인 일을 먼저 진행하면 부분적인 일은 자동적으로 해결되는 경우도 있다.

따라서 어떤 업무든 업무 분석을 통해서 부분적인 일이 무엇인지, 핵심적인 일이 무엇인지를 정확히 구분해서 일의 우선순위를 정할 때 핵심적인 일들을 먼저 하다보면 자연적으로 부분적인 일들이 쉽게 이루어질 때가 많다.

● 쉬운 일보다는 어려운 일을 먼저 해라.

사람들은 쉬운 일과 어려운 일이 있으면 쉬운 일을 먼저 하려는 속성을 가지고 있다. 쉬운 일을 먼저 하면 일의 속도는 붙지만 나중에 어려운 일들이 기다리고 있다는 부담감을 가지기 때문에 일에 효율성이 떨어지기 쉽다. 따라서 쉬운 일부터 하다 보면 쉬운 일이 다 끝나면 에너지가 소진되어 어려운 일은 하지 못하는 경우가 많다.

일의 우선순위를 정할 때 쉬운 일부터 하게 되면 에너지가 충분해서 처음에는 일이 잘 되지만 시간이 지나면서 피로도가 증가하고 에너지가 떨어져 일이 순조롭게 진행되지 않는 경우가 많다. 그러나 어려운 일을 먼저 하면 쉬운 일을 처리할 에너지가 남아서, 나중에 쉬운 일들을 쉽게 해나갈 수 있다.

● 혼자 할 수 있는 일보다는 함께 할 수 있는 일을 먼저 해라.

일을 잘하는 사람과 못하는 사람의 차이 중의 하나는 일을 못하는 사람들은 혼자 모든 일을 다 하려고 하지만 일을 잘하는 사람들은 자기의 일을 남들과 나누어서 하려고 한다는 것이다. 따라서 일의 우선순위를 정할 때는 혼자 할 수 있는 일보다는 함께 할 수 있는 일을 먼저 하는 것이 좋다.

일을 나누어서 하게 되면 혼자 할 때보다 일을 빠르게 처리할 수 있어 쉽게 해결할 수 있다. 때에 따라서는 함께 할 수 있는 일을 나누어 주고 남들이 일을 처리하는 동안 혼자 할 수 있는 일을 한다면 짧은 시간에 많은 일을 한꺼번에 처리할 수 있어서 1석 2조의 효과를 가져 올 수 있다.

결국 어떤 일이든 빨리 처리하기 위해서는 업무가 주어지면 어떻게 하면 일을 나눌 수 있을까를 고민하여 나눌 수 있는 만큼 나누어 남들과 같이 일하면 혼자 할 때보다 훨씬 효율적으로 일을 처리할 수 있게 된다.

일을 잘하는 사람들일수록 자신의 일을 분야별로 나누어 그 분야의 전문 인력을 활용하여 일을 진행해 나간다. 비록 나중에 일을 수합하여 정리하는 시간을 가져야 하지만 빠르고 한꺼번에 많은 일을 할 수 있다는 장점이 있다.

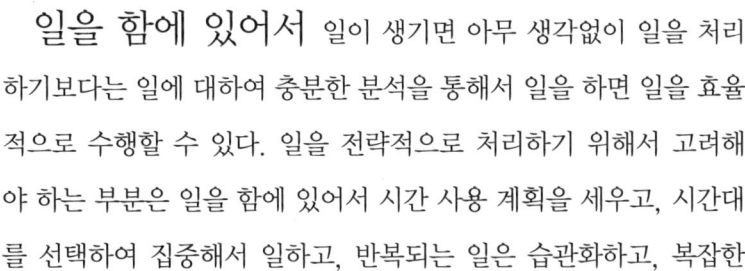

## 8. 모든 일은 전략적으로 하라

**일을 함에 있어서** 일이 생기면 아무 생각없이 일을 처리하기보다는 일에 대하여 충분한 분석을 통해서 일을 하면 일을 효율적으로 수행할 수 있다. 일을 전략적으로 처리하기 위해서 고려해야 하는 부분은 일을 함에 있어서 시간 사용 계획을 세우고, 시간대를 선택하여 집중해서 일하고, 반복되는 일은 습관화하고, 복잡한 일을 단순화하는 것이다. 이렇게 일을 하게 되면 무작정 일을 진행하던 때보다 업무처리가 효율적으로 진행될 뿐만 아니라 많은 시간을 벌 수 있다.

● 시간 사용 계획을 세워 일하라.

오래된 속담이지만 좋은 문구가 있다. "어느 누구나 실패하기 위해 계획을 세우진 않지만, 실패하는 사람들은 단지 계획을 세우는 데 실패하기 때문이다." 결국 계획을 세우지 않기 때문에 실패한다는 것을 의미한다. 따라서 시간관리를 잘하기 위해서는 시간 사용 계획을 잘해야만 한다는 것이다. 일을 계획적으로 실천하기 위해서는 시간 사용 계획을 확실히 세우는 것이 무엇보다 중요하다.

일 년 시간 사용 계획표는 새로운 한 해를 시작하는 데 매우 유용한 도구다. 시작할 때 무슨 일에 집중해야 하는지를 결정할 수 있게 해주기 때문이다. 새해가 시작되면서 결심을 했지만 어디서부터 손대야 할지 몰라 막막하던 기분을 떨쳐버리게 해줄 것이다. 일 년이 너무 길다면 한 달, 한 달이 길다면 일주일, 일주일이 길다면 하루의 시간 사용 계획표를 만들어 보자. 그러면 하루가 다르게 보인다. 당신의 성공의 정의가 무엇이든 간에 당신을 성공하도록 할 것이다.

● 시간대를 선택하여 집중해서 일하라

일을 못하는 사람의 특징 중에 하나는 닥치는 대로 일하는 습관이라고 한다. 이처럼 생각나는 대로 일하는 것은 그다지 현명한 방법이 아니다. 사람은 시간대에 따라 정신 집중이 잘되는 시간이 있다. 예를 들어 새벽에 정신집중이 왕성한 사람, 아침, 점심, 저녁, 심야에 왕성한 사람들이 있다. 정신집중이 잘된다는 것은 그만큼 일을 하는데 능률이 높은 시간이라는 말이다. 성공하는 이들은 정신집중이 필요한 일은 가장 능률적인 시간에 처리한다. 일의 능률이 안 오르는 시간에 정신 집중이 필요한 일을 하려고 하면 오히려 일이 잘 처리되지 않는 경우가 많다. 따라서 정신집중이 잘되는 시간을 선택하여 집중해야 하는 일을 해보자.

● 반복되는 일은 습관화하라.
똑같은 일을 반복적으로 하다보면 습관이 되어 빨리 할 수 있게 되는 일들이 많다. 그런 사람들을 생활의 달인이라고 한다. 생활의 달인이 된 사람들은 매일 하는 일들을 오랫동안 숙달하였기 때문에 가능하기도 하지만, 어떻게 하면 주어진 일을 빨리 처리할 수 있을까를 고민하였기에 가능한 것이다.

따라서 자신에게 매일 주어지는 반복되는 일들은 어떻게 하면 시간을 줄여서 해결할 수 있거나, 습관화할 수 있는지를 고민해보라. 반복되는 일을 습관화하다 보면 적은 시간에 예전보다 많은 일을 해결할 수 있기 때문에 똑같은 시간을 일해도 시간이 남게 된다.

● 복잡한 일을 단순화해서 하라.
어떤 일이든 처음에는 부담스러운 일이 될 수밖에 없다. 그러나 일에 대한 충분한 분석을 해보면 쉽고 단순하게 일을 처리할 수 있는 방법이 보인다. 특히 복잡한 일일수록 충분한 분석을 해보면 일을 단순화할 수 있는 것이 많다. 복잡한 일일수록 분석하지 않고 일을 진행하다보면 오히려 우왕좌왕하다 시간만 낭비하게 된다. 따라서 어떤 일이든 충분한 분석을 통해서 일을 단순화하다 보면 일을 빨리 해결할 수 있는 길이 보이게 된다.

● 나무보다는 산을 보면서 일을 하라.

사물을 보는 방법에는 미시적인 접근 방법과 거시적인 접근 방법이 있다. 미시적 접근 방법으로 일을 보면 일이 많다거나, 복잡하거나, 힘들다거나, 어렵다거나 하는 것에 집중하게 된다. 그러나 거시적인 접근 방법으로 일을 보면 이 일을 통해서 회사나 내가 얻는 이익이 무엇인지, 얼마나 기여를 할 수 있지를 생각하면서 일에 집중하게 되므로 출발 자체가 틀리게 된다. 어떤 일이든 하고 싶어서 하는 일과 하고 싶지 않은데 억지로 하는 것과는 결과에 있어서 엄청난 차이를 가져온다.

# 9. 일의 습관을 바꿔라

　미국의 저명한 심리학자 윌리엄 제임스는 인간은 습관들의 묶음으로 이루어진 존재라 하고 "생각이 바뀌면 행동이 바뀌고, 행동이 바뀌면 습관이 바뀌고, 습관이 바뀌면 인격이 바뀌고, 인격이 바뀌면 운명까지도 바뀐다."고 하였다. 즉 생각과 습관의 중요성을 이야기하고 있다.

　우리가 어떤 습관을 길들이는가에 따라 우리들의 운명도 달라지게 된다. 일에 대한 습관도 마찬가지다. 일을 대할 때 어떤 습관을 가졌느냐에 따라 좋은 결과가 나올 수 있고, 좋지 않은 결과가 나올 수도 있다. 따라서 일을 잘하기 위해서는 일의 습관을 좋게 길들이는 게 중요하다. 일의 습관을 좋게 길들이는 방법을 보면 다음과 같다.

● 일의 순서를 정하기

　시간이 부족하다고 생각하는 사람들은 거의 대부분 할 일이 너무 많다는 불평을 한다. 그러나 그들의 할 일을 잘 들어 보면 중요하지 않은 일임에도 불구하고 중요하다고 생각하는 경우가 많았다. 더욱이 하지 않아도 될 일을 굳이 하면서 바쁘다는 것이었다.

이런 경우는 일의 우선순위를 결정하고 어떻게 우선순위를 정해야 하는지를 결정하면 쉽게 해결할 수 있다. 내가 하루에 해야 할 일들을 미리 적어보고 그 중에서 가장 우선시해야 할 일들을 순서적으로 적어 본다. 그리고 하지 않아도 될 일이나 나중에 해야 할 일을 결정해 보자. 그럼 시간을 효율적으로 사용할 수 있는 방법이 보인다.

일을 할 때는 가장 효율적으로 진행할 수 있는 순서를 미리 정해두는 것이 좋다. 미리 순서를 정해두고, 그 순서대로 일을 추진하면 확실하게 마무리 지을 수 있다. 다음에도 같은 일이 떨어지면 일의 순서를 알고 있기 때문에 안심하고 쉽게 할 수 있다. 또한 지금 다른 일을 하고 있는 중에도 다른 일이 떨어지면 일을 정확하게 알고 있기 때문에 지금 하는 일에 열중할 수 있다. 그렇지 않으면 설령 한 가지 일을 끝냈다고 하더라도 '다음에 무슨 일을 하면 좋을지' 몰라 우왕좌왕하게 된다.

만약 예측불허의 긴급한 일이 발생했을 때는 지금 하고 있는 일보다 우선시해야 하는가를 생각해보고, 막중한 경우에는 새 일에 착수하고, 그렇지 않을 경우에는 지금의 일을 지속한다.

● 나중에 하겠다는 생각 버리기

성공으로 가는 가장 기본적인 자세는, 지금 해야 할 일은 지금 바로 하는 것이다. 일을 잘 못하거나 일의 속도가 늦은 사람은 지금 해야 하는 일인데도 불구하고 바쁘다는 이유로 차일피일 시간을 미루는 사람들이다. 어차피 지금 시간이 부족하다면 나중에도 마찬가지이다. 시간을 미루다 보면 자연적으로 해야 할 일을 잊어 버려서 못 하는 경우도 있고 결국 시간적으로 쫓겨 대충해내는 경우가 많다. 결국은 미루려는 생각 때문에 자신의 능력이 부족하거나 성실하지 않은 사람으로 인식되기 쉽다.

● 일에 집중하기

일을 잘하고 못하고의 차이는 일에 대한 집중력의 차이가 중요하다. 일에 대한 집중력이란 자신의 마음이나 주의를 일에 온통 기울이는 능력을 말한다. 일을 잘하는 사람일수록 일을 집중하여 처리하므로 시간도 절약됨은 물론 일을 완벽하게 수행할 수 있다. 그러나 일을 못하는 사람일수록 일에 집중하지 않기 때문에 시간도 많이 걸리지만 일을 건성으로 하게 된다. 일에 대한 집중력은 습관의 결과이다. 일에 집중하는 습관을 가지려면 두 가지 방법이 있다.

하나는 주변을 정리하여 오직 일에만 몰두할 수 있는 환경을 만드는 것이다. 주변에 나를 유혹하는 것들이 있으면 당연히 유혹을 뿌리치지 못하고 다른 일에 관심을 갖게 되고 그러다 보면 일에 집중할 수 없게 된다. 따라서 주변환경 중에서 일과 상관없는 것들을 과감하게 없애 버리는 결단력이 필요하다.

또 하나는 일에 집중하기 위해서는 주변의 방해를 받지 않고 일하는 분위기를 조성하는 것이 필요하다. 직장에서 보면 특별한 일 없이 다른 사람들을 찾아다니는 사람이 많다. 들어 보면 특별한 일도 아니고 그냥 일반적인 수다로 끝나는 경우가 많다. 따라서 집중력을 높이려면 이러한 사람들을 피해야 한다.

남들이 자주 와서 방해하는 경우 붉은 깃발과 녹색 깃발을 사용하는 것도 권할 만하다. 붉은 깃발은 바쁘니 방해하지 말라는 표시이고, 녹색 깃발은 대화를 요청해도 된다는 표시로 정하고 주변에 충분히 알려주자. 처음에는 동료들이 이해가 되지 않겠지만 시간이 지나면 이해하게 되고, 붉은 깃발을 꽂아 두게 되면 방해받는 일이 사라지게 된다.

● 감당할 수 없는 일은 시작하지 말기

사람들은 대부분 어떤 일이 주어지면 그 일이 어느 정도의 시간이 걸려야 해결할 수 있다는 감을 잡을 수 있다. 일에 따라서 짧은 시간을 들여서 금방 처리할 수 있는 일이 있는 반면에 아주 많은 시간이 걸려도 달성하기 힘든 일이 있다. 짧은 시간에 처리할 수 있는 일은 어떤 일을 해도 좋지만, 너무 많은 시간이 걸리는 일은 하기 전에 꼭 고려해야 할 것들이 있다.

첫째로 자신이 감당하기 어려운 일을 누군가 지시하거나 부탁했을 때도 자신이 없거나 너무 오랜 시간이 걸리는 일이라면 단호하게 거절해야 한다. 괜히 인간관계 때문에 자신의 능력에 벗어난 큰일을 맡았다가 너무 시간을 끌게 되면 오히려 지금까지의 좋은 관계에 안 좋은 영향을 끼칠 수 있기 때문이다.

따라서 하나의 일에 필요 이상의 시간을 들이거나 앞으로도 무한한 시간을 들여야 한다는 판단이 들었을 때는 마음은 아프겠지만 이

쯤에서 끝내자고 단념하는 것도 시간을 효율적으로 사용하는 방법 중의 하나이다.

둘째로 하고 있는 일이라도 너무 시간이 많이 든다면 내가 꼭 해내야 할 일인지 아닌지를 결정해야 한다. 업무상 또는 내가 성공하기 위해서 해야 할 일이라면 꼭 해야 한다. 그러나 꼭하지 않아도 될 일이라면 중간에 포기하는 것도 시간관리를 효율적으로 하는 방법이 된다.

너무 오랜 시간이 걸리는 일을 하다 보면, 다른 일들을 전혀 하지 못하게 될 때가 많다. 그만한 가치가 있다면 당연히 그래야 하지만, 그만한 가치가 없는데도 그 일에 전력투구를 하다보면 오히려 다른 일을 못하게 되거나 그르치게 되는 경우가 생긴다. 이럴 때는 오랜 시간을 사용해서 일하는 것보다는 쉽게 할 수 있는 일들을 여러 가지 해내는 것이 훨씬 효과적일 때가 많다.

● 완벽주의에서 벗어나기

일을 완벽하게 하는 것은 정말 바람직한 일이다. 그러나 문제는 완벽해지기 위해서는 많은 시간이 필요하다는 것이다. 따라서 너무 모든 일을 완벽하게 진행하려면 최선의 노력을 들여야 할 뿐 아니라 시간적으로도 많은 투여를 해야 한다. 그러다 보면 많은 일을 진행하기는 어렵다. 한 가지 일을 해야 할 때는 어쩔 수 없겠지만 많은 일을 해야 할 경우에는 완벽주의에서 벗어나 우선은 대충이라도 시작하여 일을 해결하려는 노력을 해야 한다. 그렇지 못하면 한 가지 일밖에는 완수하지 못하는 경우가 생길 수 있다.

　심한 경우에는 그릇된 '완벽주의'가 일의 진행을 방해하는 경우도 있다. 한 가지 일에만 매달려 시간을 보내다 보면 다음 일을 추진하지 못하고, 결국에 가서는 어느 것 하나도 제대로 해내지 못하게 된다.

● **자리에 앉자마자 시작하기**

　사람들은 매일 아침 회사에 출근하면 바로 일을 시작하기보다는 직원들과의 인사와 함께 차 한 잔으로 하루를 시작한다. 차를 마시면서 "오늘은 무슨 일부터 시작할 것인가?", "어떤 일을 언제까지 마쳐야 할까?"를 고민한 다음부터 일을 시작한다.

　어느 회사에서 직원들의 근무시간을 조사해 본 결과 직원들이 회사에 도착해서 일을 시작하는 데까지 걸리는 시간을 측정해 보자 30분이 지나야 일을 시작한다는 보고가 있었다.

　도착하자마자 일을 바로 시작한다면 하루에 30분 일찍 일을 끝마치거나, 30분 더 일할 수 있다는 결론이 나온다. 따라서 회사에 도착해서 어떤 일을 시작할까를 결정하기보다는 출근하는 도중에 모든 결정을 마치고 회사에 도착하면 바로 일을 시작하는 습관을 길러야 한다.

# 10. 일에 대한 생각을 바꿔라

**시간관리의 달인이 되었다고 해도** 일에 대한 생각을 바꾸지 않는다면 일을 해도 행복하지가 않다. 일에 대해서 긍정적인 생각을 가지면 일이 재미있어지고 일을 하는 동안 즐겁지만, 일에 대하여 부정적인 생각을 가지면 어쩔 수 없이 해야 하는 일이라고 생각하기 때문에 일을 하는 동안 마음이 편할 수 없다. 따라서 일에 대한 생각을 바꾸어 보자. 일을 처리하는 속도가 빨라지고 일을 즐겁게 처리할 수 있는 능력이 생긴다.

● 일을 잘하려고 하지 말고 일을 즐기자.

옛말에 천재는 열심히 공부하는 사람을 이길 수 없고, 열심히 공부하는 사람은 공부를 즐기는 사람을 이길 수 없다고 하였다. 일도 그렇다. 오랜 경력을 가진 일 잘하는 고참들이나 전문가들은 일을 열심히 하는 사람을 이길 수 없다. 고참들이나 전문가들은 자기들이 최고라는 생각에 최선을 다하지 않기 때문이다. 그러나 열심히 일하는 사람들은 최선을 다해 일하기 때문에 당연히 더 잘할 수밖에 없다.

문제는 사람은 일관되게 살지 못하기 때문에 영원히 최선을 다하기는 어렵다는 것이다. 따라서 일을 열심히 하는 사람은 일을 즐기면서 하는 사람을 이길 수 없다. 따라서 어떤 일을 하든지 일을 즐기면서 하는 사람은 같은 시간에 더 많은 일을 할 수 있을 뿐만 아니라, 오랫동안 해 나갈 수가 있다.

따라서 일을 할 때는 열심히 하려는 생각도 중요하지만 일을 즐기려는 마음을 가지고 시작하면 오랫동안 즐겁게 일을 할 수 있어서 일의 효율성이 증가하고 시간을 단축할 수 있다.

● 긍정적인 생각으로 시작하라.

옛말에, 그렇게 좋다고 하던 평양감사도 자기가 싫으면 안한다는 말이 있다. 이 말은 세상의 어떤 일도 자신이 좋아해야만 하고 싶다는 생각이 든다는 것이다. 일도 그렇다. 아무리 좋은 일이라도 자신이 부담스러워하고 부정적으로 생각한다면 일이 즐거운 것이 아니라 짜증나는 일이 된다. 그러다 보면 자연적으로 일을 회피하게 되고 결국은 일을 하기 싫어하게 된다.

그러나 아무리 힘든 일이라도 즐거운 일이라고 생각하면 즐거운 일이 될 수 있다. 따라서 어떤 일이든 마음먹기에 따라 달라진다는 것이다. 누가 봐도 일을 하면서 부정적인 생각을 가지고 투덜대거나 짜증을 내서는 일을 완성하고 나서도 좋은 소리를 듣기가 어렵다. 그리고 부정적인 생각을 많이 가질수록 일을 수행하는 시간이 많이 걸린다. 따라서 일을 시작하게 된다면 모든 일을 긍정적으로 생각하고 일을 해야 한다. 그래야 일을 해도 효율성이 있으며, 일이 잘 풀린다.

● 피할 수 없으면 즐기자.

세상을 살다보면 자기가 하고 싶은 일만 만나지 못한다. 때로는 원하는 일을 만나기도 하지만 죽기 싫을 정도로 하기 싫은 일도 있다. 문제는 싫은 일을 만나면 일의 진척은 당연히 없을 뿐더러 일에 대한 스트레스를 받게 되어 시간을 무의미하게만 보내게 될 것이라는 점이다.

40대 초반의 M과장은 대기업의 본사에서 근무를 하고 있었다. 그런데 갑자기 서울에서 4시간이나 걸리는 소도시 지점장으로 발령이 났다. 그것도 인사업무를 보고 있던 M과장에게 영업을 하도록 지시가 내려졌다. M과장은 평소부터 영업에 대한 부정적인 생각이 많았기 때문에 영업이 징그럽게 싫었다. 그래서 실적이 오르지 않고, 본사로부터는 목표를 채우지 못한 것에 대한 문책을 받아 지방에 있는 하루하루가 지옥같았다. 결국 M과장은 1년을 못 견디고 회사를 그만두었다. 그리고 실업자 생활을 전전하고 있으며, 집안은 경제적으로 위축되었다.

만약 M과장이 생각을 바꾸어 어차피 해야 할 일이기 때문에 해야겠다고 생각을 하든지, 아니면 열심히 업적을 쌓아서 다시 본사로 발령을 받아야겠다고 생각하고 일을 했다면 결과야 어찌되었든

소도시에서의 삶은 고통스럽지 않았을 것이다. 어찌보면 일하는 동안만큼은 즐거웠을지도 모른다. 그러나 M과장은 시간은 시간대로 소비하고 마음만 다치고 말았다.

이처럼 평소에 자기가 좋아 하던 일을 하는 것은 전혀 문제가 아니지만 하기 싫은 일을 하게 되면 사람들은 반사적으로 피하고 싶은 욕구를 가지게 된다. 피할 수 없는 환경인데 피하려고 하면 모든 일이 고통스럽기만 하다. 따라서 이왕해야 할 일이라면, 어쩔 수 없이 해야 할 일이라면 그 순간을 즐겨보자. "조금만 참으면 일이 끝난다."라든지, "조금만 참으면 좋은 세상이 온다."라는 생각을 갖게 되면 아무리 힘든 일이라도 금방 끝낼 수 있을 것이다.

● 워크홀릭에 빠지기보다는 워크마니아가 되라.

신문지상에서 가끔 성공한 사람들이 워크홀릭에 빠져있다는 보도를 한다. 워크홀릭은 일에 빠지거나 중독되어서 다른 것을 전혀 볼 수 없는 상태를 말한다. 따라서 워크홀릭에 빠져있다는 것은 두 가지 의미로 쓰인다.

주변에 있는 사람들이 자신에게 워크홀릭에 빠졌다고 하는 것은 한쪽으로는 "당신은 일을 너무 열심히 하니까 일을 좀 줄여라!"라는 당부의 말로 긍정적인 의미를 내포하고 있다. 그러나 다른 쪽으로는 "당신은 너무 일에 중독되어서 일 이외에는 아무 것도 할 수 없는 상태다."라는 걱정의 말로 부정적인 의미를 내포하고 있다.

자신을 워크홀릭이라고 표현하는 것은 그만큼 일이 싫다는 잠재의식을 표현한 것이기도 하다. 하여간 워크홀릭은 정도의 차이는 있지만 일에 대한 부담감이나 문제점을 지적하는 부정적인 용어라고 할 수 있다.

그러나 생각을 바꾸어서 비록 워크홀릭에 빠져있다고 해도 워크마니아라고 자신을 표현해보자. 워크마니아는 주어진 일에 몹시 열중하는 사람을 말한다. 따라서 워크마니아는 워크홀릭보다 훨씬 긍정적인 용어라고 할 수 있다. 또한 워크마니아라는 단어는 일을 사랑하는 사람이나 일의 전문가 같은 생각이 들게 된다.

따라서 일에 빠졌다는 워크홀릭이라는 용어보다는 워크마니아라고 표현해보자. 일에 대해서 수동적으로 받아 들이는 게 아니라 능동적으로 받아들이는 자세를 갖게 될 것이다.

## 11. 멀티 플레이어가 되어야 한다

2002년 한일월드컵 준비 기간 동안 거스 히딩크 감독은 '멀티 플레이어' 라는 개념을 한국 대표팀에 이식시켜 월드컵의 4강

신화를 달성하였다. 그의 성공신화는 그동안 한 우물만 파야한다고 생각하는 우리의 전통적인 고정관념에 큰 충격과 변화를 주었다.

히딩크 감독이 주장하는 멀티 플레이어의 의미는 한 선수가 한 가지 역할만을 수행하는 것이 아니라 한 선수가 여러 포지션의 역할을 거뜬히 소화함으로써 수비수가 공격수도 되어 감독의 전술에 다양한 옵션을 제공해주는 선수를 일컫는 표현이었다.

이처럼 멀티 플레이어라는 용어는 처음에는 IT관련 부문에서만 사용하던 것이 히딩크 감독이 사용하면서 유명해졌다. 이후 멀티 플레이어라는 용어는 스포츠 분야뿐만이 아니라 점차 다른 분야에서도 광범위하게 사용되기 시작하였다.

우리나라에서는 이미 오래전부터 멀티 플레이어라는 말 대신 '박학다식' 이나 '만능' 이라는 단어를 사용하고 있었다. '박학다식' 이란 학식이 넓고 아는 게 많음 또는 학문이 넓고 식견이 많음을 의미한다. '만능' 이란 온갖 일에 두루 능통함 또는 온갖 것을 다 할 수 있음을 의미한다. 이처럼 박학다식이라는 말은 지적 영역에서만 국한되어 있는 반면 만능은 행동적인 영역에 국한되어 있다. 그런데 이러한 전통적인 용어들인 '박학다식', '만능' 등의 표현이 한일월드컵 이후 멀티 플레이어라는 용어로 통일이 되어 가고 있다.

지금까지의 개념들을 정리해보면 멀티 플레이어는 여러 개의 업무를 동시에 실행할 수 있는 능력을 가진 사람을 말한다. 넓은 의미로의 멀티 플레이어는 한 사람이 자신의 업무 분야에 대한 관련 지식을 폭넓게 알고 행하는 사람을 의미한다.

인간의 멀티 플레이어 능력은 역사의 발전과 함께 계속 성장하고 있지만 사회의 급변함 속에서 더욱 진가를 발휘하고 있는 중요한 항목으로 인식되고 있다. 이를 반증이라도 하듯이 대부분의 기업에서는 멀티 플레이어형 인재 개발을 기업의 생존경쟁 문제를 해결할 수 있는 당면과제로 삼고 있다. 또한 멀티 플레이어들의 다양한 욕구를 수용하기 위하여 가전제품도 한 가지 기능만을 수행하는 것이 아니라 다양한 기능을 수행하는 디지털 컨버전스 제품들이 쏟아지는 세상을 살게 되었다. 디지털 컨버전스 현상은 유선과 무선의 통합, 통신과 방송의 융합, 온라인과 오프라인의 결합 등 3가지로 압축된다. 디지털 컨버전스 현상은 사회 각 분야에 커다란 영향을 주었고 변화를 요구하고 있다. 이러한 변화는 사회 각 분야에서 한가지 부분에서만 전문가보다는 다양한 분야에 대한 지식을 바탕으로 다양한 지식을 활용하거나 통합할 수 있는 멀티 플레이어형 인재를 필요로 하고 있다.

멀티 플레이어는 한꺼번에 다양한 전문성과 지식을 가지고 여러 가지 일을 한꺼번에 할 수 있는 능력을 가지고 있다. 따라서 시간관리의 달인이 되려면 멀티 플레이어가 되어야 한다.

제 7 장

## 성공한 사람들이 들려주는
# 시간관리 노하우

1. 성공하려면 시간을 정복하라
2. 성공하려면 스피드밖에 없다
3. 성공하려면 최선을 다해 시간을 관리하라
4. 성공하려면 꼼꼼하게 시간을 관리하라
5. 성공하려면 중요한 것부터 하라
6. 성공에는 시간관리가 가장 중요하다

**지금까지 나와 있는 시간관리법에는** 다양한 방법들이 소개되고 있다. 어떤 시간관리는 원리만 제안하는 것도 있고, 어떤 것은 구체적인 실천전략을 제안하기도 한다. 다양한 시간관리 방법 중에서 어떤 것이 가장 좋은 시간관리라고 하기는 어렵다. 왜냐하면 모든 시간관리법은 나름대로 시간관리법을 만든 본인들의 경험을 통해서 만들어진 것이고 또한 일부의 사람들이 이미 실천에 옮겨 효과를 보고 있기 때문에 어느 것이 가장 좋다고는 할 수 없기 때문이다. 또한 시간관리 방법은 정해진 것이 아니고, 아무리 좋은 시간관리 방법이라고 하여도 본인의 시간관리 습관으로 정착될 수 있는 것이어야 한다. 따라서 여러 가지 시간관리 방법을 알고 성공한 사람들의 시간관리 노하우를 안다면 자신에게 맞는 시간관리 방법을 찾는데 도움이 될 것이다.

성공한 사람들의 시간관리 노하우를 종합해 보면 자신의 목표를 정확하게 설정하고 그에 따라 철저하게 계획을 세우고 그것을 반드시 실천하겠다는 강한 마음자세로 실천에 옮겼다는 것이다. 그러나 이처럼 성공한 사람들의 시간관리 방법대로 따라한다고 해서 꼭 성공하는 것은 아니다. 성공한 사람들의 시간관리 방법이라도 자신에게 맞아야 하기 때문이다. 맞지 않는 시간관리 방법을 따라 하려면 오히려 자신에게는 스트레스이므로 무엇보다도 자신에게 맞는 시간관리 방법을 정립하는 것이 중요하다 하겠다.

# 1. 성공하려면 시간을 정복하라

　러시아의 과학자이며 철학자인 류비셰프는 진정으로 시간을 지배한 사람이었다. 그는 자신의 시간을 철저히 계획하고 관리하였으며 기록하고 통계를 내었다. 그는 56년간 시간을 관리하였다. 그 시간 동안 그는 생물, 곤충, 과학사, 철학, 문학, 역사와 관련해 70여 권의 전문 서적을 내었다. 총 1만 2,500여 장에 달하는 연구논문, 그보다 방대한 양의 학술자료와 꼼꼼하게 수제본한 수천 권의 소책자들이 있었다. 만일 그가 컴퓨터가 일상화된 지금 연구를 하였다면 아마 훨씬 더 많은 책을 저술했을 것이다.
　그는 26세 때부터 죽을 때까지 56년 동안 하루도 빠짐없이 일기를 썼는데, 그것은 매일매일 시간을 어떻게 썼느냐를 기록한 회계장부와 같았다.
　가령 1964년 4월 7일의 일기는 이렇다. "알 수 없는 곤충 그림을 두 점 그림(3시간 15분), 어떤 곤충인지 조사함(20분), 슬라바에게 편지(2시간 45분), 식물보호단체 회의(2시간 25분), 프라우다지 읽음(10분), 톨스토이 '세바스토폴 이야기' 독서(1시간 25분)……."
　그는 이렇게 시간을 자기 것으로 만들었다.

그는 매일 8시간 이상 충분히 자고 산책과 운동을 한가로이 즐겼으며 단테와 셰익스피어의 작품을 줄줄 외우고 주요 공연과 전시는 빠짐없이 관람하였다. 게다가 가족을 부양하기 위해 학교와 연구소 직원으로 일했고, 각종 학술세미나와 국책 사업을 위해 한 해에도 몇 달씩 전국 각지를 순회해야 할 만큼 쉴 틈이 없는 그였다. 어떻게 이런 일이 가능했을까? 해답은 그의 시간관리법에 있었다.

류비셰프는 저녁이면 잠자기 전에 자리에 앉아 무슨 일에 얼마만큼의 시간을 썼는지 계산하였다. 그리고 기본 업무에 소모한 시간의 합계를 내었다. 이는 하루에 대한 반성과 더불어 하루를 결산하기 위한 것이었다. 이를 매월 말 합계를 내고 그래프나 표로 그려 결산을 함과 동시에 다음 달 계획도 세웠다. 연말에는 월말 합계를 바탕으로 연간 총계를 계산하고 결산표를 만들었다. 한 해의 시간결산이 끝나면 다음 해 계획을 세웠다. 그는 다음 해에 반드시 달성해야 할 가장 중요한 목표를 먼저 세워놓고 계획을 짰다.

류비셰프의 시간관리 방법의 특징은 간결하면서도 자신이 사용한 시간이 조목조목 기록되어 있는 것이다. 그는 그의 삶을 매달, 매년, 그리고 5년 단위로 집계하고 시간통계를 내어 분석하고 평가하였다. 그는 시간통계 방법을 실천함으로써 미래를 자신의 계획대로 산 사람이자 자기 자신을 가장 잘 아는 사람이 되었다. 류비셰프에게 일기의 핵심은 삶을 이루는 시간이었다. 그는 자신에게 주어진 시간의 주인이었다.

## 2. 성공하려면 스피드밖에 없다

김기덕 감독은 짧은 기간에 초스피드 촬영을 하여 비용을 최소로 줄여 저예산 영화를 찍는 감독으로 유명하다. 김기덕 감독의 영화는 저예산 영화라고 해서 싸구려 영화가 아니라 국내에서는 시사고발과 함께 충격적인 영상으로 유명하고, 세계적으로는 여러 차례 국제 영화제에서 인정받는 작품까지 만들어 내는 감독으로 유명하다.

요즘처럼 블록버스터 영화가 판을 치고, 예산이 많이 들어간 영화에 관객이 몰리는 상황에서 5억~10억 원의 자금만으로 영화를 제작할 수 있는 것도 매우 특이하지만 이런 초저예산으로도 톱스타를 기용할 수 있는 능력과 세계 영화제를 휩쓰는 저력까지 갖춘 것은 특이한 시간관리가 한몫을 하였기 때문이다.

김기덕 감독은 예산을 최대로 줄이기 위하여 무조건 짧은 기간에 영화를 찍어야 했다. 영화는 원래 장소헌팅을 바탕으로 스텝이 이동해서 영화를 찍는다. 그러나 그렇게 하면 미리 장소를 헌팅하고 그 결과에 따라 헌팅 장소마다 이동하며 영화를 찍어야 하기 때문에 시간이 많이 걸린다. 따라서 김기덕 감독은 미리 시나리오를 쓸 때부터 촬영장소를 염두에 두었을 뿐만 아니라 전체 스텝이 항상 같이 움직이면서 좋은 장소가 나타나면 그때그때 헌팅하고 조금씩 촬영을 해 나가는 방법을 사용하였다. 또한 영화를 찍을 때는 관행적으로 여러 번 해오던 리허설을 오직 한 번으로 끝내게 하고 바로 촬영에 들어가 시간을 절약하였다. 처음에는 연기자들이 적응하지 못하여 혼란을 가져왔으나 나중에는 연기자들도 최선을 다해 실전처럼 리허설을 함으로써 리허설에 들어가는 시간을 대폭 줄일 수 있었다.

김기덕 감독이 오늘날처럼 저예산 영화로 성공하게 된 원인을 찾아보면 한마디로 철저한 계획을 바탕으로, 실행할 때는 낭비하는 시간이 없도록 시간관리를 철저히 했기 때문이라고 할 수 있다.

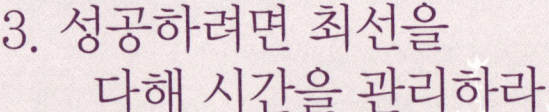

### 3. 성공하려면 최선을 다해 시간을 관리하라

**대우 중공업 김규환 명장은** 가난한 농부의 오대 독자로 태어났다. 그는 중학교를 졸업하고 어머니의 약 값을 벌기 위해 서울로 무작정 상경하여 사환으로 입사하게 되었다. 사환으로 입사하여 매일 아침 5시에 출근하였다. 매일 똑같은 모습을 본 사장님이 정식기능공으로 승진시켜 주었다. 그 후에도 계속 5시에 출근하였고 결국 반장으로 승진하였다.

그는 업무의 전문성을 높이기 위하여 책을 봐야겠다는 생각을 가지게 되고 시간이 나는 대로 틈틈이 목숨 걸고 공부를 시작하였다. 그래서 그는 한번도 학원을 다녀본 적이 없지만 현재 5개 국어를 한다. 그는 외국어를 배우기 위하여 자투리 시간을 이용하여 하루에 1문장씩 외웠다. 하루에 1문장을 외우기 위해 집 천장, 벽, 식탁, 화장실 문, 사무실 책상 등 가는 곳마다 붙이고 또 보았다. 이렇게 하루에 1문장씩 1년, 2년 꾸준히 하니 나중엔 회사에 외국인들이 올 때 설명도 할 수 있게 되었다고 한다.

그는 지금까지 제안을 2만 4,612건을 하였으며, 국제발명특허 62개를 받았다. 이렇게 많은 제안과 특허를 내게 된 동기는 끊임없는 탐구정신 때문이다. 그래서 어떤 때는 가공기계 개선을 위해 3달 동안 고민하다 꿈에서 해답을 얻어 해결하기도 했다고 한다.

결국 오늘날 그가 성공하게 된 것은 모든 일을 목숨 걸고 노력하였기 때문이다. 실제로 그는 25년간 새벽 3~4시에 일어나 남보다 더 공부하고 일한 덕이라고 밝혔다. 그는 이러한 처절한 시간관리 인하여 훈장 2개, 대통령 표창 4번, 발명특허대상, 장영실상을 5번 받고 초정밀 가공분야 명장으로 추대되었다.

김규환 씨가 성공한 이유는 모든 일에 최선을 다해서 전진하였으며, 자투리 시간은 전부 모아서 자신의 지식을 쌓는 학습이나, 자기계발에 사용하였기 때문이다. 이러한 도전이 처음에는 어려웠지만 최선을 다해 노력하다 보니 점차 성취하는 속도도 빨라져 나중에는 더 많은 일들을 할 수 있게 되었다. 그는 공교육은 제대로 받지 못했지만 낭비하는 시간없이 모든 자투리 시간을 자기계발에 사용하였기 때문에 성공을 이룩하였다.

## 4. 성공하려면 꼼꼼하게 시간을 관리하라

공병호경영연구소 공병호 소장은 한국에서의 시간관리 달인이라고 할 수 있다. 공병호 씨는 2004년에만 강연 250회, 책 9권 출판, 그 밖에 각종 매체에 기고도 하고, TV나 라디오 방송도 세 프로에 출연했다. 게다가 기업의 사외이사나 경영 컨설팅까지 하고 있다. 일반인이라면 도저히 생각하기 어려울 정도로 멀티플레이어로서 시간관리를 잘하며 활동하고 있다.

공 소장은 다양한 업무를 소화하기 위해 매일 밤 10시에 잠자리에 들어 새벽 3시에 일어나 그날 해야 할 일에 대한 점검과 함께 책을 읽는 것으로 하루를 시작하는 전형적인 아침형 인간이다.

공 소장은 인간관계에 의한 시간 낭비가 크다고 생각했기 때문에 비즈니스 미팅마저도 시간을 줄이기 위하여 대부분 온라인에서 이루어지게 했다. 뿐만 아니라 시간을 줄일 수 있는 모든 방법을 동원하기 위하여 생필품을 구입하거나 공과금 납부와 금융업무마저도 대부분 온라인에서 해결한다.

공 소장의 시간관리를 위한 시간 계획은 일정 관리 위주로 짜는 게 아니라 목표관리 위주로 하루 일과를 계획하고, 진행하는 '체크리스트' 식 시간관리법을 사용하여 시간 낭비를 최소로 줄이고 있다. 대신 장기 계획을 수립할 수 있는 탁상용 달력과 하루 일과를 기록할 수 있는 조그마한 수첩을 활용하고 있다.

수첩을 기록하는 방법은 시간 낭비를 줄이기 위해 먼저 하루에 해야 할 목표를 우선순위별로 정리하고, 그에 따라 자신이 하루에 보낸 시간을 기록하고, 자기 전에는 하루를 어떻게 보냈는지 평가해 다음 날에 반영한다.

공 소장은 주말마저도 무조건 쉬고 노는 날, 가족에 봉사하는 날이라는 고정관념을 깨고 자신의 업무에 집중하거나 부족한 부분을 보충할 수 있는 중요한 날로 인식하고 계획을 세워 행동한다.

공병호 소장이 오늘날처럼 성공하게 된 원인은 부지런함에도 기인하지만, 철저한 시간 사용계획을 세우고 그에 따라 오늘의 목표를 세우고, 실천하며, 평가하여 반영함으로 자투리 시간도 빈틈없이 이용하는 데 있다고 할 수 있다.

# 5. 성공하려면 중요한 것부터 하라

『성공하는 사람들의 7가지 습관』으로 유명한 스티븐 코비 박사가 제시한 시간관리 방법을 보면 우리가 세상에서 만나는 일은 크게 4가지로 나눌 수 있다고 하였다. 스티븐 코비 박사는 일의 성격과 우선순위, 중요도에 따라 다음과 같은 4가지로 분류하였다. 첫 번째는 급하고도 중요한 일, 둘째는 당장은 급하지는 않으나 중요한 일, 셋째는 급하긴 해도 중요하지 않은 일, 넷째는 급하지도 중요하지도 않은 일이다.

| A 급하고 중요한 일 | B 급하지 않고 중요한 일 |
|---|---|
| 누가 갑자기 아프다든지, 사고가 나든지, 집에 불이 난다든지, 혹은 직장에서 승진하든지, 게을리하면 회사에서 쫓겨날 만한 일 | 좋은 책 읽기, 우정 다지기, 외국어 익히기, 견문 쌓기, 인격 다듬기, 가족애 만들기, 건강 지키기, 네트워크 넓히기 |
| C 급하고 중요하지 않은 일 | D 급하지 않고 중요하지 않은 일 |
| 끝도 없는 회의, 우편물 정리, 집안 청소, 식사 메뉴정하기, 매일 만나는 친구 만나기, 개업식에 참여하기 | 밤을 새워 행하는 게임, 음주, 오락, TV시청이나 컴퓨터 전자오락처럼 한 번 빠지면 시간을 잡아먹는 「괴물」 |

첫째, 급하고 중요한 일은 자신과 사람의 생명이나 인생에 중요한 영향을 주는 일로, 누가 갑자기 아프다든지, 사고가 난든지, 집에 불이 난다든지, 혹은 직장에서 승진하든지 하는 일과 관련된 일이다. 이런 일은 인생에서 가끔 이루어지는 일이며, 만약 이런 일을 만나게 되면 누구나 최선을 다해 위기 상황을 타개하기 위한 노력을 기울이게 될 것이다.

둘째, 급하지 않고 중요한 일은 좋은 책 읽기, 우정 다지기, 외국어 익히기, 견문 쌓기, 인격 다듬기, 가족애 만들기, 건강 지키기, 네트워크 넓히기 등이 여기에 해당한다. 이것들은 인생을 살아가는데 정말 중요한 일이지만 오늘 당장 급하지 않기 때문에 항상 다음으로 밀려나는 일이기도 하다. 일단 내일로 밀려난 일들은 다음에도 역시 급하지 않아 또 다시 다음으로 밀려나 결국 평생 이루어지기 어려운 일도 많다. 스티븐 코비는 성공적인 삶을 산 인물들은 자기 시간을 많이 쓴다고 하면서 성공하기 위해서는 이 영역을 실천하기 위한 습관을 들여야 한다고 말했다.

셋째, 급하지만 중요하지 않은 일은 식사 메뉴 정하기, 매일 만나는 친구 만나기, 개업식에 참여하기 등이 여기에 해당한다. 스티븐 코비 박사의 연구에 따르면 미국의 이름 있는 초우량기업에 근무하는 경영 간부들도 시간의 70% 정도를 이 영역의 일에 쓰는 것으로 밝혀졌다. 바쁜 하루 일과를 정리하고 조용히 앉아 오늘 했던 일을 제목으로 정리해보면 우리도 셋째 영역에서 헤매고 있음을 실감하게 될 것이다. 종일 분주하게 뛰었는데도 정작 오늘 한 일이 무엇인가를 메모를 하자니 마땅히 적을 것이 없는 상황이 된다. 이렇듯 자기 시간의 대부분을 셋째 영역에 써버리고 나면 상대적으로 둘째 영역에 주어지는 시간은 빈약할 수밖에 없다.

넷째, 급하지 않고 중요하지 않은 일은 첫째 영역과 반대영역으로 사람들이 심심하다는 이유에서 밤을 새워 행하는 게임, 음주, 오락 등이 여기에 해당된다. 불필요하게 긴 전화나 요새 유행하는 인터넷에 댓글 달기도 지나치면 넷째 영역의 일이 되기 쉽다.

스티븐 코비는 주어진 시간을 누가 더 효과적으로 활용하느냐에 따라 인생의 결과가 달라진다고 하였다.

## 6. 성공에는 시간관리가 가장 중요하다

세계적인 석학 피터 드러커는 96년의 생애 가운데 총 35권의 책을 출간했다. 드러커는 54년 '경영의 실천'을 발표함으로써 '현대경영학의 아버지'로 인정받았다. 그의 저서 중 1966년

저술되어 세계 24개국에 번역되어 꾸준히 읽히고 있는 책 『THE EFFECTIVE EXECUTIVE』를 보면 자기 경영 방법의 가장 중요한 첫 번째로 시간관리에 대한 중요성을 이야기하고 있다.

피터 드러커는 그의 저서에서 시간관리를 잘해서 목표를 달성하는 사람들은 공통적으로 다음과 같은 특징을 가지고 있다고 하였다.

첫째, 시간관리를 위해 실제로 자기의 시간이 어디에 사용되고 있는지를 파악해야 한다.

둘째, 시간을 잘 관리하기 위해서는 시간 낭비 원인을 파악해서 제거해야 한다.

셋째, 내가 반드시 해야 할 일을 하기 위해서는 권한 위임을 하고 나뿐 아니라 다른 사람의 시간을 낭비하게 하지 않도록 관심을 가져야 한다.

넷째, 목표 달성을 위해 방해 받지 않는 상당한 양의 연속적인 시간 단위를 사용해야 한다.

제 **8** 장

# 타임마스터를 통한 시간관리 전략

1. 타임마스터의 특징
2. 타임마스터 전체 구성
3. 계획하기(Plan)
4. 실행하기(Action)
5. 평가하기(Check)
6. 반영하기(Trace)

**타임마스터(Time Master)는** 지금까지 나와 있는 다이어리나 플래너를 바탕으로 저자의 시간관리법을 추가하여 새롭게 만든 시간관리 프로그램이다. 타임마스터는 단순히 기존의 다이어리들처럼 스케줄을 메우는 공간이 아니다. 타임마스터의 진짜 역할은 업무나 회의의 일정을 적는 것만이 아니라 스케줄 사이에서 공백의 '시간'을 찾아내는 데 있다.

　또한 기존의 다이어리나 플래너를 해본 경험이 있음에도 불구하고 뚜렷한 효과를 보지 못한 경우가 많은데 그것은 우리가 인생의 계획을 대개 1년이나 며칠 단위로 세우기 때문이다. 즉 인생을 근시안적으로 보았기 때문이다.

　위대한 성공을 꿈꾼다면, 보다 넓은 안목을 가지기 위해 자신의 미래를 설계하는 건축가처럼, 장기적인 계획을 세우는 것이 좋다는 데서 타임마스터는 시작되었다.

　바쁜 일상생활에서 어떻게 하면 미래에 대한 정확한 계획을 세우고 '시간'을 창출하고 활용하여 자기계발에 힘을 쏟을 수 있을까를 고민하고 만든 것이 타임마스터이다.

　타임마스터는 시간관리 습관을 구축하고, 목표지향적인 삶을 통해 개인의 변화를 이끌어 내는 시스템이다. 타임마스터는 다른 일정관리 프로그램과 같이 시간관리와 자기관리에 초점을 두고 있지만 확장된 활용을 통해 실적관리, 인맥관리, 프로젝트 관리, 지식관리 등을 효과적으로 수행할 수 있도록 설계되어 있다.

　따라서 타임마스터의 양식대로 기록을 해나가다 보면 자신도 모르게 시간관리의 달인이 되어 가고 실제로도 시간을 효율적으로 관리를 할 수 있으며, 남은 시간을 생산적으로 사용할 수 있다.

# 1. 타임마스터의 특징

첫째, 전문적인 시간경영 학습 프로그램을 포함하고 있다. 타임마스터는 기존의 시간관리 방법과 같이 단순한 양식지에 간단하게 일정을 관리하는 것에 그치는 것이 아니라 시간관리와 자기관리가 어떤 연계관계를 갖는지를 체계적 이론을 통해 알려줌으로 인하여 시간관리와 자기관리에 대한 연계체계를 배울 수 있다.

둘째, 2차원적 입력양식을 통해 체계적인 시간관리를 할 수 있다. 타임마스터는 자신의 미래를 입체적으로 계획한다는 취지하에 1차원적인 단순 항목기입 형식을 벗어나, 도형을 그려서 설계하는 2차원적 입력 형식을 취하고 있다. 2차원적 입력을 통해 기입한 목표를 잠재의식 속에 잘 각인시키고 활동과의 관계성을 인식하게 하여 체계적인 시간관리를 하는 데 도움을 준다.

셋째, 생각의 발산과 수렴작용을 활용하여 미래설계를 할 수 있다. 자신의 목표를 정하거나 시간계획을 세울 때, 초기에는 많은 생각과 아이디어를 내어 놓아야 하므로 틀에 얽매이지 않고 자유스럽게 생각나는 대로 적는다. 따라서 의미가 있든 없든 많은 꺼리들을 생각해 내어 자유롭게 다이어그램에 적어 넣는다. 이 단계에서는 생각의 발산작용이 일어난다.

다음에는 꺼내어 놓은 생각과 아이디어들을 일정한 기준으로 의미 있는 것들만 취하고 의미 없는 것들은 버린다. 즉, 사고를 좁히고 아이디어를 수렴하는 작업을 해야 한다. 수렴과정을 통해 필터링 되고 정리된 항목은 스스로 수긍할 수 있는 목표와 가치관이 되어 잠재의식에도 잘 각인될 수 있다.

넷째, 확인과 피드백 강화를 통해 실천력을 기른다. 시간관리를 성공하기 위하여 가장 중요한 것은 바로 실천이다. 실천을 관리하기 위해서는 지속적으로 목표수행을 체크하고 습관을 진단하는 것이 필요하다.

타임마스터는 먼저 삶의 목표를 설정한 후 그에 따른 비전선언문을 작성하고, 비전에 따라 인생을 설계하고, 구체적인 실천을 위해 연간일정, 월간일정, 주간일정, 일간일정 속에 활동계획을 세워 이를 실행하도록 구성되어 있다. 또한 입체적으로 목표수행과 습관을 진단하게 하여 다음 계획이나 목표를 세울 때 효과적인 피드백을 할 수 있게 되어있다. 피드백을 통해 스스로 취약하다고 생각하는 부분은 다음 계획을 세울 때 반영하여 실천하면 성과향상에 큰 도움이 된다.

## 2. 타임마스터 전체 구성

타임마스터의 전체 구성은 목표를 설정하고 실행하는 기본적인 Planning System을 근간으로 하고 있다. 거기에 전체 시간관리 프로세스를 리뷰하는 Trace단계를 추가하여 PACT 시스템으로 완성하였다. PACT 시스템은
'목표/계획수립(Plan)-실행(Action)-목표수행 및 습관 평가(Check)-반영하기(Trace)'
로 구성되어 있다.

### 타임마스터의 전체 구성

| 계획(Plan) | 실행(Action) | 평가(Check) | 반영(Trace) |
|---|---|---|---|
| 목표와 계획들을 세우는 단계 | 목표와 계획에 대한 실행 단계 | 목표에 얼마나 도달했는지 평가하는 단계 | 평가결과를 분석하여 부족한 부분을 반영하는 단계 |
| - 삶의 목표 설정<br>성공의 계단 작성하기<br>주목표 세우기<br>세부목표 세우기<br>가치관 세우기<br>- 비전 설정<br>비전선언문 작성하기 | 개인일정 및 업무수행에 대한 기록<br>- 연간 일정 실행<br>- 월간 일정 실행<br>- 주간 일정 실행<br>- 일간 일정 실행 | -연간 목표 수행 평가<br>-월간 목표 수행 평가<br>목표수행점검<br>생활습관 점검<br>삶의 균형 점검<br>- 주간 일정 평가<br>- 일간 일정 평가 | 자기관리 및 업무습관 등 전체적인 진행을 돌아보고 균형적인 삶을 지향. PAC과정을 통해 얻은 지식과 정보, 피드백 등의 과정 산물들을 정리. |

# 3. 계획하기(Plan)

### 가. 삶의 목표 설정하기

사람들은 성공을 원하고 있으면서도 자신의 목표가 명확하지 않은 사람들이 많다. 자신이 바라는 것을 명확하게 알지 못하고 성공할 수 있을까? 당연히 목표가 정확하지 못하기 때문에 성공이 무엇인지 모를 것이다.

코이라는 이름의 잉어가 있다. 코이는 작은 수족관에 넣어 두면 3인치까지밖에 자라지 않지만 조금 더 큰 수족관이나 연못에 넣어 두면 6~10인치까지 자라고, 커다란 강 속에서는 36~48인치까지도 자란다고 한다.

우리의 삶은 코이를 참 많이 닮아있다. 코이의 크기를 결정하는 것은 환경이지만 어떠한 환경을 선택할 것인가, 즉 우리 스스로를 어항에 머물도록 할 것인지 커다란 강으로 인도할 것이지 결정하는 것은 바로 우리 자신이기 때문이다.

여기서는 구체적으로 자신의 미래와 삶의 기준을 정해 방향성을 갖는 단계다. 삶의 우선순위와 판단기준을 갖게 하기 위해 가치관을, 삶의 방향을 위해 목표를 설정하도록 하고 있다.

1) 성공의 계단 설정하기

　삶의 가치관이나 성공의 목표를 결정하는 것은 개인에게 쉽지 않은 주제이다. 또한 자신이 설정한 삶의 가치관과 성공의 목표가 결정되었다고 해도 성공의 기준에 얼마나 부합하는지 궁금하게 여겨지기도 하다.

　성공의 계단은 가치관 세우기 양식을 통해 자신이 생각하는 성공의 가치들을 찾아낸 후 삶의 수레바퀴 양식을 통해 점검한다. 이것을 통해 자신의 현재 상태를 주기적으로 진단하면 성공적인 삶을 살고 있는지 여부를 점검할 때나 목표를 설정할 때 도움이 된다.

　성공의 계단에서 설정한 가치를 중심으로 매월 자신의 상태를 진단하여 그 변화상을 비교하면 자신의 성장과 삶의 만족도를 주기적으로 파악할 수 있다. 진단 후 취약영역이 발견되면 그것을 충족하기 위한 목표와 계획을 목표설정시 반영해 보자.

## 성공의 계단 1단계 – 성공의 가치 설정
(가치관 세우기 양식 활용)

### 가치관 다이어그램

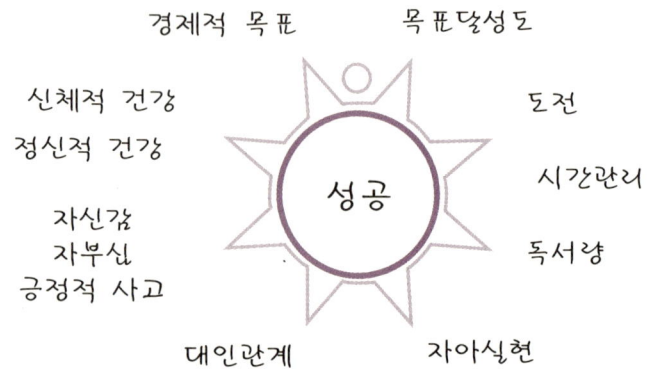

### 가치관 정리

| 우선순위 | 가치 기준 |
|---|---|
| 1 | 긍정적 사고 |
| 2 | 신체적 건강 |
| 3 | 자신감 |
| 4 | 자아실현 |
| 5 | 경제적 목표 |
| 6 | 시간관리 |
|   |   |
|   |   |

## 성공의 계단 2단계 - 성공의 가치추구 정도 점검
### (삶의 수레바퀴 양식 활용)

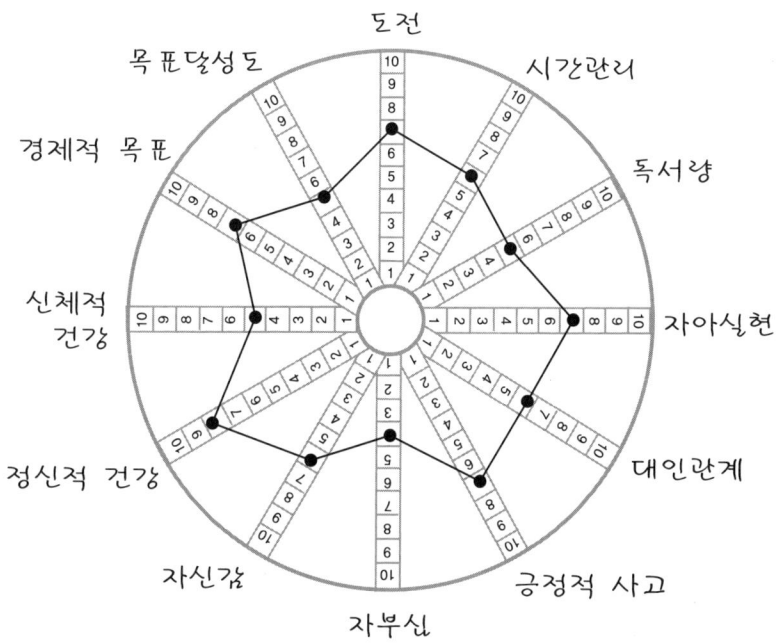

2) 가치관 세우기

가치관 세우기는 자신의 가치관을 세우고 그 가치관의 우선순위를 세우는 것을 도와주는 노트다. 삶의 가치관은 삶의 기준이고, 우선순위를 결정할 때 영향을 미친다는 점에서 큰 의미가 있다.

가) 가치관 세우기

양식은 두 부분으로 나누어지는 데 '가치관 세우기'에서는 형식에 구애 받지 않고 브레인스토밍을 하는 기분으로 자유롭게 가치관들을 적어본다. 어느 정도 적었으면 각 가치에 대해 우선순위를 생각하면서 '가치관 정리' 란에 순서대로 정리한다.

**가치관 세우기**

### 가치관 다이어그램

### 가치관 정리

| 우선순위 | 가치 기준 |
|---|---|
| 1 | 마음의 평화 |
| 2 | 종교적 믿음 |
| 3 | 열정 |
| 4 | 배려 |
| 5 | 경제력 |
| 6 | 신체건강 |
| 7 | 정신건강 |

우선순위는 1, 2, 3, 4…… 식으로 적을 수도 있고, 우선순위를 더 구조화해서 A-1, A-2, B-1, B-2…… 식으로 2단구조로 표시하는 방법도 사용해 볼 수 있다.

여기에서 정립한 가치관 항목은 자신의 삶의 만족도를 측정하는 항목이 된다.

나) 가치관 수레바퀴 진단

앞서 정한 가치관 항목을 삶의 수레바퀴 양식에 기입하고 점수판에 만족도를 표시하고 각 표시를 잇는다.

⇒ 현재의 삶이 자신이 정한 가치에 얼마나 부합하는지 살펴 볼 수 있다. 3개월 단위로 체크하면 자신의 가치관과 우선순위의 변화를 살펴볼 수 있다.

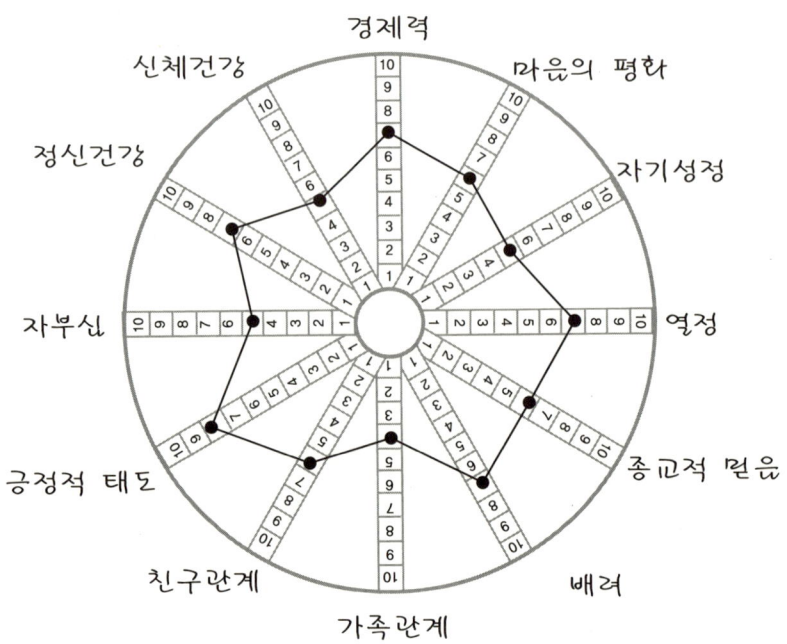

가치관 수레바퀴 작성하기

## 나. 비전 설정하기

목표설정은 시간관리에 있어서 가장 중요한 부분이다. 자신의 삶의 지향점을 제시할 뿐만 아니라 자신이 제대로 시간을 활용하고 있는지 판단 기준이 되기도 한다. 자신의 목표에 부합하는 활동에 시간을 많이 쓰고 있다면 시간관리를 잘 하고 있는 것으로 볼 수 있다.

### 1) 비전선언문 작성하기

미래를 예측하는 가장 정확한 방법은 직접 미래를 만드는 것이라는 피터 드러커의 말처럼 자신이 바라는 미래를 만들기 위해서는 지금까지와는 무언가 다른 방법을 취해야 한다. 성공한 사람들의 특징을 보면 여러 가지 공통점이 있지만 그 중에서 가장 중요한 것이 하나같이 비전을 크게 세웠다는 것이다. 물론 성공한 사람들 중에는 비전을 세우지 않았는데도 우연한 기회에 운이 좋아서 성공한 사람들도 있지만 그런 케이스는 그리 많지 않다. 자신의 미래에 대한 비전을 구체적으로 세운 사람일수록 성공에 이르는 비율이 높다.

그러나 단순히 '비전'을 세우는 것만으로는 목표하는 성공을 이룰 수 없다. 성공한 사람들은 가슴에 하나같이 비전의 강력한 성취 도구인 비전선언문을 만들어서 이를 실천했다.

여러분의 비전선언문 작성을 돕기 위해서, 다음과 같은 질문들을 드리겠다. 질문들을 통해서 여러분의 생각이 넓어지고, 미래를 향한 꿈이 생겨나기를 바란다.

1. 당신은 5년 후, 10년 후, 20년 후, 30년 후, 40년 후에 어떤 모습으로 되어 있기를 원하십니까?
2. 당신이 나중에 닮았으면 하는 사람은 누구입니까?
3. 그 사람의 어떤 모습을 닮고 싶습니까?
4. 그 사람의 직업생활은 어떨 것이라고 생각하십니까?
5. 회사에서 해고되기 전, 또는 죽기 전 6개월밖에 남지 않았다면, 당신은 무엇을 준비하시겠습니까?

6. 돈에 신경을 쓰지 않아도 된다면, 일생 동안 무엇을 하며 지내고 싶은 가요?
7. 만일 당신이 지금보다 5년만, 10년만 젊었다면 무엇을 하고 싶습니까?
8. 3년 후 토요일 오후 6시가 되었습니다. 어디에 있으며, 무엇을 하고, 어떤 옷을 입고 있습니까?
9. 사회생활을 정리하고 노후 생활을 하여야 합니다. 지금껏 여러분이 이룬 것을 3가지만 이야기하라고 한다면 무엇입니까?
10. 노후 생활을 어떻게 보내고 싶습니까?

이런 생각들은 여러분들의 미래의 비전선언문을 작성하는 데 도움이 될 것이다. 하루 앞이라도 미래를 볼 수 있는 눈을 가진 사람은 없지만, 우리는 미래를 꿈꿀 수 있는 생각의 능력을 가지고 있다. 무한한 상상을 하면서, 우리가 앞으로 이루어 나갈 바람직한 비전을 만들어 보길 바란다. 비전선언문을 작성하는 데 정해진 공식은 없다. 매년 또는 5년이나 10년 단위로 작성할 수도 있고, 인생 전체를 이끌 수 있는 생활신조로 비전선언문을 만들 수도 있다.

비전선언문은 타임마스터에서는 제공되지 않지만 부가적으로 양식을 만들거나 일반적으로 많이 사용하는 메모지에 작성한 후 타임마스터의 블랙박스 영역(흑색종이로 된 양식지)에 붙여두고 수시로 확인하는 것이 좋다.

〈표〉 10년 단위의 비전선언문

| | 20세 | 30세 | 40세 | 50세 | 60세 | 70세 | 80세 | 90세 | 100세 |
|---|---|---|---|---|---|---|---|---|---|
| 비전 | 대학졸업<br>취업 | 결혼 | 집구입 | 임원승진 | 퇴사 | 사회봉사 | 은퇴 | | |

〈표〉 생활신조로 만든 비전선언문

나는 반드시 성공한다.

나는 성공자 중의 성공자이다.

나는 성공하기 위해 태어났다.

나는 한국에서 영향력 있는 지도자가 될 것이다.

오늘 하루는 나에게 마지막 남은 기회다.

나는 어떤 상황에서도 미리 포기하지 않는다.

오늘보다 내일은 두 배나 더 열정적으로 살 것이다.

한계는 내가 만들어낸 기준일 뿐이다.

내 행복은 나의 마음에서 나온다.

나는 한 가지를 해서 실패하면 두 가지를 도전한다.

어려움을 극복하지 못하면 실패한다는 것을 인식하라.

언젠가 해야 할 일이면 지금하자.

누군가 해야 할 일이면 내가 하자.

내가 해야 할 일이면 더욱 잘하자.

절망과 고통도 즐기면 행복이 된다.

> 내 꿈을 버리지 않는 한 내 꿈은 실현된다.
>
> 나를 욕하는 사람이 있으면 마음 아파하지 않고 더욱 노력한다.
>
> 내가 가는 길이 아무도 알아주지 않는 길일수록 값진 길이다.
>
> 나는 새로움에 항상 도전한다.
>
> 나는 과거보다 현재나 미래에 초점을 둔다.
>
> 나는 성공자이다.
>
> 나는 반드시 성공한다.

위의 생활신조로 만든 비전선언문은 저자가 성공을 기원하기 위해 만든 비전선언문이다. 저자는 매일 위의 선언문을 되뇌며 역량 개발을 위해 노력하고 있으며, 성공을 향해 도전하고 있다. 여러분들도 매일 반복해서 읽어보기 바란다. 그러면 여러분들의 잠재능력이 발견될 뿐만 아니라 생활 속에서 놀라운 일들이 일어날 것이다.

### 2) 비전실천 전략

처음부터 우물 안에서 태어나 자란 개구리는 우물 속에 갇혀 있어 아무것도 보이지 않는다 해도 그곳에서 빠져 나오고자 노력하지 않는다. 현재의 상황이 아무리 고통스럽다 하더라도 더 나은 곳으로 갈 수 있다는 확신이 없다면 그곳을 벗어나려 하지 않을 것이다.

그러나 세상에서 자란 개구리가 우물 안에 갇히게 되면 개구리는 어떻게 하든 우물 안에서 밖으로 나오려고 노력을 한다. 개구리는 불가능하다는 것을 알아도 우물 밖으로 나오려고 도전하게 된다.

그것은 현재 상황보다 더 나은 곳으로 갈 수 있다는 확신이 있기 때문이다. 그러나 개구리가 무작정 우물 밖으로 나오려고 하면 수많은 시행착오를 거쳐야 한다. 무조건 뛰어 올라봐야 힘만 든다는 것을 알게 되면, 도구를 이용하게 되고 결국 수많은 시행착오 끝에 개구리는 다시 광명을 찾을 것이다.

이처럼 우리는 우물 밖으로 나오려는 개구리처럼 비전을 세우면 도전을 실천하게 된다. 그러나 실천 전략을 마련하지 않고 무작정 도전한다면 수많은 시행착오를 거치게 되어 상처뿐인 영광을 얻거나, 실패할 수도 있다.

따라서 비전을 달성하려면 확실한 실천 전략이 있어야 한다. 비전을 실천하는 과정은 다음과 같다.

◇ 비전 실천을 위한 핵심 성공 요소를 파악한다.

비전을 실천하기 위한 핵심 성공요소가 무엇인지를 파악하는 것은 비전을 실현하는 데 매우 중요하다. 비전에 따라서는 공부로, 사업으로, 돈으로 접근해야 할 때가 있다. 따라서 어떠한 비전이냐에 따라 각기 다른 접근 방법을 선택하여야 한다. 접근 방법이 결정되면 성공하기 위한 핵심요소가 무엇인지를 파악해야 한다. 성공을 위한 핵심요소에는 인맥, 노력, 경력이 있다.

이러한 접근 방법과 핵심요소가 결정되면 다음은 어떻게 실행할 것인가의 문제를 선정해야 한다. 어떻게 실행할 것인가에 대한 판단은 "최선을 다할 것인가, 대충할 것인가, 때를 기다릴 것인가, 지금 할 것인가 아니면 나중에 할 것인가" 등을 자문해 봄으로써 내릴 수 있다.

◇ 비전 실천을 위한 장애물을 제거해야 한다.

비전을 실천하기 위해서는 비전을 실현시키는 데 도움이 되지 않는 것들을 최대한 제거해야 한다. 비전은 큰데 비전 실현을 위해 최선을 다하지 않으면 목적을 달성할 수 있어도 최고는 될 수 없다. 따라서 내가 비전을 실천하는 데 장애물이 되는 단점이나 한계 등을 제거하여야 한다. 한 가지 일에 집중하지 못한다든지, 자신감이 결여되었다든지, 실천의지가 없다든지, 두려움이 있다든지 하는 장애물을 제거하지 못하면 비전 전략 계획은 의미가 없다.

◇ 비전과 전략을 공유한다.

비전과 전략은 주변에 있는 지인들과 공유하면 비전은 더 커지며 전략은 더욱 공고히 된다. 내가 세운 비전이지만 주변 사람들과 공유하면 주변 사람들과의 상호작용을 통해 애초에 가졌던 비전은 점차 확고해지며 커진다. 전략을 공유하면 주변으로부터 일관성 있는 관심과 후원을 얻을 수 있어 비전을 실천하는 데 도움을 준다. 또한 주변에서 전략을 같이 하고자 하는 인맥들이 구성되어 내가 실천하고자 하는 비전에 도움을 받을 수 있다.

◇ 전략의 주기적인 평가는 성공을 빨리 오게 한다.

자신이 세운 전략에 대한 주기적인 평가는 자신의 비전을 더욱 활기차게 만든다. 비전의 공고화는 성공에 이르는 길을 짧게 해준다. 전략에 대한 주기적인 평가는 일정한 기간이 경과한 뒤에 자신이 세운 전략을 얼마나 달성했는가를 평가하는 것이다. 자신이 설정한 측정 기준에 따라 주기적으로 전략의 실행 정도를 종합적으로 평가함으로써 비전이 얼마나 실행되고 있는가를 측정할 수 있다. 이는 전략 실행 정도, 자신의 정신 자세, 환경의 변화 등 최종 목표를 실현하기 전에 자신의 비전을 실행할 수 있는 역량 수준을 파악할 수 있게 한다. 또한 자신의 비전을 실행할 수 있는 역량 수준을 파악함과 동시에 목적했던 성과로 연결되는지를 파악할 수 있게 한다. 그리고 지금까지 해 온 전략 실행이 잘못된 방향으로 가는 왜곡 현상을 막아 준다.

### 다. PACT를 이용한 인생설계

#### 1) 삶의 연대기

자신이 꿈꾼 이상적 미래상을 달성하기 위해 중장기적으로 이루어야 할 것이 무엇인가 조금 더 구체적으로 접근해야 한다. 이 양식에 내용을 기입할 때 핵심은 현재형으로 적어야 한다는 것이다. 이것은 목표설정 양식에서도 동일한 원리가 적용된다.

20년간의 미래상을 한 번에 모두 기입하지 않아도 된다. 꿈과 목표는 그것에 집중하고 지향하고 있으면, 스스로 더 확신을 가질 수 있는 형태로 다듬어진다. 따라서 한 번에 작성을 완료하려 하기보다는 수시로 보고 점검하면서 수정하는 것이 좋다.

자신이 꿈꾸는 미래상을 기록해 볼 수 있도록 타임마스터에서는 삶의 연대기라는 양식을 제공한다.

### 삶의 연대기를 이용한 미래상 그리기

| 연도 | 내용 | 시점 |
|---|---|---|
| 2008년 현재 | - 과장승진<br>- MBA학위 시작 | 현재 |
| 2009년 | - 팀장 승진<br>- 30평대 부부명의 아파트 구매<br>- 개인사업 준비 | 1년 후 |
| 2011년 | - 컨설팅 사업 시작<br>- 가족유럽여행<br>- 10억대 자산 보유<br>- 사회봉사활동 | 3년 후 |
| 2013년 | - 100억 매출 달성<br>- 30억대 자산가<br>- 매년 1억씩 사회 기부 | 5년 후 |
| 2018년 | - 자선교육기관 설립<br>- 저술활동 시작<br>- 강연활동 준비 | 10년 후 |

### 2) 주목표 세우기

타임마스터의 목표세우기 양식은 자신이 정한 비전을 중심으로 목표를 설계할 때 활용된다. 앞서 비전선언문과 삶의 연대기에서 작성한 미래상을 참조하여 구체적인 목표를 구상한다. 자신의 비전을 중심에 두고 이것을 실현할 목표들을 적어본다. 비전이 확실히 정리되어 있지 않았다면 자신의 이름을 중심에 두어도 된다.

## 목표 다이어그램

자녀를 누구나 인정하는 겸손한 인재로 키운다.

사회에 봉사하는 기업을 경영한다.

아내와 행복하고 건강하게 90살까지 산다.

사업으로 10억 벌기

홍길동

50세 이전에 세계일주 한다.

내 분야에서 5대 전문가 안에 든다.

50평대 아파트 장만한다.

50대 이상 나가는 명저 저술한다.

## 목표 정리

|   |   | 달성기한 |
|---|---|---|
| ☐ | A 사회에 봉사하는 기업을 경영한다. | 40세 |
|   | 사업으로 10억 벌기 | 45세 |
| ☐ | B 내 분야에서 5대 전문가 안에 든다. | 45세 |
|   | 50평대 아파트 장만한다. | 45세 |
|   | 아내와 행복하고 건강하게 90살까지 산다. | |
| ☐ | C 50대 이상 나가는 명저 저술한다. | 55세 |
|   | 50세 이전에 세계일주 한다. | 50세 |
|   | 자녀를 누구나 인정하는 겸손한 인재로 키운다. | |

① '목표 다이어그램'은 마인드맵 형식을 취하고 있는데 중심에는 자신의 이름을 쓴다. 각 가지에는 비전을 달성할 각각의 목표를 기입한다.
② '목표 정리하기'에서는 다이어그램에 기입한 목표를 정리하면서 순위를 결정한다. 여기서 주요 확정목표를 하나 정해 별도로 표시해 두는 것도 좋은 활용법이다.
③ 오른쪽 하단의 기입공간에는 달성기한을 적어 마감에 대해 인식할 수 있게 한다.

3) 세부목표 세우기

주목표 세우기에서 결정한 목표를 달성하기 위한 구체적인 세부목표와 실행계획을 설정한다. 주목표 세우기에 썼던 목표세우기 양식을 그대로 활용한다.

① 세부목표 다이어그램 중심에는 주목표 세우기에서 정한 목표 항목 한 가지를 기입한다. 그리고 그것을 달성하기 위해 필요한 세부목표들을 각 가지에 적어 나간다.
② 세부목표 기입이 끝나면 우선순위를 정해 세부목표를 '목표 정리하기' 란에 정리하여 기입한다. 무엇부터 달성하면 가장 효과가 큰지, 가장 선행되어야 할 것이 무엇인지 결정하여 ABC란에 적절히 배열한다.
③ 오른쪽 하단의 기입란에는 세부목표를 달성하는 데 필요한 실

## 목표 다이어그램

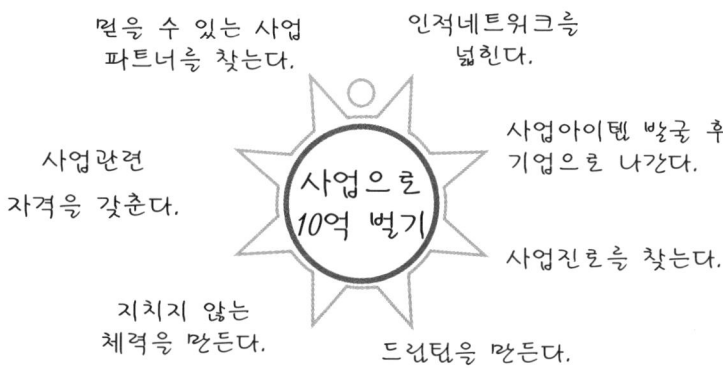

## 목표 정리하기

|  |  | Action |
|---|---|---|
| ☐ A | 사업아이템 발굴 후 기업으로 나간다. | 정기리서치 |
|  | 필요한 사업관련 자격을 갖춘다. | 경영관련 스터디 or 대학원 진학 |
| ☐ B | 믿을 수 있는 사업 파트너를 찾는다. | 지인 중에서 찾기 |
|  | 드림팀을 만든다. | 리더십 공부 or 직원 동기부여 |
| ☐ C | 사업진로를 찾는다. | 내 분야 성공자 찾기 |
|  | 지치지 않는 체력을 만든다. | 주 3회 운동 |

천계획(Action)들을 기입한다. 세부목표를 달성하기 위해 필요한 Action, 제약사항, 필요한 정보, 습관, 장애요인, 도움을 받을 수 있는 인맥들을 기입하는 것도 좋다.

### 라. 연간일정기록

#### 1) 연간일정기록표

일정한 기간이 소요되는 업무보다는 특정 날짜 하루에 계획된 일을 표시하는 데 좋다. 요일정보와 휴일 및 음력 날짜 정보를 참조하여 연간 일정을 계획해 보면 일목요연하게 연간계획을 볼 수 있어서 일을 중복되지 않게 체계적으로 정리할 수 있다.

|    | 1월        | 2월      | 3월          |
|----|-----------|---------|-------------|
| 1  | 화 (신정)   | 금       | 토 (삼일절)   |
| 2  | 수  시무식 | 토       | 일           |
| 3  | 목         | 일  생일 | 월           |
| 4  | 금         | 월 〈입춘〉| 화           |
| 5  | 토  팀 워크샵 | 화    | 수 (경칩)    |
| 6  | 일 〈소한〉 | 수       | 목           |
| 7  | 월         | 목 (설날)| 금  결혼기념일|
| 8  | 화         | 금       | 토           |
| 9  | 수         | 토       | 일           |
| 10 | 목 회사설립기념일 | 일 | 월        |
| 11 | 금         | 월       | 화           |
| 12 | 토         | 화       | 수           |
| 13 | 일         | 수       | 목           |
| 14 | 월         | 목       | 금           |
| 15 | 화         | 금       | 토           |

2) 주요연간일정

 - 날짜가 구체적으로 정해져 있지 않지만 특정 월에 일어날 것으로 예상되는 일을 이곳에 기입한다.

| 1 JANUARY | |
|---|---|
| 날짜 | 주요활동 및 업무 |
| 5 | 팀 워크샵 |
| 10 | 회사창립기념일 |
|  |  |
|  |  |
|  |  |

| 2 FEBRUARY | |
|---|---|
| 날짜 | 주요활동 및 업무 |
| 3 | 생일파티 |
|  |  |
|  |  |
|  |  |
|  |  |

| 3 MARCH | |
|---|---|
| 날짜 | 주요활동 및 업무 |
|  |  |
|  |  |
|  |  |

| 4 APRIL | |
|---|---|
| 날짜 | 주요활동 및 업무 |
|  |  |
|  |  |
|  |  |

 - 1년간 활동하면서 알게 된 지인이나 1년간 읽었던 책 등 자신이 일년 동안 했던 활동의 결과들을 적어서 관리하는 것도 괜찮은 활용방법이다.

## 1 JANUARY

| 날짜 | 주요활동 및 업무 |
|---|---|
| 4 | 소유냐 존재냐 |
| 14 | 채근담 |
| 17 | 성취심리 |
| 31 | 타임파워 |

## 2 FEBRUARY

| 날짜 | 주요활동 및 업무 |
|---|---|
| 5 | 카네기 인간관계론 |
| 15 | 해리포터 4부 |

### 마. 월간계획 작성하기

- 월간 일정을 종합적으로 관리함으로 자신의 시간 사용을 구체적으로 하고 주간 목표를 점검할 수 있다.

**월간계획 작성하기**

| | 월 MON | | 화 TUE | | 수 Wed |
|---|---|---|---|---|---|
| 1 Week | | 12/31 | 신정 | 2008/1/1 시무식 | 2 |
| 2 Week | | 7 | 12.1 신년 팀 워크샵 | 8 | 9 |
| 3 Week | | 14 | 12.1 | 15 | 16 |

바. 주간일정 작성하기

주간일정 작성하기는 한주 동안의 일정을 계획하고 그에 따라 실행할 활동을 기록하는 것이다. 타임마스터는 주간일정 양식을 메인 양식으로 하고 있다. 따라서 주간계획과 일간계획을 분리하지 않고 주간일정 양식에서 모두 처리할 수 있도록 설계되어 있다.

한주 동안의 업무와 일정에 대한 계획을 주간일정에 기입하고 일일마다 해당 날짜의 활동들을 모아 실행전략을 세워 실천하는 것이다.

- 주간목표는 별도의 기입란이 마련되어 있지 않고 별도로 제공되는 다용도 포스트잇을 이용한다. 다용도 포스트잇은 해당 주에 있을 미확정 계획이나 목표를 기입해 두는 데 활용하는 것도 좋다.

| 주간목표 | | |
|---|---|---|
| 번호 | 목표 | 실행 |
| 1 | 제안서 작성 | 50% |
| 2 | 컴퓨터자료 정리 | |
| 3 | 가족여행 | V |
| 4 | 쇼핑백 납품 | |
| 5 | 독서 1권 | V |
| | | |
| | | |
| | | |
| | | |
| | | |

- 주간일정이 어느 정도 작성되면 해당하는 날짜가 되었을 때 일일단위로 활동을 관리하면 된다. 이렇게 하면 주간일정과 일간일정을 따로 기입하는 번거로움을 피할 수 있고 좀 더 넓은 안목으로 일정을 조정할 수 있게 되어 시간관리에 융통성이 높아진다.

| | | | 위임 ㅇ→ 완료 V 제거 X 연기 ├ | |
|---|---|---|---|---|
| **7**<br>**(월)**<br>**Mon**<br>**11.30** | A-1 | XX증권미팅준비 | V | A-3 행사 안내 메일링 |
| | D. | 쇼핑백 납품 확인 | ㅇ→ | |
| | A-2 | 제안서 마무리 | | |
| | B-1 | 카탈로그 발송 | V | |

위 그림처럼 활동리스트가 작성되면 우선순위를 정해 ABCD를 기입한다. 그리고 우선순위에 따라 활동을 실행한 후에는 체크란에 반드시 결과를 기입하여 나중에 피드백할 수 있게 한다.

    A : 그날 중으로 반드시 끝내야 할 중요한 일

    B : 중요하지만 그날 끝내지 않아도 되는 일

    C : 사소한 일

    D : 위임할 일

## 4. 실행하기(Action)

　실행하기 단계는 앞에서 설정한 주목표와 세부목표, 비전 선언문에서 정한 항목들을 실천하는 단계이다. 실천하지 않는 계획은 계획을 해보았다는 데 의미가 있지 성공과는 거리가 멀다. 따라서 성공하려는 목표를 가지고 있다면 앞서 설립한 각종 목표대로 실행하려는 강한 의지가 있어야 한다.

　실행하는 방법은 목표관리와 연결되어 매달, 매주 달성할 세부목표를 선택하고 그에 따라 실행하면 된다.

## 5. 평가하기(Check)

　어떤 일이든 효율성과 효과성을 알기 위해서는 평가를 해봐야 한다. 그래서 "예전에 비하여 얼마나 많은 변화가 있었는지?", "어느 부분이 부족했는지?", "어느 부분을 더 보충해야 하는지?"를 알 수 있기 때문에 다음 계획단계에서는 좀 더 실천적이고 구체적인 계획이 이루어질 수 있고, 실행단계에서는 강력한 실행방법으로 실천할 수 있다.

### 가. 연간 목표 수행 평가

1년 동안 달성하고자 하는 실적관리, 자기계발, 공부양 등 자신이 목표한 것들에 대해 실행정도를 스스로 평가하여 관리한다. 타임마스터에서는 목표설정 및 가치관 세우기의 공통 형식인 마인드맵을 이용하여 연간목표도 설정하도록 되어있다. 요령은 비슷하다.

마인드맵에 한 해 동안 수행할 목표를 떠오르는 대로 적은 후 수행체크 부분에 우선순위를 정해서 정리한다. 그리고 목표수행정도를 매달 체크하여 진척상황을 표기하면서 관리한다. 수행이 완료된 목표에 대해서는 수행완료일을 기입한다.

여기에 기입하는 목표 항목은 1회성으로 달성할 수 있는 것이 아닌 진척상황을 평가할 수 있는 목표들을 적어서 관리하는 것이 적당하다.

## 연간 목표 수행체크

### 목표 다이어그램

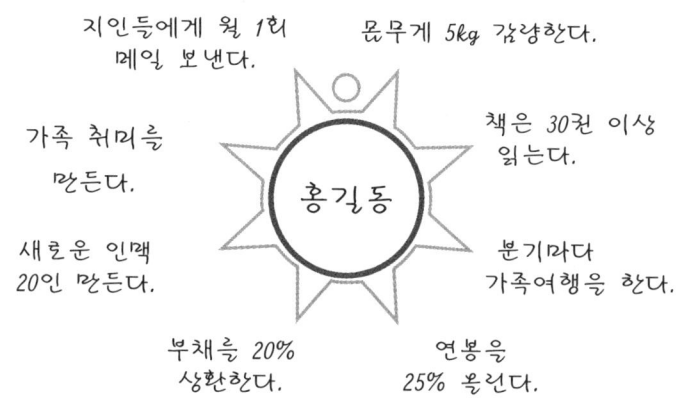

| 목표 | 수행 체크 | | | | | 완료일 |
|---|---|---|---|---|---|---|
| | 20 | 40 | 60 | 80 | 100 | |
| 분기마다 가족여행을 한다. | V | V | V | V | V | 12/15 |
| 책은 30권 이상 읽는다. | V | V | V | V | | |
| 부채를 20% 상환한다. | V | V | V | V | V | 11/1 |
| 새로운 인맥 20인 만든다. | V | V | V | | | |
| 가족 취미를 만든다. | V | V | | | | |
| 지인들에게 월 1회 메일 보낸다. | V | V | V | V | | |
| 몸무게 5kg 감량한다. | V | V | V | V | | |
| 연봉을 25% 올린다. | V | V | V | V | V | 12/30 |

나. 월간 목표 수행 평가

1달 동안 달성하고자 하는 실적관리, 자기계발, 공부양 등 자신이 목표한 것들에 대해 실행정도를 스스로 평가하여 관리한다.

1) 월간 목표 수행 점검

- 타임마스터에서 월간 목표는 개인목표와 업무목표로 분리되어 있다. 이는 업무목표만 중시할 것이 아니라 개인생활 영역에 대한 목표도 중시하여 삶의 균형에 관심을 갖게 하기 위함이다. 개인목표와 업무목표를 기입한 후 서명란에 서명을 한다. 그 서명은 반드시 목표를 달성하겠다는 자신과의 약속이다.

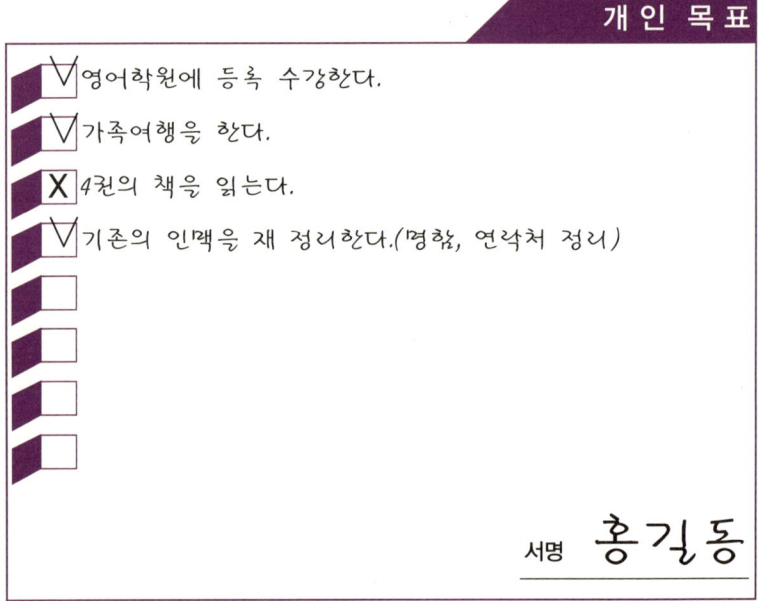

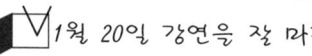

업 무 목 표

☑ 1월 20일 강연을 잘 마친다.
☑ 작년 매상을 집계, 정리한다.
☐ 신상품을 기획한다.

월말에는 자신이 설정한 목표의 달성여부를 체크표시나 달성률을 기입하여 자신이 목표에 얼마나 집중한 생활을 하였는지 점검한다.

2) 생활습관 점검

생활습관 점검은 한 달을 생활하면서 시간관리 및 자기관리 습관을 잘 지켰는지 10개의 항목에 걸쳐 평가한다.

생활습관 점검

### 생활 습관 점검

- ☑ 1. 매일 계획하는 시간을 두고 있습니까?
- ☑ 2. 일과가 시작되기 전 활동목록을 작성하고 우선순위를 정하였습니까?
- ☐ 3. 항상 우선순위 첫 번째 일을 먼저 하고 완료하였습니까?
- ☑ 4. 각 활동에 대해 마감시한을 정하고 지켰습니까?
- ☑ 5. 활동시작 전에 필요한 모든 것을 준비하셨습니까?
- ☐ 6. 일정 속에 가족과 함께 하는 시간을 계획하셨습니까?
- ☑ 7. 계획한 활동을 미루지 않고 완료하셨습니까?
- ☐ 8. 월간, 주간 목표를 명확히 구체적으로 세우셨습니까?
- ☐ 9. 자신이 정한 습관을 예외없이 실천하셨습니까?
- ☐ 10. 업무나 활동을 할 때 집중하셨습니까?

### 3) 생활균형 평가

매달 자신이 설정한 삶의 가치나 성공의 가치에 얼마나 부합하는 생활을 하고 있는지 점검할 수 있다. '삶의 균형 점검' 양식은 삶의 수레바퀴와 다른 형식으로 삶의 균형을 점검하고 있지만 요령은 같다. 왼쪽 항목란에는 추구하는 가치항목을 적은 후 각 항목에 대한 점수를 표시하고 각 표시를 잇는다. 표시를 이은 선을 중심으로 왼쪽 영역이 클수록 삶의 만족도가 좋은 것이고 표시를 이은 선의 모양이 수직선에 가까울수록 균형적인 삶을 살고 있는 것이다.

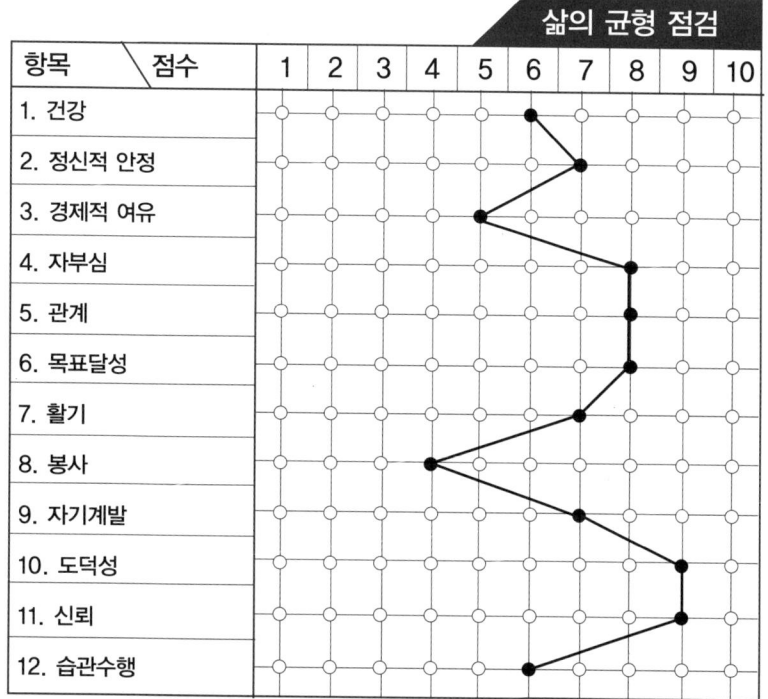

다. 일간활동 평가

일간활동 평가는 하루 동안의 일정을 계획하고 그에 따라 실행한 것을 평가하는 것이다.

- 아침이나 전날 밤에 세운 활동계획의 달성정도를 평가한다. 여기에 기입하는 수행결과는 진척상황을 평가할 수 있고 자신의 실행습관을 점거할 수 있게 해 준다.

일간 일정을 체크하면서 수시로 목표 실행정도를 살피는 습관은 목표관리나 시간관리에 큰 도움이 된다. 다음 그림과 같이 업무나 일정의 처리 결과를 약속된 기호로 기입한다.

위임 ⇨  완료 V  제거 X  연기 ⤵

| | | | | | |
|---|---|---|---|---|---|
| 7<br>(월)<br>Mon<br>11.30 | A-1 | XX증권미팅준비 | V | A-3 | 행사 안내 메일링 |
| | D | 쇼핑백 납품 확인 | ⇨ | | |
| | A-2 | 제안서 마무리 | | | |
| | B-1 | 카탈로그 발송 | V | | |

## 6. 반영하기(Trace)

평가결과를 분석하여 부족한 부분을 반영하는 단계로 자기관리 및 업무습관 등 전체적인 진행을 돌아봄으로써 균형적이고 목표지향적인 삶에 부합되는지 체크할 수 있다. 또한 PAC과정을 통해 얻은 지식과 정보, 피드백 등의 과정산물들을 정리하면 시간관리 달인의 습관을 습득할 수 있다.(타임마스터 정보 www.dreamct.biz)

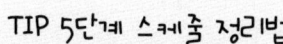

### TIP 5단계 스케줄 정리법

전날 저녁에 다음날의 업무파악→업무시간 예측→여유시간 확보(8시간을 일한다면 5시간 정도만 확실하게 계획)→업무의 우선순위, 생략하고 축소할 것, 남에게 맡길 일이라면 위임자 결정→일일계획표나 주간계획표에 메모하기

(한네로레 프리츠 『사무정리, 내가 도와줄게』 중에서)

## 참고문헌

나카이 다카요시(2006), 조경역.『유쾌한 시간관리 노트('바쁘다, 바빠'를 입에 달고 사는 사람들을 위한)』. 고수

노구치 유키오(2004), 서은혜역.『초정리법』. 랜덤하우스

브라이언 트레이시(2005), 김동수역.『Time Power 잠들어 있는 시간을 깨워라』. 황금부엉이

브라이언 트레이시(2004), 신현철역.『개구리를 먹어라!』. 북@북스

로빈 피어스(2006), 김하락역.『시간관리 TIP 120』. 중앙M&B(랜덤하우스중앙)

로타르 J. 자이베르트(2005), 이은주역.『자이베르트 시간관리』. 한스미디어

로타르 J. 자이베르트(2003), 박기안역.『성공하는 리더를 위한 시간관리 테크닉』. 미래사

리타 엠멋(2001), 최정미역.『세상의 모든 굼벵이들에게』. 뜨인돌

마츠모토 유키오(2005), 김경인역.『시간관리의 기술』. 시아출판사

마크 포스터(2002), 형선호역.『시간관리? 인생 관리?』. 중앙경제평론사

오카츠 후미히토(2004). 정윤아역.『나를 변화시키는 초정리법』. 파라북스

유성은(2006),『성공하는 10대의 시간관리와 공부방법』. 평단문화사

이언 그린(2005), 오종윤역.『역시간관리가 돈관리다』. 더난출판

전도근(2003).『자격증 이야기』. 일진사

전도근(2004).『명강사가 되기위한 명강의 비법』. 크라운 출판사

전도근(2004).『파워풀 프레젠테이션』. 크라운 출판사

전도근(2004).『한방에 끝내는 취업전략』. 크라운 출판사

전도근(2005).『돈되는 스피치 인맥맺는 커뮤니케이션』. 성안당

전도근(2005).『멀티플레이어』. 일진사

정윤희(2003).『정보의 달인』. 넥서스

쥬디스 브릴스(2003), 김태항역.『사연 많은 거위가 황금알을 낳는다』. 청년정신

줄리 모건스턴(2002), 노혜숙역.『능력있는 사람의 시간관리』. 더난출판

제프 데이비슨(2002), (주)러닝솔루션역.『시간관리(10 Minute Guide)』. 피어슨에듀케이션코리아

제프리 모스(2001), 곽명단역.『일 잘하는 사람들의 시간관리』. 시대의창

캐슬린 켄달 택케트(2004), 안시열역.『시간에 쫓기지 않고 성공하는 정리형 인간』. 큰나

하이럼 스미스저(1998), 김경섭역.『성공하는 시간관리와 인생관리를 위한 10가지 자연법칙』. 김영사

한네로레 프리츠(2004), 김성배역.『사무정리, 내가 도와줄게』. 월배

## 행복한 부자의
## 시간의 기술

초판 1쇄 펴낸날 : 2008년 1월 10일
초판 2쇄 펴낸날 : 2008년 3월 5일

지은이 : 전도근 · 김성용 · 강은미
펴낸이 : 이금석

마케팅 : 곽순식 · 김선곤
기획 · 편집 : 김애리
디자인 : 박상순
물류지원 : 현란

펴낸곳 : 도서출판 무한
등록일 : 1993년 4월 2일
등록번호 : 제3-468호

주　소 : 서울시 마포구 서교동 469-19
전　화 : (02)322-6144
팩　스 : (02)325-6143
홈페이지 : www.muhan-book.co.kr
e-mail : muhan7@muhan-book.co.kr

값 : 11,000원

ISBN : 978-89-5601-198-1 (13320)